本书获长春师范大学学术专著出版计划项目资助

承认与自由

黑格尔公民教育思想研究

吴暇 著

中国社会科学出版社

图书在版编目（CIP）数据

承认与自由：黑格尔公民教育思想研究 / 吴暇著.
北京：中国社会科学出版社，2024. 6. -- ISBN 978-7
-5227-4160-4

Ⅰ. B516.35

中国国家版本馆 CIP 数据核字第 20249MR845 号

出 版 人	赵剑英
责任编辑	田　文
责任校对	杨沙沙
责任印制	张雪娇

出　　版	中国社会科学出版社
社　　址	北京鼓楼西大街甲 158 号
邮　　编	100720
网　　址	http://www.csspw.cn
发 行 部	010-84083685
门 市 部	010-84029450
经　　销	新华书店及其他书店
印　　刷	北京君升印刷有限公司
装　　订	廊坊市广阳区广增装订厂
版　　次	2024 年 6 月第 1 版
印　　次	2024 年 6 月第 1 次印刷
开　　本	710×1000　1/16
印　　张	16.25
插　　页	2
字　　数	247 千字
定　　价	98.00 元

凡购买中国社会科学出版社图书，如有质量问题请与本社营销中心联系调换
电话：010-84083683
版权所有　侵权必究

序

思想政治教育学中的黑格尔问题

黑格尔的《法哲学原理》可以看作是黑格尔的"理想国"。众所周知，黑格尔是客观唯心论的集大成者，在其哲学体系中始终坚持神正论立场，诉诸思辨理性来建构各个领域里的真理体系。思辨逻辑或者辩证法是黑格尔哲学体系的灵魂，这种正反合的思辨逻辑结构首先是绝对精神自己的存在论结构，而后这种思辨结构在自然领域和社会历史领域得到了具体的运用，在《法哲学原理》中同样如此。

黑格尔在《法哲学原理》中提出一个重要的论断："国家是地上的精神。"这一论断十分明显地表达了黑格尔的"国家观"。绝对精神代表着最高的真理，而这一最高的真理对于现实中存在的人来说，必须要有一个实体性的"代表"，这一"代表"就是国家。这就意味着国家是真理在人世间的存在实体，或者说国家就是真理的化身。这一思想在中国古代也有类似的观点，比如"替天行道"、把君王称为"天子"等等。这种国家观显然是神正论立场的。不得不说，这一观点和马克思的国家观是有巨大差别的。因为马克思看到，现实中存在的一切国家，都不过是"阶级斗争的产物"，都不过是统治阶级的统治工具而已。

与上述论断相关，黑格尔在《法哲学原理》中提出的另一个著名的论断是：凡是现实的都是合理的。在他看来，"现实"的乃是事物符合其"概念"，因为事物的本质就是事物的"概念"。因而当一个事物和它的概念的规定不相符合的时候，该事物就不再是该事物了。如果用这一条原理来看待国家，国家是否是真正的国家，取决于一个国家是否符合"国家"这一概念的规定。比如，"国家"这一概念本质上是一个"政治共同体"，亦即国家应该代表每个生活其中的个体的普遍利益。普遍利益的代表构成了国家的"概念"的基本规定。

照此推论，如果一个国家不能够在现实中真正地代表每个人的利益，黑格尔就认为这样的国家已经是"名存实亡"了。从黑格尔的这一论断我们能够得出的一个看法是，"概念"对于一个事物的存在具有决定性的作用。尽管这是唯心论的观点，但至少有一点是值得认真思考的，这就是：国家的概念作为国家存在的合法性基础，本身是需要以思想理论的方式加以确立的，这种对国家真理性的逻辑上的论证，本质上就是国家的"意识形态"。由此可以看到，为什么国家的"意识形态"对于一个国家来说至关重要，因为国家的意识形态是对国家真理性的理论表达。

黑格尔逻辑学起点是"纯存在"（或"有"），其逻辑终点是"绝对精神"。因此，全部逻辑学构成了从纯存在到绝对精神的自我圆满的闭环运动。开端也就是终点，开端是潜在的终点，而终点是完成了的开端。这样，作为逻辑学的开端是直接被给予的，"有"作为"无规定性的直接性"是绝对被给予的，这种绝对被给予性在人的认识活动中被称为"承认"。

关于国家的存在论基础，黑格尔明确批评了卢梭的做法。卢梭用契约论的方式论证了国家的形成原理。他认为，由诸多个体在一起生存，从自然状态看每个个体都会从自己的私利出发，于是就会导致个体之间的利益冲突，以至于发生霍布斯意义上的"一切人对一切人的战争"的局面。因此，为了摆脱自然状态的个体间的冲突，就不得不使个体相互妥协达成共识，把普遍性的公共权力转交给一个"第三方"，这一"第三方"凌驾于每个个体之上并代表每一个个体的权利，从而确保每个个体服从"公意"而不至于相互冲突。这种达成共识的活动就是"契约"，而在"契约"基础之上建立的共同体就叫做"国家"。可见，国家是摆脱自然状态而进入"社会状态"的基本形式，因此卢梭的这一理论也被称为"社会契约论"。

然而，黑格尔不同意卢梭的这种观点，因为在契约论中，国家是人们为了协调个体利益关系"不得已而为之"的产物。这样国家就是按照经验论的原则组建起来的，只是为了协调利益关系的契约产物，这就使国家失去了绝对的合法性。黑格尔则反其道而行之，认为国家是"绝对"，所以不应该把国家的存在论基础放在经验世界，国家的真理性应该来自于天上，也就是绝对精神。所以，黑格尔把国家的存在论基础放在了绝对精神那里，这就充分表明了国家的神圣性，黑格尔显然持有基于神正论立场的国家观。应该说，黑格尔这一做法的优点在于，他肯定了国家的神圣性和绝对被给予性。这就为国家的权威和崇高确立了坚不可摧的根基。而对国家这一绝对根据的确信就是"承认"。所以，在黑格尔看来，全部国家原理就是以对绝对精神及其在人世间的存在形态的国家的"承认"为基础。按照这一条原理，黑格尔进一步又把这一"承认原理"推广到了国家与国家之间的关系当中，所以在《法哲学原理》的最后，在讨论世界历史问题的时候，黑格尔提出了国家之间的"承认"乃是处理国际关系的基本原理。

以上大体对黑格尔的国家原理做了一点粗略的说明，至少包含以下几个要点：黑格尔持有神正论的国家观，绝对精神是国家的存在论基础，国家的真理性要借助于国家的"概念"得到具体规定，国家是绝对被给予的，因而只能在"承认"中确立其真理性等等。在这些国家原理当中，"承认"成为最为基础性的认识论原理。黑格尔在《精神现象学》等著作中对"承认"问题也做过详尽的论证，这里不再赘述。或许正是在这个意义上，德国法兰克福学派的霍耐特才把黑格尔的哲学的主题理解成"为承认而斗争"。

那么，如果从思想政治教育学的角度来审视黑格尔的《法哲学原理》，会得到哪些理论上的重大问题？因为思想政治教育主要被界定为关于国家意识形态教育的活动，所以思想政治教育学的诸多原理不是孤立地存在的，而是和国家的原理直接相关联的。如果对国家的原理以及国家的意识形态的本质漠不关心，就无法进一步研究思想政治教育学中的诸多问题。思想政治教育学是我国独有的一门学科，这门学科旨在用国家的意识形态来教育国民，以期达到培养社会主义建设者和接班人的目标。这就意味着思想政治教育是直接以国家意识形态作为平台而开展研究和教学的学科。因此，对于国家的原理特别是国家意识形态的原理的研究，构成了思想政治教育学中最为基础性的理论。

诚然，马克思主义理论是我国国家意识形态的基本理论，但是有一点不能回避的是，马克思和恩格斯的哲学是在批判德国古典哲学，特别是黑格尔哲学的基础上创立的哲学体系。长期以来，学术界始终关注马克思哲学与黑格尔哲学之间的关系，这一问题可能是国内马克思主义哲学界最为关注而且持久性关注的重大基础理论问题。一个最为常见的说法是，马克思哲学实现了对黑格尔哲学的颠倒。那么，究竟是如何颠倒的？这一问题涵盖了马克思哲学和黑格尔哲学关系的总体性特征。正是因为黑格尔哲学对马克思主义哲学产生的深刻而重大的影响，作为马克思主义理论一级学科之下的思想政治教育学，就不可避免地要关注黑格尔的哲学，特别是黑格尔关于国家的学说。思想政治教育学要立足于马克思所创立的历史唯物主义基本原理，但历史唯物主义原理是在批判黑格尔的国家理论基础上创立的，这一点集中体现在马克思的《黑格尔法哲学批判》（《克罗茨纳赫笔记》）以及《〈黑格尔法哲学批判〉导言》等著作当中。因此，这两部著作以及后来的《德意志意识形态》《共产党宣言》均构成了思想政治教育学的经典文献。由此可见，对黑格尔国家学说的研究是思想政治教育学研究至关重要的基础文献。

黑格尔国家学说中蕴含哪些思想政治教育的重大理论问题？对这些问题的研究，可以为思想政治教育学打开一个更为深刻的哲学视野。思想政治教育能否成就人的实体性存在？关于国家的真理性的论证是国家意识形态的核心，而作为意识形态教育的思想政治教育，应该如何从国家意识形态真理性出发，确立国民对国家意识形态的认同？《法哲学原理》中包括三个部分，即道德、抽象法和伦理三个部分。其中每个部分都蕴含着诸多思想政治教育学的基本问题，如道德作为主观的法，如何通过思想政治教育得到确立？抽象法是市民社会中个体利益和共同体利益之间的冲突，那么思想政治教育应该如何在利益观中协调个体利益和共同体利益之间的冲突？关于伦理问题，既包含家庭和社会，又包含国家，每个伦理实体中思想政治教育究竟发挥怎样的作用？总而言之，在黑格尔看来，在国家共同体当中，个体一方面要从自己的私利出发，但另一方面，共同体之所以成为共同体，要求其公民必须把国家共同体视为无条件的真理，这就需要对公民进行思想政治教育，从而使个体从私利中解放出来，从而提升为"实体性存在"，亦即"公民"。显然，思想政治教育在国家共同体中扮演着至关重要的角色。从论证国家意识形态的真理性，到引导个体形成对国家共同体意识形态的认同，这些大体上相当于今天中国学术界所说的"以德治国"的范畴。所以，黑格尔这位伟大的德国古典哲学家，在他的国家学说中隐含着丰富的思想政治教育学的基础理论问题。如果从思想政治教育学的角度展开对上述问题的研究，对于推进我国思想政治教育学研究的深入，无疑具有重要的学术价值。

吴暇这部著作是在她的博士论文基础上进一步修改完善而形成的著作。在这部著作中，作者系统地研读了黑格尔的哲学著作，敏锐地捕捉到了"承认理论"在黑格尔哲学体系中所具有的统摄性地位，并以此为线索研究了一系列思想政治教育学原理中的诸多重大理论问题。这一视角本身体现了作者思考问题的独到见解。以"承认理论"作为主线，作者系统挖掘了黑格尔国家学说中蕴含的一系列思想政治教育学的基础理论问题，发现了黑格尔公民教育思想所遵循的"自由—伦理—教育—自由"的承认逻辑，以此为基础探讨了思想政治教育的内容、方法、原则等相关问题。更为重要的是，作者运用马克思主义的立场、观点和方法对这些原理加以审视和评价，极大地拓宽了马克思主义思想政治教育学研究的视野。

总之，立足于西方经典哲学特别是西方古典政治哲学研究思想政治教育学，对于推进我国思想政治教育学研究的发展，进而在大思想家的引导下推进中国特色哲学社会科学自主的知识体系的建构，具有十分重要的学术前景。吴暇这部著作在这方面作出了较好的尝试，虽然是抛砖引玉之作，但在我看来是难能可贵的。当然，书中个别观点仍然有待进一步推敲，希望学界同仁不吝赐教。

是为序。

吴宏政

2023年5月于长春

前　言

　　黑格尔曾与好友谢林、赫尔德林在郊外种下了一棵"自由树",自由之根深深扎在了黑格尔的心里,成为黑格尔毕生追求的哲学价值目标。带着对自由的向往和自我解放的追求,笔者走进了黑格尔的现实和理想世界,以历史而又现实的、原初而又发展的、整体而又辩证的眼光看待当时充满妥协和斗争精神的欧洲伦理世界,审视21世纪精彩而又充满激情的中国伦理世界,笔者经常思考:怎样才能实现马克思所说的人类自由和全面解放呢?在矛盾重重的多元人类社会怎样才能实现人类幸福的普遍性呢?怎样才能撕开人类眼前的业障显现人类的本质呢?黑格尔认为先开智者的教化和教育活动一定是启智开悟的重要途径。让自由和承认理念在一部分人心中先燃烧起来,通过迭代教化和广泛的传播途径,让教化过的人从"第一天性"中解放出来,从茫然任意可为的自由、狂热的自以为是的自由过渡到自在自为的自由,实现"第一天性"到"第二天性"的"人化"过程,实现自然人性到伦理人性的转变,实现单一性到普遍性的转化,实现家庭的人到伦理的人的成长,实现从"不承认"的人到"承认"的人的转身,正是在这个意义上,黑格尔说教育是使人符合伦理的一门艺术。所以,公民教育最重要的并不是知识技术的传授,知识技术只不过是使人成为一个有自由存在能力的人,而不是实现人的自由之术,唯有促进精神和意识的发展才能实现人的自由本质。

　　众所周知,黑格尔是德国古典哲学的集大成者,其哲学思想以"意识哲学"闻名于世,虽曾遭到过很多思想家的批判,但对哲学多少有点兴趣的人，差不多都碰到过佶屈聱牙的黑格尔。他从关注宗教问题出发，进而探讨人的精神意识和伦理社会生活，试图重新建立分裂世界的统一性，他认为个体通过伦理生活的教化和异化能使主体意识发展为绝对精神，摆脱特殊性的束缚，走向普遍性，实现统一性，真正实现个体的自由和解放。而当我们深入其思想"丛林"中，隐约能在不同的"山区"感受到相同的"气候"，正是这相同的"气候"影响着整个"丛林"的"气候"，并影响"丛林"植被的健康生长，这一"气候"特征就是黑格尔的"承认理论"，在黑格尔晦涩的著作中，笔者深深地被这种"气候"特色所吸引，并发现"承认理论"几乎贯穿于黑格尔从青年到老年的所有思想体系中，影响了他的宗教哲学、意识哲学、教育哲学、社会哲学、政治哲学和国家哲学，构成了其公民教育思想的一种隐性思维方式。本书正是以这条"隐线"为视角，从黑格尔的"承认理论"、黑格尔公民教育的承认逻辑、黑格尔公民教育思想内容、黑格尔公民教育思想对当代公民教育的启示四个方面讨论了黑格尔公民教育思想体系。让我们一起走进黑格尔的教育哲学，领略一下气象万千的教育哲学中蕴含的自由与承认之道。

本书分为六章。第一章概括说明了黑格尔作为教育者的经历、黑格尔公民教育思想研究的热潮、当代中国公民教育的新需求几个问题，并对公民教育、思想政治教育、承认理论、主体间性等概念进行了阐释。第二章全面地介绍和分析了黑格尔"承认理论"的产生、体系和内容。法国大革命及启蒙运动后的个人自由主义张扬并未解决德国乃至欧洲的社会问题，在这样的背景下，黑格尔批判、继承并发展了古典国家观、启蒙思想、社会契约论、霍布斯"为生命持存而斗争"思想、康德哲学难题中的"承认理论"、费希特主体间性概念中的"承认理论"，最终形成了无中介的、守在自己身边的、以个体自由为目标的、具有普遍性伦理意义和宗教"爱"之涵义的承认思想。具体来讲，个体经过家庭、市民社会及国家伦理生活的教化和异化，形成了对法权的承认，对道德的承认，对家庭的承认，对市民社会的承认和对国家的承认；个体意识也经历了"意识""自我意识""理性""精神""绝对精神"的发展历程，最终形成了意识升华后的承认思想，承认思想虽然未被黑格尔主题化，但却作为一个运作性概念贯穿于黑格尔的整个哲学体系。第三章主要论述了黑格尔公民教育思想"自由—伦理—教育—自由"的承认逻辑。首先，自由是人的"类存在"本质，是人与动物的重要区别，正是因为人是精神性的存在，才使个体有可能从自由的第一个阶段走到第三个阶段（即真正自由实现的阶段），而承认思维是使人能够走到自由第三个阶段的重要条件。其次，伦理精神和伦理实体是使个体真正实现自由的必要思维和必经场域。经历了家庭、市民社会、国家等伦理生活的磨砺和教化，个体实现了抽象自由和主观自由的统一、个体对个体的承认、个体对国家的承认，个体向自由又迈进一大步。再次，教育是使人符合伦理的一门艺术。公民教育通过培养具有普遍性意义的知识、意志和情感，培养人的承认意识，培养伦理精神，使个体摆脱无教养的冲动和自然性，消除任意性和特殊性，使任性上升为理性，从而培养个体的伦理性格和伦理能力。此时，个体自由实现的条件均已具备，自由自然呈现。第四章全面系统地梳理了黑格尔公民教育思想的教育起点、教育目标、教育内容、教育原则、教育路径、教育方法和教育价值取向，是教育思想承认逻辑的现实表达，也为我国公民教育的开展提供了实践指南。第五章是对黑格尔公民教育思想进行评析。笔者一方面评述了黑格尔教育观的唯心主义、教育目的性的保守主义、教育方法论上的矛盾性等局限之处，另一方面也肯定了其独有建树的自由伦理观念及伦理教育思想，并具体阐述了黑格尔公民教育思想的当代价值。同时，通过对马克思思想的研究，总结了马克思对黑格尔公民教育思想的批判和继承，进一步论证了黑格尔公民教育思想和承认理论对马克思劳动理论、承认思想、劳动教育思想、生活实践教育思想形成的重要意义。最后，笔者论述了黑格尔公民教育思想的当代价值。第六章讨论了黑格尔公民教育思想对我国公民教育的借鉴意义。在我国，公民教育主要是以思想政治教育为主题进行的，并在思想政治教育这一学科发展引导下开展具体的教育活动。因此，笔者从教育目标理论的完善、主客体关系理论的完善、教育规律理论的完善三个方面讨论了黑格尔公民教育思想对我国思想政治教育学理论发展的意义，又讨论了其对我国当代公民教育实践的借鉴意义。包括重视家庭伦理教育，培养孩子对他人福利的承认，家庭中爱与服从的结合教育，家庭自然教化教育；创新学校公民教育，明确学校公民教育目标定位，完善学校公民教育内容，优化学校公民教育方法；完善社会公民教育，营造良好的伦理精神空间，开展形式多样的社会教育活动，加强国家主导的公民教育活动等内容。

　　本书包含了近几年所发表论文和所做课题的研究成果，感谢所有支持和关心我研究工作的朋友们！感谢长春师范大学对著作出版的支持！

吴　暇
2023年6月于长春

目 录

第一章 绪论 ……………………………………………………… (1)
 第一节 作为教育者的黑格尔生平 ……………………………… (2)
  一 作为家庭教师 ………………………………………………… (3)
  二 作为中学校长 ………………………………………………… (4)
  三 作为大学教授 ………………………………………………… (5)
 第二节 当代中国公民教育的新需求 …………………………… (7)
  一 当代中国"主体性"困惑的新问题 ………………………… (7)
  二 黑格尔公民教育思想研究的现代性意义 ………………… (10)
 第三节 相关概念阐释 …………………………………………… (15)
  一 承认理论 ……………………………………………………… (15)
  二 主体间性 ……………………………………………………… (16)
  三 公民教育 ……………………………………………………… (17)

第二章 作为黑格尔公民教育思想逻辑主线的"承认理论"分析 ………………………………………………………… (20)
 第一节 黑格尔"承认理论"概述 ………………………………… (20)
  一 黑格尔"承认理论"产生的历史背景 ……………………… (21)
  二 黑格尔"承认理论"的思想来源 …………………………… (21)
  三 黑格尔"承认理论"的内容 ………………………………… (31)
  四 黑格尔"承认理论"的承认环节 …………………………… (49)

第二节 "承认理论"是贯穿黑格尔公民教育思想的逻辑主线 …………………………………………………… (64)
  一　黑格尔公民教育的目标是培养相互承认的伦理公民 …… (64)
  二　黑格尔公民教育的内容是主客体的相互承认 ………… (65)
  三　黑格尔公民教育的途径是相互承认 …………………… (67)

第三章　黑格尔公民教育的承认逻辑 …………………………… (69)
第一节　人之自由本质的绝对承认 ………………………………… (69)
  一　自由是人的属性和本质 ………………………………… (70)
  二　自由实现的三个阶段 …………………………………… (73)
  三　自由是自我意识经验的结果 …………………………… (77)
  四　自由是对"自由主义"的扬弃 ………………………… (79)
  五　自由实现于主客体相互承认 …………………………… (81)
第二节　伦理是自在自为的自由 …………………………………… (85)
  一　走向伦理是人的必然 …………………………………… (85)
  二　伦理实现了主客观精神的统一 ………………………… (87)
  三　自由在伦理精神中得到复归 …………………………… (100)
  四　个体在伦理异化中形成承认关系 ……………………… (106)
第三节　公民教育使人符合伦理 …………………………………… (111)
  一　教育打磨人的任性 ……………………………………… (112)
  二　教育培养人的普遍性 …………………………………… (119)
  三　教育培养人的伦理性 …………………………………… (121)
  四　教育培养人的承认思维 ………………………………… (123)
第四节　自由是伦理教育的结果 …………………………………… (129)
  一　伦理教育使主体认识自由 ……………………………… (129)
  二　伦理教育培养主体自由能力 …………………………… (132)
  三　伦理教育实现个体自由 ………………………………… (133)

第四章　黑格尔公民教育的体系 (137)

第一节　黑格尔公民教育的起点与目标 (137)
一　黑格尔公民教育的起点 (137)
二　黑格尔公民教育的目标 (139)

第二节　黑格尔公民教育的原则与内容 (140)
一　黑格尔公民教育的原则 (140)
二　黑格尔公民教育的内容 (144)

第三节　黑格尔公民教育实现的路径与方法 (167)
一　黑格尔公民教育的路径 (167)
二　黑格尔公民教育的方式 (174)
三　黑格尔公民教育的教化过程 (178)

第五章　对黑格尔公民教育思想的评析 (182)

第一节　黑格尔公民教育思想评述 (182)
一　黑格尔公民教育思想的历史地位 (183)
二　黑格尔公民教育思想的历史局限性 (184)
三　对黑格尔公民教育思想局限性的澄清 (186)

第二节　马克思对黑格尔公民教育思想的批判和继承 (189)
一　马克思对黑格尔公民教育思想的批判 (190)
二　马克思对黑格尔公民教育思想的继承 (196)

第三节　黑格尔公民教育思想的当代价值 (203)
一　为世界各国公民教育提供参考借鉴 (203)
二　为解决当代"现代性"问题提供理论基础 (205)
三　为国家治理和社会治理提供思维导图 (208)

第六章　黑格尔公民教育思想对我国公民教育的借鉴意义 (212)

第一节　对完善思想政治教育学理论的借鉴意义 (213)

一　完善思想政治教育目标理论 …………………………………… (213)
　二　完善思想政治教育主体与客体关系理论 …………………… (214)
　三　完善思想政治教育规律理论 ………………………………… (216)
第二节　对我国当代公民教育的借鉴意义 ………………………… (217)
　一　重视家庭伦理教育 …………………………………………… (217)
　二　创新学校公民教育 …………………………………………… (220)
　三　完善社会公民教育 …………………………………………… (231)

结论与展望 ……………………………………………………… (235)

参考文献 ………………………………………………………… (237)

第一章

绪 论

公民教育思想起源于古希腊，古希腊雅典是原生型城邦，城邦繁荣的民主生活和思想文化为后人留下了丰富的遗产，不仅影响着后世各城邦的经济文化发展和民主政治发展，而且影响着后世思想家、教育家的思想，黑格尔就是其中之一。黑格尔是德国古典哲学家，他是继古希腊思想家亚里士多德之后唯一被称为"百科全书式"的思想家，尤以辩证法思想闻名于世，同时，以其哲学思维为前提的公民教育思想也独具特色，他批判地继承了古希腊、古罗马、中世纪及文艺复兴各时期的公民教育思想，提出"教育是使人们合乎伦理的一门艺术"。作为教育者，黑格尔将他的哲学思想融入了他的教育哲学思考及现实的教育活动当中，这一思想以实现人的自由为目标，认为市民社会的人只有合乎伦理才能实现特殊性与普遍性的统一，才能实现个体善和共同善的统一，伦理不是限制人的自由，而是人通过伦理自由地被限制，而教育就是通过对人的教化过程使人合乎理性，合乎伦理的。这一自由旨趣和伦理实践旨趣吸引了越来越多的像马克思一样的年轻学者关注他的思想，赞美他的思想，甚至批判他的思想。他的课堂虽没有谢林的热情动人，但仍能让很多"黑格尔派"从他辩证的意识发展规律和自由伦理中找到理性的人和伦理国家的出路，找到自由和被承认的路径，谁不向往自由和被承认呢？

第一节 作为教育者的黑格尔生平

黑格尔（1770年8月27日—1831年11月14日），全名格奥尔格·威廉·弗里德里希·黑格尔，缩写为 G. W. F. Hegel。众所周知，黑格尔是德国著名的思想家、哲学家，德国古典哲学的集大成者。很多人认为，黑格尔的思想标志着19世纪德国哲学运动的顶峰，对后世哲学流派产生了深远的影响。很多人不甚了解的是，黑格尔从青年到老年一直有着教育者的身份，一生从事着教育事业。

黑格尔出生于德国符腾堡州首府斯图特加特，父亲担任政府职务，母亲在他十四岁时去世。黑格尔幼时就读于一所拉丁学校，在中学时代，热爱读书的黑格尔接触到了欧里庇得斯、亚里士多德的伦理学思想，这为他的思想不断地增添基调和色彩。在1788年的课程结业告别演讲中，他描绘了良好的教育制度对国家的意义，他说："教育对国家的整体福祉具有如此巨大的影响。在土耳其民族中，这种忽视是多么引人注目。如果我们考虑到土耳其人天生的能力，然后看看他们因为没有受过教育而多么野蛮，他们的知识是多么贫乏，我们就可以正确地评价我们自己的高财富。天意赋予这个国家生命，这个国家的君主意识到教育的重要性，意识到广泛知识的使用，他把这些作为他特别关心的对象，建立了机构，这些机构将成为他荣耀的永久纪念碑，甚至后人也会惊叹和祝福。他对祖国崇高的感情和热情，最伟大的证明——也是最打动我们的证明——是这个学院，它的伟大目的是为国家培养优秀和有用的公民。"[①]可见，黑格尔在青春时期就对教育价值、教育机构、教育制度有所思考，认为公民对国家崇高的感情是需要学校来培育的，国家的君主重视教育是天意使然。这些思想奠定了黑格尔一生从事教育事业的使命感和价值感。

后来黑格尔进入图宾根神学院学习，这段时间的学习和思考成为他

---

① Fredric Ludlow Luqueer, *Hegel as Educator*, New York: Macmillan Company, 1896, p. 13.

神正论思想的来源。在这里，他遇到了小他五岁的好朋友谢林，二人经常讨论哲学话题。此时，他的思想既彰显着法国大革命的激情和动力，又显得深沉和静谧，他对问题的思考透彻又深邃的特点为他赢得了"老人"的称号。毕业后，他前往瑞士伯尔尼成为一名家庭教师。

一　作为家庭教师

黑格尔24岁开始在瑞士伯尔尼从事家庭教师的工作。在瑞士的三年和随后在法兰克福的三年被称为他哲学体系的诞生时间。正如黑格尔的研究者罗森克兰兹（Rosenkranz）[①]所说，这样的自我发展机会非常适合天才的进一步成熟，因为这样的环境可以彻底地研究最基础的知识。家庭教师的教学环境形成了黑格尔年轻时简单生动的演讲风格。此时，黑格尔对政治、艺术、文学、哲学的兴趣让他的内心产生一种激励人心的力量，他开始和谢林、荷尔德林等人频繁地通信交谈，通信内容涉及神学、哲学、伦理学等很多方面，生活中的书信来往成了黑格尔生活中的美好时光。

在法兰克福，黑格尔来到了一位名叫戈格尔的商人家中任教。这里的环境非常宽松，黑格尔有更多的时间可以畅快地思考哲学问题。法兰克福是歌德诗歌的摇篮，也是黑格尔哲学体系的真正发源地。凯尔德教授认为黑格尔的思想此时正在经历变革，他说："过渡……从更高的角度来看，这似乎发生在黑格尔在法兰克福居住之初，并且与他在那个时期的论文中发现的语言发生了显著的变化有关。在瑞士伯尔尼的时候，他用'生命'和'爱'这两个词来强调最高的社会团结，现在他用'精神'这个词代替了。"[②]在法兰克福，荷尔德林、兹维林、穆尔贝克和埃

[①] 罗森克兰兹（Rosenkranz），德国哲学家、美学家，黑格尔研究学者。1848年，罗森克兰兹以黑格尔的哲学思想为理论基础，概括了教育学的基本理论，撰写成《教育学的体系》一书。1886年，美国教育学家布莱克特将其译成英文，译名为《教育哲学》，这是世界上第一本以"教育哲学"命名的教育哲学著作。

[②] Fredric Ludlow Luqueer, *Hegel as Educator*, New York: Macmillan Company, 1896, p. 26.

里克森都成为他的同伴,浪漫主义、理想主义在黑格尔的思想中一起发酵,使黑格尔的思想朝着更广泛、更合乎逻辑、更深层次的方向延伸。他借助经验努力地寻找一种"原则",试图将周围环境中的所有事物都容纳入自己的思想体系。可以看出,他还一直保持着学习的心态,善于思考成为黑格尔的优良特质之一。

二 作为中学校长

1807年,黑格尔前往巴伐利亚的班堡担任《班堡日报》的编辑,当时他的活动范围非常广泛,还抽出时间对德国的政治状况和教育问题进行评论。他认为,成为教育者的首要条件是对国家、国家的历史、国家目前的问题以及国家的发展有概念,甚至有深刻的理解,这是作为教育者的前提。一年后,黑格尔成为纽伦堡一所古典中学——纽伦堡文理中学的校长(1808—1816)。除了担任校长外,他还讲授哲学,并以极大的热情投入教学工作中。在这里,黑格尔的第二部伟大著作《逻辑学》诞生了,凯尔德评价说,黑格尔伟大的逻辑是"唯一的作品",现代世界必须把它放在亚里士多德的形而上学旁边。[①]

作为教育者,黑格尔在《文理中学教学》一书中提出,在大学开始系统学习哲学之前,通过学习数学、逻辑学、宇宙学、心理学培养学生的思辨思维是非常必要的。中学低年级的哲学学习应从逻辑学开始,以便引导学生在他的思辨思想中走出自己,对世界进行哲学化。在中学高年级阶段,青年可以借助心理学的知识在哲学中找回自我。他课程教学的第一部分主要参考卡鲁斯的心理学著作,第二部分主要讲授康德的著作。在教学活动中,黑格尔善于结合孩子们的生活经验讲授道德和法律问题,进而讨论逻辑学和哲学问题。黑格尔的性格友好温和又不乏坚定,赢得了学生们的信任。

---

① Fredric Ludlow Luqueer, *Hegel as Educator*, New York: Macmillan Company, 1896, p. 62.

三 作为大学教授

在任纽伦堡中学校长之前，黑格尔在耶拿担任大学特聘教授。在耶拿，他通过《费希特和谢林的系统之间的区别》一文将自己介绍给整个哲学世界。之后，黑格尔成为耶拿大学的讲解员，每周授课数小时。他授课时虽没有谢林那样富有诗意和灵气的言谈举止，但更像是一位严谨的学者站在神圣的真理面前严肃而又虔诚地讲授真理。1801年，黑格尔宣布开设逻辑学和形而上学课程。1805年，他成为特聘教授，开始讲授哲学史。1806年，他发表了关于自然和精神哲学的演讲。在耶拿的这些岁月里，黑格尔酝酿了他第一部伟大著作《精神现象学》。当时确实是一个动荡的时代，战乱中的黑格尔继续思考现实世界，他在一封黑格尔写给尼萨默的信中说："耶拿，1806年10月3日星期一，法国人占领耶拿，拿破仑皇帝进入耶拿城墙。……看到这样一个人坐在马背上，仿佛从一个中心俯瞰世界，统治世界，真是一次难忘的经历。"[1] 可以看出，黑格尔对拿破仑的征战是有些崇拜的。1807年1月，黑格尔在回复一位学生的信中写道："没有什么能比当今的事件更能说明，受过训练和有教养的人一定能战胜粗鲁的人，精神一定能战胜没有精神的理解力和阴谋。"[2] 可以看出，黑格尔对法国民族精神的价值给予了褒奖。他认为，在一个民族的精神中，每个公民都有自己的精神实体。依赖于这个生命整体的，不仅是个体的生存，整体的维护比个人的生命更重要。这是黑格尔所相信的，也是他后来在纽伦堡文理中学教给孩子们的。

黑格尔在纽伦堡文理中学服务了八年，他的影响力越来越广泛。在海德堡大学校长的诚挚邀请下，1816年10月，黑格尔被聘为海德堡大学的教师。随着教学活动的开展和学术活动的丰富，他的视野日渐开阔，他全部哲学体系的圆圈逐渐形成，《哲学科学百科全书》被描绘出来。

---

[1] Fredric Ludlow Luqueer, *Hegel as Educator*, New York: Macmillan Company, 1896, p. 45.
[2] Fredric Ludlow Luqueer, *Hegel as Educator*, New York: Macmillan Company, 1896, p. 46.

1817年12月26日，教育部部长阿尔滕斯坦（Altenstein）写信给黑格尔，再次邀请他担任柏林大学哲学教授。1818年10月，黑格尔在柏林开始了他的讲座。他认为，真理的领域是哲学的家园，生活中凡是真实的、伟大的、神圣的，都是通过理念的。哲学的目的是理解这个理念的真理性和普遍性。这一时期，他的授课还关注了权利和国家的概念，他认为国家本身是时代和文化的产物，其真正目的是保障所有公民能够自由发展。

1820年，歌德给黑格尔写了一封信，赞赏了黑格尔作为年轻教育家的影响。他说："我很高兴从许多消息来源听到你们教育年轻人的努力正在结出最好的果实。的确，在这个奇妙的时代，有一种教义从某个中心传播出来，通过这个教义，无论是在理论上还是在实践上，一个人的生活都可以被塑造。"① 1822年冬天，黑格尔开始讲授历史哲学，他认为，历史就是一所伟大的学校，无形中开设了培养个体自由意识的伟大课程。吉丁斯教授这样总结黑格尔的历史哲学："在黑格尔的历史哲学中，人的发展被认为是自我实现的过程。人一步一步认识到自己是一个有自我意识和自我决定的存在，是宇宙这个有机整体的组成部分。但这种进步不仅仅是智力上的，人类自由的范围也扩大了，他的活动范围越来越大。因此，历史是自由意识的进步，它开始于人类的精神意识和渴望。自由最初被认为是抽象的、普遍的，因此被认为只存在于一个人身上，那个人是天上的上帝，或是地上的君主。这一历史阶段是在东方世界形成的。在希腊人的世界里取得了进步，自由不再只属于一个人，有些人是自由的，但不是所有人，奴隶就是不自由的。罗马在某种程度上继承了希腊的事业，在保护个人权利的正式法律中体现了自由的实质。"②

随着课程的讲授，黑格尔的名声越来越大，听他讲课已成为一种时

---

① Fredric Ludlow Luqueer, *Hegel as Educator*, New York: Macmillan Company, 1896, p.84.
② Fredric Ludlow Luqueer, *Hegel as Educator*, New York: Macmillan Company, 1896, pp.92–93.

尚，来自欧洲各国的学生都纷纷送来了崇拜的目光。黑格尔的学生海因里希·霍托（Heinrich Hotho）这样描述他听课的感受："在教学中发现了一些强大而令人满意的东西，一些甚至给生活中的挫折和困惑带来价值的东西。一股纯净的精神气息感动了许多人的心。一股道德的力量进入了他的房间，他冷酷的逻辑之刃镶满了红宝石，就连智力也变得情绪化了。"①"在我的内心深处，我既生又死……直到我有了一种意外的喜悦，感觉找到了一把钥匙，可以打开上帝世界的每一个秘密。"② 就这样，霍托用了很多篇幅讲述了在黑格尔的指引下他如何走向新的洞见。黑格尔的名声已经建立起来。1830年，黑格尔被选为柏林大学校长，继续着他的哲学事业。第二年，瘟疫像暴风雨般袭击了很多家庭，黑格尔被带走了。黑格尔的一生尽管很少带有浪漫或冒险色彩，但却充满了生命的意义。

第二节 当代中国公民教育的新需求

20世纪以来，人类社会经历了一系列包括工业化、现代化、城市化的由传统社会文明向现代社会文明进化的巨大变迁，由传统社会向现代社会转型是当代中国社会的主要特征，中国式现代化需要现代化公民，中国特色社会主义国家治理和社会治理需要现代化公民，而现代化公民的培养需要高质量的现代化公民教育。可以看出，中华民族伟大复兴中国梦的实现，转型期各种矛盾和问题的解决，小康社会实现后公民的心灵成长都需要高质量现代化公民教育的保障。

一 当代中国"主体性"困惑的新问题

我们进入了市场经济发展阶段，市场经济、和谐社会、民主政治共

---

① Fredric Ludlow Luqueer, *Hegel as Educator*, New York: Macmillan Company, 1896, p. 93.
② Fredric Ludlow Luqueer, *Hegel as Educator*, New York: Macmillan Company, 1896, p. 94.

同推动着我国现代化发展进程,根据英格尔斯效应,只有当社会成员的心理、思想、观念、行为的现代化转型与经济生产方式、政治民主发展和法治统治方式同步转型,才能真正实现现代化。① 因此,社会成员的人格、素质、思维以及他对这个社会和国家的认同感、归属感和适应能力如何,直接关系着他能否和这个社会同向同生,关系着整个社会的发展状态和发展程度。因此从根本上说,世界历史是由人创造的,现代的人创造了现代的世界,现代社会的现代化本质上是人的现代化,现代社会的一切特征都昭示着具有"现代性"思想的现代公民的呈现。随着市场经济的发展,信息时代的到来,商品和社会生活的日益丰富,刺激了人们对物质财富的欲望,在追逐物质财富的过程中,很多人陷入迷茫和焦虑,出现了道德失范现象和违反法律的行为。人们感觉到,经济和科技越是发展,越能给人们带来满足和便利,但同时,对这种满足和便利的追求成为很多人的理想,使得功利化思想蔓延开来。同时,网络信息时代的到来给人们的思想带来巨大冲击,工具理性思想造成了人们人文价值的缺乏,导致人们过分重视将能力和知识转化为物质生产力,在教育领域,应试教育带来的功利化思维较为突出,高尚道德修养和良好心理素质的培养没有得到足够的重视,导致公民素养问题频发,阻碍了我国社会和谐和稳定发展。今天,公民素养的提高,社会文明面貌的改善成为当代中国亟待解决的重要问题。教育家们有的诉诸教育内容改革和教育方法改革,有的诉诸传统文化的教育和熏陶,但传统文化并没有成为公民教育的圣土。

---

① 英格尔斯效应是美国人类文化和社会心理学家英格尔斯就人的现代化问题所提出的一个著名论断。英格尔斯在研究了西方发达国家现代化进程,并考察了第三世界国家经济发展问题后,曾写出一本专门探讨人的观念、人的心理状态与现代化的关系的专著《人的现代化》。书中提出了"现代人"的概念,以区别于尚未摆脱传统落后的生活方式和保守落后观念束缚的"传统人",他深刻地指出:国民的心理和精神还被牢固地锁在传统意识之中,构成了对经济与社会发展的严重阻碍,如果一个国家及其人民缺乏一种能赋予这些制度以真实生命力的广泛的现代心理基础,如果执行和运用这些现代制度的人自身还没有在心理、思想、态度和行为上经历一个向现代化的转变,失败和畸形发展的悲剧结局不可避免。再完善的现代制度和合理方式,再先进的技术工艺,也会在一群传统人手中变为废纸一方。这就是著名的"英格尔斯效应"。

一方面，几千年来的中国封建文化、人治方式、政治制度及社会生产方式不太适合孕育具有公民意识的现代公民。虽然我国从清末开始就出现了新公民教育的萌芽，在新文化运动时发展到了高潮，近现代培养了一代又一代仁人志士，但有学者形容，这些传统旧思想像基因一样一代传一代，很多人仍然浸泡在封建传统伦理文化中无法自拔。受封建专制统治、儒家思想及计划经济体制的制约，臣民思想、惧讼意识、官民思想、等级观念等传统思维在很多国人的头脑中根深蒂固，权利义务观念模糊，民主法治观念淡漠，创新精神和科学精神不足，契约意识淡薄等公民意识的匮乏等问题，显现出与信息时代的市场经济发展、民主法治建设、公共道德建设、和谐社会构建及经济全球化之间的不兼容性，虽有美好的政治理想，却缺乏追求的动力；虽有权利理念，却不知道如何维护自己的权利；虽有人民当家作主的政治制度，却不会自觉地践行；虽有完备的法律体系和公正的司法制度，却不知道如何运用。这种冲突和矛盾严重阻碍了我国的政治文明建设、法治文明建设及社会的发展和进步。

另一方面，当代中国公民教育并未交出满意的答卷。在公民教育的实践中，大中小学也相应开设了德育课、心理课、思想政治课，但受到经济发展、社会环境及应试教育影响，相应的公民教育并没有让多数学生在走出校门时拥有公民基本素养，很多大学生被称为"精致的利己主义者"，他们"最大限度地谋求个人利益，成为激烈竞争中的'成功者'，做'人上人'，就是他们唯一的生活目标与动力"[1]。世界范围内的公民教育也出现了类似的问题，"各国的教育制度都在拼命追求国家的利润，都在轻率地抛弃民主制度生存所必需的技能。这种倾向若是发展下去，世界各国很快就会产出一代代有用的机器，而不能造就完全的公民——他们能独立思考，能批判传统，能理解他人苦难和成就的意义"[2]。实际上，

---

[1] 钱理群：《梦话录桂林》，漓江出版社2012年版，第161页。
[2] [美]玛莎·努斯鲍姆：《告别功利：人文教育忧思录》，肖聿译，新华出版社2010年版，第2页。

公民教育的目标是培养有文化、有道德、有理想、有担当、有思辨力和责任感的新时代公民,缓解并治愈人类精神的危机,而不是让人们陷入精神的危机。我国在意识到这些问题后开始加强公民教育,并在党的十七大报告中提出"加强公民意识教育,树立社会主义民主法治、自由平等、公平正义理念"[①],这是我国第一次将公民教育写入国家政治发展目标,并不断推进教育领域改革,取得了明显的成效。有学者已经深刻指出,"千差距,万差距,缺乏公民意识是中国与先进国家最大的差距"[②]。因此,以社会成员公民思想建构和培养公民意识为目标的公民教育成为我国现代化建设必不可少的环节。

二 黑格尔公民教育思想研究的现代性意义

公民教育思想起源于古希腊,古希腊雅典是原生型城邦,公民教育和城邦繁荣的民主生活为后人留下了丰富的遗产,其创造的公民教育思想和文化代表了西方公民教育思想和文化的主流,不仅影响着后世各城邦的经济文化发展和民主政治发展,而且影响着后世思想家、教育家的思想,黑格尔就是其中之一。黑格尔是德国古典哲学家,他是继古希腊思想家亚里士多德之后唯一被称为"百科全书式"的思想家,同时,以其哲学思维为前提的公民教育思想又独具特色,他批判地继承了古希腊、古罗马、中世纪及文艺复兴各时期的公民教育思想,提出"教育学是使人们合乎伦理的一门艺术"[③]。这一思想以实现人的自由为目标,认为市民社会的人只有合乎伦理才能实现特殊性与普遍性的统一,才能实现个体善和共同善的统一,才能实现真正的自由,伦理不是限制人的自由,而是人通过伦理自由地被限制,而教育就是通过对人的教化过程使人合乎理性,合乎伦理。因此,他从实现人的自由的角度揭示了使人合乎伦

---

① 胡锦涛:《高举中国特色社会主义伟大旗帜,为夺取全面建设小康社会新胜利而奋斗——在中国共产党第十七次全国代表大会上的报告》,人民出版社2007年版,第30页。
② 李慎之:《修改宪法与公民教育》,《改革》1999年第4期。
③ [德]黑格尔:《法哲学原理》,范扬、张启泰译,商务印书馆1961年版,第195页。

理的意义，揭示了教育的本质和内容，并继承了古希腊伦理公民教育精髓，扬弃了卢梭契约式的公民关系，对我国的公民教育具有重要的借鉴意义。

（一）理论意义

第一，为当代公民教育哲学提供思维方式。

黑格尔的自由学说、承认学说、教化学说等都为当代教育者提供了改革教育、发展教育、完善教育的思维方式。首先是批判反思的辩证思维方式。黑格尔的"否定之否定"辩证法让我们了解到事物发展变化的规律，被教育者所表现出来的一切"否定"的行为方式都值得教育者去反思，被教育者的成长就是这样被自身自由需求指引并被教育者推动的螺旋上升的进步成熟过程，教育者是指导被教育者如何面对客体返回自身的引导者，黑格尔的辩证哲学更明确地说明了教育者的作用。其次是个体与他者相互承认的承认思维方式。面对个体必然的人生课题——个人与他人的关系，黑格尔给我们提供了"承认"的教育哲学思维，教育者应承认被教育者，被教育者要承认教育者，以及二者如何承认的问题。同时，教育者对被教育者承认思维的培养是建立个体与他者承认关系的重要方面，教育者与被教育者的承认思维培养都很重要。最后是个体经历异化的教化思维方式。个体的成长发展是一个异化的教化过程，个体是社会劳动实践造化的结果，传统文化的传承、世俗的一切观念、国家的教育和管理都是个体成长的教化过程，教育者以及教育管理者可以用历史的眼光和发展的眼光审视当代教育及当代的被教育者，用教化的思维方式开展教育活动，更有利于当代公民教育的发展。

第二，对公民教育中的"意识培养"提供逻辑原理。

肉体成长是人的自然成长，而精神成长则需要教育的参与，黑格尔认为教育就是使人精神成长后更加符合伦理的活动，而这门"艺术"不是简单的说教，而是使被教育者精神成长后树立正确意识和正确观念的活动，人的精神是如何成长的呢？恩格斯曾在《路德维希·费尔巴哈和德国古典哲学的终结》中评价黑格尔：精神现象学"也可以叫做同精神胚胎学和精神古生物学类似的学问，是对个人意识各个发展阶段的阐述，这些阶段可以看做人类意识在历史上所经过的各个阶段的缩影"①。《精神现象学》中将人意识的发展分成了意识、自我意识、理性、精神、知识、绝对知识（艺术、宗教、哲学）等几个阶段，每个阶段黑格尔又做了详尽的说明，如何将道德、法治等教育内容用恰当的教育方法指引等公民教育问题，都需要了解被教育者的意识发展规律，所以黑格尔的精神学说恰恰为当代公民教育的开展提供了指引。

第三，为当代公民伦理教育提供理论依据。

黑格尔的公民教育思想是其哲学思想在"使人成为人""使人成为自由的人""使人成为理性的人""使人成为伦理的人"思想的延伸，人的本质属性是社会性，每一个个体都注定是伦理人。伦理教育是当代教育不可或缺的一个方面，如何培养自在自为的伦理人是黑格尔一直思考的问题，关于自由、宗教、法哲学等问题的讨论都是为他在主观世界映衬下的客观伦理世界中为个体寻找安身立命的理由。黑格尔有一句名言"教育是使人符合伦理的一门艺术"，黑格尔的公民教育思想也可以称为伦理教育思想，他认为教育就是培养伦理精神的，这为当代伦理教育在教育目标、教育方法、教育原则等方面都提供了可鉴之处。首先，黑格尔伦理教育思想为被教育者树立正确的集体观、社会观、国家观提供教育哲学基础。黑格尔关于伦理的阐述让教育者和被教育者了解到为什么人是被规定着过普遍生活的，人的特殊性和普遍性的统一对于个体意味着什么，为什么只有当"个体"变成群体中的"实体"才能获得自由等。其次，黑格尔的伦理教育思想对当代教育伦理学的发展有借鉴意义。公民教育中的教育善是教育者一直追求的教育伦理目标，黑格尔的伦理自由论、伦理人性论、伦理承认论反映在当代公民教育中，就是实现主体由追求外在到追求内在，由他律到自律，由任性到理性的教育善的

---

① ［德］恩格斯：《路德维希·费尔巴哈和德国古典哲学的终结》，中共中央马克思恩格斯列宁斯大林著作编译局编译，人民出版社2018年版，第11页。

实现。

第四,为"承认理论"的公民教育学研究提供参考借鉴。

"承认理论"本身具有重要的理论价值,在处理国家与国家关系、人与国家关系、人与社会关系、人与人之间及人与自然关系方面有重要的借鉴作用,对哲学、政治学、法学、思想政治教育学、公民教育学、生态学研究也有重要的借鉴意义。在当代公民教育研究中,多数学者从哲学、政治学角度研究"承认理论"的理论价值和当代价值,以"承认理论"为理论基础研究黑格尔公民教育的理论成果较少,本文独辟蹊径,从黑格尔的"承认理论"着手,研究黑格尔"承认理论"中的公民教育思想,指出"承认理论"既是公民教育的目标,又是公民教育的内容,还是公民教育的方法论,从而研究黑格尔公民教育的承认逻辑和承认原理、承认方法和承认路径,从而以"承认理论"为视角,构建了黑格尔公民教育思想的教育体系。这一研究视角和研究内容,使"承认理论"延伸到了公民教育领域,丰富了对"承认理论"的研究,也丰富了黑格尔公民教育思想的研究。

(二) 实践意义

第一,有助于提高我国公民意识。

公民教育的目标即是提高公民意识和作为公民的能力,也就是自觉认同自己的公民身份,明确自己作为公民的原因、价值、意义和目的,明晰在社会中作为拥有独立人格的主体应该具有的权利和义务,并有能力在实践中行使自己的公民能力,上述认知和行为习惯均需要通过公民教育实现,也就是通过公民教育为国家和社会培养法律意识明晰、政治责任明确、道德情感高尚、人格结构健康的现代化国家公民。本研究通过研究和借鉴黑格尔公民教育思想,分析国内外公民教育实践经验,结合当代中国公民教育实践及教育效果,构建我国的公民教育体系,使我们的学生了解作为公民的意义,具备作为公民的能力,愿意行使公民的权利,能够理解社会伦理的限制,并最终掌握幸福的密码。

第二,可以为我国构建学校公民教育体系、制定教育政策提供理论依据。

我国的公民教育启蒙较晚，但随着现代市场经济的发展，民主法治社会的建设，信息化时代的到来，传统社会呈现萎缩的趋势。现代性社会要求人的现代性成长，现代性的公民教育越来越受到国家的重视，公民教育的实践探索工作也在各地学校相继开展，而什么样的公民是现代性公民？现代性公民教育需要什么样的教学方法和教学手段？怎样才能使我们的受教育者成为二十大报告中所说的"坚定不移听党话、跟党走，怀抱梦想又脚踏实地，敢想敢为又善作善成，立志做有理想、敢担当、能吃苦、肯奋斗的新时代好青年"[1]？素质教育能实现现代性公民教育的目标吗？这些都成为摆在教育政策制定者和教育工作者面前的问题。本文通过梳理黑格尔公民教育思想脉络，总结以往专家学者的研究成果，分析黑格公民教育的教育目标、教育内容、教育方法和路径，从理论上系统构建我国公民教育体系，为国家教育政策制定者制定我国教育相关政策提供依据，也为未来我国系统构建公民教育体系提供理论支撑。

第三，可以为中国式现代化的实现提供参考借鉴。

公民教育在我国的提倡和发展是我国社会主义现代化建设的需要在教育领域的反映。国家现代化是以民主法治现代化、精神文明建设现代化、国家治理现代化、教育现代化、社会和谐化等内容为前提的。首先，我国的民主与法治建设已经迈上了一个新的台阶，而公民教育可以促进公民的政治社会化，促进公民和国家之间建立理性关系，而理性的国家必然会促进公民的政治社会化，基于这种互动关系，公民教育成为民主法治建设的必然。其次，通过公民教育，社会成员具有公民意识、法律意识、契约精神、公德意识，这正为市场经济正常运转及蓬勃发展提供了人的前提。再次，公民教育为我们指明了教育改革和发展的道路，为实现我国教育现代化指明了方向。最后，公民教育为我国构建社会主义

---

[1] 习近平：《高举中国特色社会主义伟大旗帜　为全面建设社会主义现代化国家而团结奋斗——在中国共产党第二十次全国代表大会上的报告》，人民出版社2022年版，第71页。

和谐社会提供了和谐的人的要素。

笔者面对现代教育的价值诉求,面对中国式现代化建设的需要,面对我国公民意识的提高及公民素养的提升的需求,在"承认理论"视域下提出黑格尔公民教育思想研究这一重要课题,通过对这一问题的研究,期望对中国公民教育事业的发展有所裨益。

第三节 相关概念阐释

为了让学者们更好地理解和研究黑格尔公民教育思想,笔者认为有必要对本书中的相关理论概念进行阐释和说明。

一 承认理论

近代主体哲学困境的实质在于主客体区分所强调的主体的绝对至上地位,在这里主体是先验的、绝对的、封闭的。为应对这种困境,现代西方发起了解决"理性狂妄"的一系列举措:叔本华的意志、柏格森的生命哲学、萨特的存在主义以及马克思的实践哲学都在反对绝对理性。但霍耐特认为这些方法依旧没有跳出形而上学同一性的问题,依旧在以"一"同化其他。拉康的主体间性思想被普遍认为是对近代主体性的致命一击,哈贝马斯提出交往行为理论,也被认为是消解绝对主体的一种较为有效的方式,但在霍耐特看来却仍未走出"同一"哲学的迷误。因此,霍耐特提出自己的想法,唯有回到黑格尔的承认理论,才是化解主体哲学困境最为有效的方法,这一论断引起了国内外学者广泛关注,至此黑格尔一直未受重视的承认理论正式浮出水面,逐渐成为学界关注的焦点。

多年来,随着对"承认理论"讨论和研究的不断深入,学界对"承认"的涵义基本上达成了共识,即认为承认哲学是在德国古典哲学中提出,经后人不断深入理解和重构的一种哲学社会学思想,这一思想的基本涵义是,承认建立在人们相互之间的信任和尊重的基础上,反映了人与人之间的主体间性关系。① 这种关系是人本质的需求,既体现了个人与自我的正当关系,也体现了个人与他人、个人与社会的正当关系。承认思想和承认关系的建立对于主体认同来说,一方面,使主体通过交往和实践经过他者的中介打开了主体的内在世界,最终达成自我认同和自我实现。另一方面,承认在家庭、社会和政治共同体中给主体带来多方面的共享认同和期望标准。

二 主体间性

自古至今,哲学经历了由前主体性到主体性再到主体间性的历史过程。古代哲学是本体论哲学,属于前主体性哲学。近代哲学是认识论哲学,建立于主体—客体二分基础之上,属于主体性哲学。主体性哲学是近代社会发展的产物。随着时代的发展,主体性哲学的历史局限性日益显现出来:第一,建立在主客二分基础上的主体性哲学不能解决人的生存本质问题。主体性哲学将人的生存活动界定为主体对客体的征服和构造,导致唯我论和人类中心主义,进而导致人口膨胀、资源匮乏、生态恶化等全球性问题。第二,作为主体性哲学的认识论哲学,局限于认识论,仅仅关注主客体关系,忽视本体论,忽视存在的更本质方面——主体与主体之间的关系。正因如此,人们在现代条件下扬弃了主体性哲学而建立了主体间性哲学。现代哲学是主体间性哲学,存在被认为是主体间的存在,孤立的个体性主体变为交互主体。主体间性哲学因时代需要而产生并适应现代社会的发展。同时,主体间性不是反主体性,不是对主体性的绝对否定,而是对主体性的扬弃。主体间性具有哲学本体论和方法论的意义。主体间性首先涉及人的生存本质,生存不是主客二分基础上主体征服、构造客体,而是自我主体与对象主体的交互活动。主体间性还涉及自我与他人、个体与社会的关系,主体间性不是把自我看作原子式的个体,而是看作与其他主体的共在,主体间性即交互主体性,

---

① 陈良斌:《承认哲学的历史逻辑》,人民出版社2015年版,第1页。

是主体与主体间的共在关系。

主体间性概念是建构交往理论范式的核心范畴,黑格尔承认哲学宣扬个体应从"个体性"向具有交往范式的"主体间性"转化,宣扬个体意识的形成应从个体走向普遍,从原子式单体走向复合式伦理,这其中蕴含着丰富的主体间性原理。实现自由是黑格尔哲学的终极目标,而要实现自由必须经过一系列阶段的发展。各个阶段都体现了自由意志的否定性或者规定性。意识需要克服这些否定性和规定性,超出自我走向他者,在这种回归自我,在相互承认中实现"和解"。也就是说,"个体自我"过渡到"普遍自我"的自我意识的形成,必须经过在他者中观照自身从而推进自我意识的发展这一"斗争"和"承认"过程,而"承认"是自我意识和他人的自我意识相互"斗争"的结果。现代承认理论的主体间性思想中,"斗争"与"和解"其实是一体两面的。自我意识只有在同时完成了"斗争"和"承认"两个环节后,才能实现自身和他者的统一,在这种普遍性中,"我"就是"我们",这种统一是自我意识真实的统一,是自由实现的最终方式。可以说黑格尔承认理论蕴含着丰富的主体间性内涵。

三 公民教育

公民教育在不同时代和不同国家有不同的具体内涵。最早提出实施公民教育的是古代希腊,斯巴达要求将奴隶主子弟培养成体格健壮、忠于邦国的勇敢武士;雅典除培养人的忠诚、勇敢品德外,更注意发展其智慧和审美力,以便公民参加雅典式的奴隶主民主社会生活。当代公民教育产生于西方资产阶级革命时期,西方资本主义的兴起以及资产阶级民主思想的诞生推动了公民教育的产生,它是随着资本主义制度的发展而发展的,与民主政治相辅相成,以培养和塑造合格公民为主要目标。一些思想家,如黑格尔、费希特等都强调推行公民教育。德国教育家凯兴斯泰纳称德意志帝国为有"最高价值的国家",主张一切教育的目的就是要培养忠于这个国家的公民。一个人是不是有用的公民,判断的标准是看他是否有助于他人、社会和国家。公民教育的目的是"使学生深刻领会个人之间及个人与国家的关系，懂得健康的法则，并能把获得的知识应用于自我控制、正义和履行义务的实践中，应用于那种蕴含着强烈的个人责任感的明智生活中"①。不管其政治、宗教信仰如何，都要从"意志力、判断力、精细性和奋斗性"四个方面陶冶其性格，培养其精神，使他们为国家服务。他还将公民教育与劳作教育相结合，以使每个公民都具有为国家服务的技能。教学内容通常包括本国的国体、政体、法律常识、公民学等。有些资本主义国家除将公民课、地理、历史、社会学等课程的内容组成"社会学科"外，还通过组织学生校外活动等方式强化教育效果。中国于五四运动前后兴起此项教育。1919年全国教育会联合会提出编订公民教材案。1922年该会拟定的《中小学课程标准》开始把公民科列入中小学课程。1924年江苏省教育会、中华职业教育社等团体发起全国公民教育运动。1926年江苏教育会组织公民讲习会，制定公民信条：发展自治能力，养成互助精神，崇尚公平竞争，遵守公共秩序，履行法定义务，尊重公有财产，注意公众卫生，培养国际同情；议定每年5月3日至5月9日为公民教育运动周。至此，公民教育思潮盛极一时。中国共产党第十七次全国代表大会报告提到"加强公民意识教育"，这在中共历次党代会的政治报告中是第一次。

  就其内涵而言，我国学者唐克军在《比较公民教育》一书中提出："公民教育就是在政治、经济和文化等方面促进学生认识、情感和行为技能的发展，使之成为积极参与民主社会的公民。"② 学者陈滢认为，狭义的公民教育是指旨在培养参与国家或社会生活的成员必要知识的学科。而广义的公民教育是指在现代社会里，培养人们有效地参与国家和社会生活，培养健全自律、具有公民意识、公民美德、明达公民的各种教育

---

  ① 瞿葆奎：《教育学文集·教育目的》，人民教育出版社1989年版，第462页。
  ② 唐克军：《比较公民教育》，中国社会科学出版社2008年版，第34页。

活动的总称。① 笔者认为，广义的公民教育是指在现代社会里，培育人们有效地参与国家和社会公共生活、培养明达公民的各种教育手段的综合体；狭义的公民教育是指培养参与国家或社会公共生活一分子必要知识的公民学科。根据公民教育所涉及的深度和广度，把公民教育理解为三个方面："有关公民的教育"：强调对国家历史、政体结构和政治生活过程的理解；"通过公民的教育"：通过积极参与学校和社会活动来获得公民教育；"为了公民的教育"：在知识与理解、技能与态度、价值与倾向等各个方面培养学生，使学生在未来的成人生活中能够真正行使公民的权利，履行公民的义务。

---

① 陈滢：《公民教育的历史演进及基本内涵》，《鄂州大学学报》2005年第7期。

第二章

作为黑格尔公民教育思想逻辑主线的"承认理论"分析

黑格尔"承认理论"产生于19世纪分裂落后的德国,启蒙思想席卷欧洲并未带来德国的统一、社会的和谐和公民的自由,黑格尔从宗教神学思想出发,继承并发展了古典国家观及欧洲多位思想家的承认思想,最终形成了无中介的、以个体自由为目标的、具有普遍性伦理意义和宗教"爱"之涵义的承认思想。承认思想虽然未被黑格尔主题化,但却作为一个对主题性概念进行解释说明的有效运作性概念贯穿于黑格尔的整个哲学体系。

第一节 黑格尔"承认理论"概述

黑格尔曾经说过:"就个人来说,每个人都是他那时代的产儿。"[①]的确如此,这位19世纪最伟大的哲学家就出生在德国轰轰烈烈的革命年代和改革年代。革命和变革不断引发黑格尔对国家、社会、青年、自由的思考,他从康德的实践理性中看到了人的自由、价值和尊严,认为人类自身像这样被尊重就是时代的最好标志。随着教育生涯的开展,在革命思想、德国现实和前辈思想家的影响下,黑格尔的"承认理论"逐渐

---

① [德]黑格尔:《法哲学原理》,范扬、张启泰译,商务印书馆1961年版,序言第14页。

清晰起来。

一 黑格尔"承认理论"产生的历史背景

黑格尔时代的德国处于封建社会。在经济上，它落后于同时期的英法等欧洲国家，资本主义生产关系还未确立。在政治上，奥地利皇帝弗朗西斯一世统治之下的神圣罗马帝国松散地联合在一起，国内由300多个国家、公国和城市组成，呈现四分五裂的状态，黑格尔曾断言，德国已经不再是一个国家。1806年，拿破仑在耶拿战役中又一次打败了普鲁士军队，结束了这个千年帝国。在文化思想上，这一时期的德国不仅持续接受着宗教改革运动和启蒙思想的冲击和洗礼，同时还迎接着法国大革命思想的冲击及法国《人权宣言》精神的播散，这些思想强烈地激荡着德国人的精神世界，德意志文化正在进行一场以"狂飙突进"运动而闻名的重大变革。一种新的文化精神①在19世纪的文化运动中成长起来，并在德国哲学、文学和艺术中达到了资本主义精神所能够达到的最高展现。因此，从思想文化角度说，德国不逊色于任何一个欧洲国家。黑格尔生活在德国文学的黄金时代，他的思想深受歌德、席勒、赫尔德林作品的影响，同时，启蒙运动、浪漫主义、"狂飙突进"思想都给黑格尔以丰富的思想给养，使黑格尔能够在启蒙运动的浪潮中，从历史和哲学的角度独立地思考德国的政治、教育、公民自由、公民与国家和谐共处等问题，使黑格尔的思想显现出特有的风貌。

二 黑格尔"承认理论"的思想来源

20世纪中后期，西方学界对黑格尔承认哲学的重新发现，不仅颠覆了黑格尔作为主体性哲学集大成者的古典形象，而且还开启了19世纪主体间性哲学研究的浪潮，使黑格尔承认思想显现出一种不可思议的后现代主义色彩。他的承认思想扬弃了以往欧洲思想家对"承认理论"的理

---

① 指资产阶级精神。

解，开启了承认理论思考的新征程，形成了独到的、深刻的、间性的承认思想。

（一）对古典国家观的扬弃

在个人与国家的关系中，黑格尔一直反对无视"承认"的现代性"原子"论，他认为在现代市民社会中的个体是"原子"式的个体，而"原子"式的个体的存在方式和思维模式只能导致相互碰撞及伤害的结果，不能实现个体真正的自由。为了实现伦理共同体，他主张可以在一定程度上恢复古希腊时代的古典共同体传统，在古希腊，国家中的个体总是以共同体利益为中心，甚至为了共同体利益可以牺牲自己的利益，例如亚里士多德的《尼各马可伦理学》一书中写道，即使存在个人的善与城邦的善的统一性，理解和守护城邦的善无论如何是显然更为重要和更为完满的任务。因为，对孤立的个人来说，善肯定令人喜爱，但把它用于一个国家或一个城邦则更加美好、更为高尚。可以看出，这种共同体观念并没有释放主观自由和特殊性，相反是对其进行抑制，这种集体主义思想虽然提供了具有共存价值的结构，但是容易导致权威或集权主义而无法容纳个体自由。而真正的自由必然是暗含个人特殊利益的自由，离开个体特殊利益，自由始终是抽象的，离开了自由，善将始终是抽象的。[1] 因此，黑格尔虽然主张恢复古典传统，但却并不是要回到那个淹没个体的古典国家中去，他的承认思想是在承认伦理共同体这个绝对精神的前提下，个体的特殊性也能得到承认和彰显，即"在伦理实体提供主观自由的内容与目标的同时，主观自由表现为一种实现伦理实体及其现实化的工具"[2]。也就是说，黑格尔通过"承认理论"使伦理共同利益及个人利益的实现得到了和解。

在《法哲学原理》一书中，黑格尔是这样阐释的：国家是具体自由

---

[1] Robert R. Williams, *Hegel's Ethics of Recognition*, Berkeley & Los Angeles: University of California Press, 1997, p. 116.

[2] Robert R. Williams, *Hegel's Ethics of Recognition*, Berkeley & Los Angeles: University of California Press, 1997, p. 268.

的现实;但具体自由在于,个人的单一性及其特殊利益不但获得它们的完全发展,以及它们的权利获得明白承认,而且一方面通过自身过渡到普遍物的利益,另一方面它们认识和希求普遍物,甚至承认普遍物作为它们自己实体性的精神,并把普遍物作为它们的最终目的而进行活动。其结果,普遍物既不能没有特殊利益、知识和意志而发生效力并达至完成,人也不仅作为私人和为了本身目的而生活,因为人没有不同时对普遍物和为普遍物而希求,没有不自觉地为达成这一普遍物的目的而活动。现代国家的原则具有这样一种惊人的力量和深度,即它使主观性的原则完美起来,成为独立的个人特殊性的极端,而同时又使它回复到实体性的统一,于是在主观性的原则本身中保存着这个统一。① 可以看出,黑格尔的承认观是双向立体的,特殊物和普遍物是相互承认统一为实体的,特殊性和普遍性是统一于自由的个体的。这种承认思维扬弃了古典国家观对共同体的绝对承认,而从辩证统一思维中找到了国家实现具体自由的方式,是对古典国家观的超越。

(二) 对启蒙思想的扬弃

启蒙运动标志着自由、解放时代的到来,正如康德所指出的那样,人类能够自由地运用自己的理性,而不再受到神的意识的主宰,每个意志都被认为是绝对的意志,人自身的价值受到极大的承认和尊重,而"压迫者和人间上帝们的灵光消失了"②。启蒙思想倡导主体价值,唤醒了人的世界,使人们投身到为人类的解放而不懈努力的活动中去,而解放的目标就是理性、自由和平等。在启蒙运动的影响下,所有的主义和思想"都共同受解放政治的支配"③,使"自由主义"成为当代西方社会的主流思想,无论是英美国家的"自由主义"还是德国古典哲学倡导的"自由主义",都将个体的自我统治、自我管理、自我解放

---

① [德] 黑格尔:《法哲学原理》,范扬、张启泰译,商务印书馆1961年版,第296页。
② 苗力田:《黑格尔通信百封》,上海人民出版社1981年版,第43页。
③ [英] 吉登斯:《现代性与自我认同》,赵旭东译,上海三联书店1998年版,第247页。

作为他们追求的目标。当个体摆脱了"神"的羁绊，开始大胆地彰显自由，甚至开始放逐自己时，这种片面的、异化的"自由主义"现代性问题便凸显出来。"启蒙的根本目标就是要使人们摆脱恐惧，树立自主。但是，被彻底启蒙的世界却被笼罩在一片因胜利而招致的灾难之中。"①

　　黑格尔承认思想的提出就是源于对战后生活世界及对于启蒙所倡导的主体性立场的深刻反思，如何解决现代性发展的问题？什么是真正的自由和解放？如何实现真正的自由？如何摆脱物质束缚以外的思想的、精神的、他人的、社会的束缚？如何解决个体之间的矛盾和冲突？黑格尔承认启蒙自由的积极意义，但他对启蒙思想也保持一种批判的态度，他用独有的辩证式的诊断，用承认哲学的反思视角，强调单个个体解放的主观自由逻辑是一种抽象的个人主义，只是主体性真理的一部分，而不是全部，不能实现真正的人的自由。而承认逻辑，是一种"人人为我，我为人人"的"我们"逻辑，甚至是"我们是我，我是我们"的"自我"逻辑，这种主体间的承认逻辑超越了启蒙现代性的抽象个人主义和自由主义，在黑格尔看来，承认思想是解决主体间、主体与社会矛盾冲突的法宝，应以相互承认的方式来实现主体间的和解。他认为，个体只有通过他者的承认才能回到自身，才能获得真正具体的自由，这成为黑格尔的人的自由解放逻辑，在启蒙自由思想的基础上，黑格尔逐步丰富并完善了他的承认逻辑，成为他的承认哲学体系的一部分。

　　黑格尔用承认的主体间性视角开启了新的人类自由解放的道路，成为马克思超越并改造启蒙思想的思想背景和理论资源。同时，黑格尔从抽象的绝对精神角度为我们揭开了一个全新的语境——世界历史的维度，而后来马克思正是从历史唯物主义的视域批判了黑格尔这种世界历史的

---

① ［德］马克斯·霍克海默、西奥多·阿道尔诺：《启蒙辩证法：哲学断片》，渠敬东、曹卫东译，上海人民出版社2006年版，第1页。

第二章 作为黑格尔公民教育思想逻辑主线的"承认理论"分析

向度,建构起一种包含承认哲学的"历史科学"。

(三) 对社会契约论的扬弃

在对国家的承认上,卢梭主张将国家的意志建立在契约的基础上,社会个体将个人意志集中起来,通过订立社会契约的方式实现国家的统治。黑格尔反对特定的单个人意识集合的原则,在《法哲学原理》中就鲜明地提出了自己的观点:"他①所理解的意志,仅仅是特定形式的单个人意志,他所理解的普遍意志也不是意志中绝对合乎理性的东西,而只是共同的东西,即从作为自觉意志的这种单个人意志中产生出来的。这样一来,这些单个人的结合成为国家就变成了契约,而契约乃是以单个人的任性、意见和随心表达的同意为其基础的。此外又产生其他纯粹理智的结果,这些结果破坏了绝对的神物及其绝对的权威和尊严。因此之故,这些抽象推论一旦得时得势,就发生了人类有史以来第一次不可思议的惊人场面:在一个现实的大国中,随着一切存在着的现成的东西被推翻之后,人们根据抽象思想,从头开始建立国家制度,并希求仅仅给它以想象的理性东西为基础。又因为这都是缺乏理念的一些抽象的东西,所以它们把这一场尝试终于搞成最可怕和最残酷的事变。为了反对单个人意志的原则,我们必须记住这一基本概念,即客观意志是在它概念中的自在的理性东西,不论它是否被单个人所认识或为其偏好所希求。"②

也就是说,社会契约理论中,社会成员达成的契约代表着国家意志,契约的形成是一种承认,对契约的承认也是一种承认。黑格尔认为,任意的、任性的个人意志的承认形成的契约国家同样是任意的、特殊的、随意的国家,在这样的国家中蕴含着非理性的、激变的、主观的情绪,一旦社会成员的意志改变,这种自下而上形成的契约随时可能遭到破坏,国家和政权随时面临被颠覆的可能。而黑格尔认为代表"地上的精神"

---

① 他指卢梭。
② [德]黑格尔:《法哲学原理》,范扬、张启泰译,商务印书馆1961年版,第290页。

的国家代表的是客观意志，这种客观意志具有客观性、普遍性、确定性、稳定性的特点。黑格尔在《法哲学原理》中提到："国家是绝对自在自为的理性东西，因为它是实体性意志的现实，它在被提升为普遍性的特殊自我意识中具有这种现实性。这个实体性的统一是绝对的不受推动的自身目的。"①

黑格尔认为对契约国家的承认虽然也是对统一意志的承认，但这种统一意志不是普遍意志，这种统一意志会随着个体民众或团体民众的改变而改变，即随着特殊意志的改变而改变，这种承认不具有普遍性和真理性，是不可靠的共同意志，虽然看起来是民众自由意志的集中体现，维护了民众的利益，体现了民主，但实际上民众并不代表绝对真理，契约国家也不能代表真理，不具备真理性的国家是无法实现民众自由和解放的。黑格尔在批判卢梭社会契约思想的同时，提出了解决非理性国家问题的国家存在方式——伦理国家，伦理国家作为"地上的精神"彰显着理性的客观意志，在黑格尔心中，国家代表理性的绝对精神，代表着普遍性和特殊性的统一，对国家的承认就是对真理的承认，只有伦理国家才能实现民众的自由和被承认。

（四）对霍布斯"为生命持存而斗争"思想的扬弃

霍布斯在他的著作《利维坦》中写道，人类是由三种激情支配下的动物，这三种激情分别是竞争、怀疑和荣誉。在这三种激情的驱使下，天性使人类相互攻击和相互杀戮，人类的自然状态是所有人反对所有人的战争。霍耐特也曾表达过类似的意思，人们自我扩张是一种本能，"只要一个人遇到另一个人，这种预期行为就会扩大成一种权力行为，它与生俱来，起着防御作用；由于两个相遇的个体必定是彼此陌生，而各自的意图又难以揣测，所以，他们之中的每一个人为了能够在将来的

---

① ［德］黑格尔：《法哲学原理》，范扬、张启泰译，商务印书馆1961年版，第288—289页。

自卫中抵御可能来自对手的打击,就不得不预先扩张自己的权利潜能"①。根据霍布斯的斗争理论,这种防御性的扩张行为是个体思想和行为的基本要素,在这种思想的指导下,人类社会就是一切人反对一切人的状态,一种斗争的状态。同时认为,只有契约国家才能解决这种威胁性的人们之间的冲突。

那么,在共同生活中如何解决"自我扩张"问题呢?是否存在这种原初道德的动机呢?黑格尔认为是有的,那就是被承认的原初欲望,黑格尔以"承认"概念回应这种"自然状态",此时,霍布斯的人的"自然状态"理论被作为有关原始的不承认的理论而被重新讨论。黑格尔利用了霍布斯个体间相互斗争的思维模式,在耶拿时期的作品中从相互承认而斗争的意义上阐释人与人之间的关系,重新定义斗争的涵义和意义,将霍布斯所说的斗争称为"为自我持存而斗争",将自己阐释的斗争定义为"为承认而斗争"。将"为自我持存而斗争"思想融入费希特肯定主体及主体间关系的辩证法中,他在耶拿时期的著作中提出,人与人之间的关系不是"为自我持存而斗争"的关系,而是"为承认而斗争"的关系,这为黑格尔的"斗争"理论及黑格尔的"承认理论"奠定了思想基础。

(五)对康德哲学难题中的"承认理论"的扬弃

作为德国古典哲学的开创者,康德的思想对于德国乃至整个欧洲都有重要的影响。首先,他认为之前的经验论和唯理论都是知性思维,虽然可以为现象立法,但不是绝对的而是相对的,在它们之外是很难认识到的。同时,他提出了绝对理性的理想,他认为在认知理性之外,还有实践理性,实践理性、道德法则、自由意志是这个世界上最本质的东西,是与人联系在一起的,道德主体——人具有绝对的价值和意义。他提出的理性对知性的超越、对人的价值的肯定、对自由意志的认可等成为了黑格尔思考人的价值、道德理念、伦理社会及国家政治

---

① [德]阿克塞尔·霍耐特:《为承认而斗争》,胡继华译,上海人民出版社2005年版,第13页。

的思想来源。但同时,也有人称,康德的理论是分裂的理论,两种理性(认识理性与实践理性)、两个世界(现象世界与道德世界)、两个自我(道德自我与认知自我)、两种活动(认识与实践)在康德哲学中还未达到统一。①继康德之后,德国古典哲学所走的道路就是把康德哲学内在分裂的绝对本质提升为一个绝对统一的过程。费希特、黑格尔、马克思、哈贝马斯及霍耐特一直都在求解康德实践哲学的二元论难题。

黑格尔同意康德提出的理性超越知性的思想,但同时认为,康德所提出的理性同样也是一种知性。什么是知性?"限制的力,即知性"②,知性即被抽象、被限制、被分离。理性是"认识万物本质和发展法则亦即认识真理的逻辑思维的高级形态,以及个体意识或主观精神发展中的高级形态"③,"理性的唯一兴趣就是扬弃对立"④。黑格尔与康德最大的分歧之一就是在对待知性带来的抽象、限制及分离的态度上,康德用绝对否定知性的态度来提升理性的地位,康德认为"自在之物"虽然是设定的"绝对物",但将这种绝对物与有限物分离是对想象的限制。康德提出了知性与理性分裂,却停在了分裂层面,无计可施,并期望后人去解决。而黑格尔认为,知性是必要的,分离也是必要的,没有知性、分离和限制就没有被承认的欲望,哲学的任务就是扬弃分离,承认就是为了克服和消除这种分离,因此,分离和知性是积极的,在通往承认道路上是不可或缺的条件,"知性的大厦越是坚牢越是辉煌,作为部分拘禁于知性大厦的生命,要摆脱知性进入自由的努力就越是不停

---

① 高全喜:《论相互承认的法权:〈精神现象学〉研究两篇》,北京大学出版社2004年版,第109页。
② [德] 黑格尔:《费希特与谢林哲学体系的差别》,宋祖良等译,商务印书馆1994年版,第9页。
③ 张世英:《黑格尔词典》,吉林人民出版社1991年版,第638页。
④ 张雪魁:《古典承认理论的源与流:从康德到马克思》,中国社会科学出版社2013年版,第61页。

第二章 作为黑格尔公民教育思想逻辑主线的"承认理论"分析

息"①。黑格尔用他无处不在的辩证法解决了让康德很无奈的知性与理性的矛盾。

在古典承认理论的发展过程中，多数学者都认为，康德是源头，费希特是中介，黑格尔是完成者。在《实践理性批判》中，康德认为，人是一种能够遵守理性道德律的存在，但源于我们身体本性的非理性欲望容易使人发生动摇。于是，道德行为总要经历一番挣扎。要想取得胜利，就要压抑对道德律的憧憬之情以外的其他所有欲望，道德律引导我们自愿履行自己的义务，这体现了康德基于道德律的"压抑的承认观"，而黑格尔从"分离—承认""知性—理性""有限—无限"的辩证统一关系中提出的承认思想，认为人的道德行为并非绝对的压抑的被迫的承认行为，承认的过程经历了"被动承认—接受承认—主动承认"的过程，被动承认不是绝对的无限结果，在社会历史和人类社会发展过程中，在人与人交往过程中，在自我意识的运动中，人类的精神力量为人类提供动力，使人类理解、接受、认同承认，并主动接受道德行为和法的规则，这个"道德律"是主动的"自我道德律"，而不是被动的"自我道德律"。

（六）对费希特主体间性概念中"承认理论"的扬弃

自由是费希特一生追求的理论旨趣，他认为自由的实现必须满足三个条件：第一个条件是我们的物质躯体；第二个条件是理智力量，即我的意志活动，我自觉地按照概念自己规定自己的独立性活动；第三个条件是"他我"的存在，"他我"是费希特假定的一种在自身之外的现实的理性存在物。"自我"与"他我"必然经历人与人之间的相互作用和相互关系，在这里，费希特推导了主体间的演绎过程，这些"主体间性"的洞见被很多学者认为是费希特最富有意义的成就，因为人际关系是考察道德内容的最根本关系，自由的实现与否最终是

---

① ［德］黑格尔：《费希特与谢林哲学体系的差别》，宋祖良等译，商务印书馆1994年版，第9页。

由人与人之间的关系决定的，伦理学揭示的就是人与人之间的相互承认，相互给予自由的关系。

在"自我"与"他我"的关系中，"自我"应该是自在的独立的自由者，另一方面，"自我"追求独立性的冲动总是受到限制的，因为在"自我"之外还有其他的理性存在物——"他我"，只有"自我"将"他我"作为一个理性存在物来看待，"自我"才能要求"他我"承认我是一个理性存在物。即我不能为了自由超越某种限制，也不能为了自由侵犯其他理性存在物的自由。费希特认为在其他理性存在物面前的止步，并不意味着对自我自由的限制。一切自由行动都是向来——超越一切时间——由理性预先决定的，每个自由的个体都在知觉方面被设定为与这些行动和谐无间，即一切行动都有先验的预见，我随时准备"止步"。那么这种先验是如何形成的呢？费希特没有展开论述，黑格尔在论述自我意识和伦理关系时填补了这个理论空白。通过主体间性的演绎，对于康德哲学中无法认识的"物自体"，费希特通过"自我"与"他我"的辩证逻辑演绎得以认识，这种主体间性关系及辩证的"正—反—合"的逻辑推导过程被黑格尔继承下来，成为黑格尔论证承认思想的方法论，但同时也遗留下来一些未解之题，例如，"自我"为什么是先验的、独立的、自由的？作为理性存在物"他我"为什么要被"假定"？"自我"的"止步"为什么是被动的？"自我"与"他我"在伦理社会中思维是独立的还是联合的？这些问题后来都由黑格尔一一解决。

黑格尔把费希特以自由为原则的主体间性演绎视为最伟大的开端。在《费希特与谢林哲学体系的差别》中，黑格尔提出的知性与理性相互仇恨及为承认而斗争等思想都是与费希特的主体间性概念遥相呼应的。同时，他也提出：（费希特）"一直到这里讲得都很出色，于是人们不仅期待费希特进一步指出对方（非我）如何返回到绝对的自我意识。但是，一经承认对方为无条件的、自在的东西，这种返回就不能实现了。自我的彼岸被他规定为属于实践的自我。于是非我便只落得作为自我的阻力，于是那无限前进的活动就遇到了阻力，就为阻力阻挡回去，然后它又对那阻力起反作用。由于自我设定非我，肯定的自我就必须限定其自身。尽管费希特力图解除这个矛盾，但他仍然没有免除二元论的基本缺点。因此矛盾没有得到解决，而那最后的东西只是一个应当、努力、展望"[1]。即费希特的学说是建立在康德对现象与物自身的分离基础上的，他将康德的"主客矛盾"统一于主体（自我）之中，但并未获得成功，与康德一样陷入了主客分离的困境。

与康德相同，费希特眼中的人性也被理解成"非伦理性"的冲动的人性，主体在获得伦理立场即获得有益于共同体的认可之前，必须首先学会抑制本能的冲动，这无疑陷入了个人原子论的立场，其结果是社会陷入"一体化的多数""原子的集合""孤立主体的组合"的状态，这种抽象的模式只能形成非伦理的伦理，而黑格尔追求的是伦理总体状态的可能性，追求的是人类共同体的现实模式。他认为，个体道德观与法治观的形成不是在伦理生活中被抑制、被压制、被限制的过程，承认思维使个体心甘情愿地遵守伦理法则，"自我"扬弃"他我"，在"自我"身边"安如家居"。同时，黑格尔事实上将费希特的观点往前推进了一步，个体承认的范畴不仅包括主体间的承认，还包括主体对社会制度的承认，即个体应当在社会制度中寻找到反映他自身利益的部分，并获得制度的支持。反之，个体将会被异化，自由和承认在这里被分解。

三　黑格尔"承认理论"的内容

"承认理论"作为黑格尔哲学思想中的隐秘线索贯穿于黑格尔从青年到老年的所有著作中，主要体现在基督教神学中"爱"对"分离"的扬弃、意识发展的精神现象和伦理生活中的自然选择中。

（一）"承认"是基督教神学中"爱"对"分离"的扬弃

虽然黑格尔青年时在图宾根大学攻读神学，但当时他仍然是批判传

---

[1] [德]黑格尔：《哲学史讲演录》第4卷，贺麟、王太庆译，商务印书馆2017年版，第355—356页。

统宗教的,他的第一篇哲学论文便是对基督教的攻击。1793年,黑格尔在瑞士伯尔尼任家庭教师,当时他主要思考宗教、社会历史与政治方面的问题,同时也表现出对希腊文化中人与人自身同一,人们在社会中相互同一、全体和谐生活的缅怀。此时,他还试图调整古希腊文化和基督教文化,充满信心地致力于创造出一种人与自然和谐统一的符合时代精神的雅典宗教式的新宗教。

自康德之后,人们开始从道德角度看待宗教,"'我应该做什么'不是由自我的宗教信仰或者上帝的命令来决定的,而是由作为理性存在的自我给予自己的命令来决定的。实际上,宗教的理性果核,对上帝和永生的信念,是确立在对道德的要求基础上的,假如最高的善要想得到实现的话,那么那种信念便是必要条件。黑格尔的早期论文就带有我们在康德那里看到的这层意思,即当他充当一个纯粹道德意志主体的时候,人是最接近于上帝的"[1]。黑格尔在手稿中提出了"私人宗教"和"人民宗教"[2],他认为,宗教应该是属于人民和公共生活的,"私人宗教"涉及的是人格及家庭关系中的个人生活,"人民宗教"涉及的是一个社会的公共生活,在黑格尔看来,人民宗教的最完美样式应该是古希腊公共宗教的样式,具体说,人民宗教是人们社会生活的重要组成部分。这样的宗教是为人们生活所需要的,以普遍理性为根据的,与国家公共事务相联系的。与康德的"应然"道德律相对应,黑格尔认为这种宗教建立的是"实然"的社会,在这样的社会中,心灵的嗜好不再是特殊的和唯我论的,而是返回权利之中的生活自身,作为实在地归属到一起的诸对立的统一,它就是"爱"。黑格尔将"爱"作为统一的中介,借助于康德最高的善的道德,构建了属于黑格尔的"人民宗教",在这里,人们用"爱"扬弃了分离的精神,带来了全体的完全和解,"爱"是基督教的"神恩"。在黑格尔关于新宗教——"人民宗教"的论述中,我们看到了存在于社会生活中的道德宗

---

[1] [加]泰勒:《黑格尔》,张国清、朱进东译,译林出版社2002年版,第79页。
[2] [加]泰勒:《黑格尔》,张国清、朱进东译,译林出版社2002年版,第80页。

第二章 作为黑格尔公民教育思想逻辑主线的"承认理论"分析

教,看到了统一的、非唯我的心灵,看到了"爱"的"神恩"。根据威廉·托里·哈里斯(William Torrey Harris)的考证,黑格尔对承认范畴产生兴趣最先是在早期神学思想中阐释的,在他早期神学著作中,黑格尔提出将爱作为自我与他者之间的中介和纽带。

在黑格尔《基督教的精神及其命运》一文中首次出现了"承认"的主题,这篇文章论述了耶稣怎样反对犹太民族的悲惨命运。在耶稣眼中,犯罪、法律和惩罚都是生命范围内的事。黑格尔如此描述:侵犯、伤害及毁灭他人的行为并不一定带来自我的绝对消亡,自我的现存生命异化为自我的敌人,这一异化行为创造出法律,法律体现了用他自己的生命来抵偿被他伤害的生命的原则,基于这一原则,被伤害的生命就作为敌对的力量来虐待他,就像他虐待被伤害的生命一样,他的内心充满了害怕与自责,从而产生对异化生命的厌弃及对已失去的生命的眷恋和向往,直到他出于灵魂深处的要求与生命联合,重新把生命当作朋友来欢迎。异化的生命努力重回生命整体的感觉就是"爱",在"爱"中,异化的生命得到了扬弃。在这个关于"爱"的扬弃的故事中,昭示着"承认"的核心内容,伤害他人的生命同样是伤害自己的生命,带来的结果是自己生命的残缺和不自由,欲实现自我生命的完满与自由,只有求助于"爱",在"爱"的温暖中才能重获生命。只有在充满"爱"的信仰中才能消除人与人之间的隔阂,"这种人的活生生的谐和和他们在神里面的共同友谊,耶稣就叫做天国"[①]。

(二)"承认"是意识"经验"的结果

耶拿时期,黑格尔逐渐摆脱谢林思想及西方古典精神的影响,用"精神"和"意识"概念取代了"伦理"概念,在意识哲学中继续思索伦理生活的"承认"问题。

1. 以"以太"为中介的辩证自我意识承认:《实在哲学》中的自我

---

① [德]黑格尔:《黑格尔早期著作集》(上),贺麟译,商务印书馆1997年版,第445页。

意识①

在耶拿时期，黑格尔于1803—1804年完成手稿《精神哲学》，即耶拿《第一精神哲学》，也称耶拿《实在哲学Ⅰ》，在1805—1806年完成另一部手稿《精神哲学》，即耶拿《第二精神哲学》，也称耶拿《实在哲学Ⅱ》。这两部手稿都包括自然哲学和精神哲学两部分。首先，这两部手稿的完成，标志着黑格尔的思想由遵从谢林的同一哲学慢慢转向关注康德、费希特的主体性哲学，被学者们称为黑格尔的重要"意识哲学转向"，从而发展出一套以"精神""意识""自我意识""绝对自我"为关键词的新的话语体系，这套话语体系就是以"精神"和"意识"概念为核心的"意识哲学"（《实在哲学Ⅰ》）和"自我意识哲学"（《实在哲学Ⅱ》）。此后，对"承认理论"的论述有了"精神发展的各个环节"的新维度，在意识发展的不同阶段上，精神可以与伦理达成统一。其次，黑格尔对"个体性"的认识也有了新高度，他认识到古代的希腊美好社会终将一去不复返，死死抓住古典国家精神的"同一性"来克服当代社会的"分裂""蔑视"和"否定"已经不合时宜，每个人都是时代的产儿，囿于高扬个体性的现代自由社会，从实体进化为主体，使市民由"作为市民的市民"变成"作为公民的市民"，更能体现黑格尔所追求的"普遍""同一""统一"和"承认"。

（1）意识的内涵

受柏拉图影响，黑格尔在《实在哲学Ⅰ》中借助兼具主客性质的"以太"解释绝对理念，黑格尔指出，在精神里，现实地存在着作为构成自身的本质的东西的天然东西，这个天然的东西就是绝对的"以太"，他用这种带有媒介含义的中介性的神秘词语描绘意识的中介性。

首先，意识本身是主体与客体的统一。意识本身是对立统一的概念，"意识的本质乃是，对立的绝对统一直接存在于一种'以太'般的同一性之中。只有当意识是直接对立的，它才能达到绝对同一。对立的两部

---

① 自我意识的形成即承认意识的形成。

第二章 作为黑格尔公民教育思想逻辑主线的"承认理论"分析

分乃是意识自身。在这种对立的统一中,自身意识着的乃是意识的一方面,而那被意识的乃是意识的另一方面。两者本质上是同一个东西"①。因此,意识既不是主体,也不是客体,意识是联结主客体的精神,这一观点与费希特"自我与非我的对立"思想形成对比,并成为后期精神哲学研究的对象。从意识的对立统一概念中我们感受到,意识具有实现承认关系的特质和能力,事实证明,意识哲学成为了黑格尔承认理论构想的另一条路径。

其次,意识本质上是共同体意识,即民族精神。意识不是如康德所说的是个体不同的能力、倾向和激情,不是有限的自我和个别的主体。在黑格尔眼中,意识作为精神的概念本身是"个别性与普遍性的直接同一性",是"个别性和规定了的概念的绝对统一"②,因此,意识不仅可以实现主客体的统一,还可以实现主体与主体的同一,进而实现主体与共同体的统一,形成民族国家。因此,黑格尔对意识主体间性特征的描述体现了"承认"哲学的意蕴,意识的民族性、主体间性、实践性的特征具有深刻的"承认"的意义。同时,意识不仅是"承认"的媒介,它本身还蕴含着承认的思维,与康德、费希特有限自我的主体意识对比,更突显了意识预示着的整体性、普遍性、同一性。克朗纳在《从康德到马克思》一书中评价道:"黑格尔发现……意识所形成的经验不仅仅限于感性、知性和理论的判断力的经验……而且在内心和想象力的激动中,在每一种风俗、法律和国家制度中以及在每一件艺术作品、每一宗教行为和宗教观念中,简言之,在全部生活中表达出来。"③ 因此,黑格尔的意识学说不仅是观念上的,更是实践中的。通过意识概念的引入,黑格尔所追求的"普遍性""统一性"及"承认"就进入到精神自身展开的各个阶段即各种意识形态

---

① 朱学平:《古典与现代的融合:青年黑格尔思想的形成与演进》,湖南教育出版社2010年版,第218页。
② 朱学平:《古典与现代的融合:青年黑格尔思想的形成与演进》,湖南教育出版社2010年版,第218页。
③ 朱学平:《古典与现代的融合:青年黑格尔思想的形成与演进》,湖南教育出版社2010年版,第219—220页。

中，意识在各阶段不断发展并最终回归自我的过程，就是一个不断克服各种对立和分裂，并最终扬弃对立和分裂的承认过程。

再次，自我意识是在主体交往中形成的。黑格尔自我意识的形成是伴随着主体间性的承认过程实现的，"因为黑格尔不是把自我的构成同孤独的自我对自身的反思相联系，而是从（自我）形成的过程中，即从对立的主体的交往的一致性中来把握自我的构成，所以，起决定性作用的不是反思本身，而是普遍的东西和个别的东西的同一性赖以形成的媒介"①。从哈贝马斯的评论中，我们可以看出，黑格尔的自我意识是在"主体交往"及"交往的媒介"中形成的，通过语言、劳动、家庭、市民社会等媒介，在主体相互交往的过程中达成了任性与普遍性的统一，形成了带有主体间思想的自我意识。

（2）意识各阶段中的承认

在《实在哲学Ⅰ》意识发展阶段讨论的基础上，《实在哲学Ⅱ》更加充实了意识发展的各个阶段，是对《实在哲学Ⅰ》"意识"及"自我意识"认识的深化。意识的发展分为三个阶段：精神的概念、现实精神和绝对精神，每一阶段都蕴含着承认的进一步深化，到了绝对精神阶段，在承认的不断深化中实现了真正的自我意识。

第一阶段：精神的概念

在《实在哲学Ⅱ》中，"精神的概念"主要是从理智（理论）和意志（实践）两个方面展开论述，黑格尔将《实在哲学Ⅰ》中意识的最初形态"语言"确定为"理智"阶段，将"劳动"（工具）和"家庭"合并为"意志"阶段进行论述。"语言、工具（劳动）和家庭分别代表着三种承认的辩证法：表述的辩证法、劳动的辩证法和为获得承认而斗争的辩证法；通过这三种辩证法形成了三种意识：命名的意识、机巧的意

---

① ［德］哈贝马斯：《作为"意识形态"的技术与科学》，李黎、郭官义译，学林出版社1999年版，第15页。

第二章 作为黑格尔公民教育思想逻辑主线的"承认理论"分析

识和承认的意识。"①

首先,作为"理智",精神的直接存在是直观,直观构成了精神发展的第一个环节,即自在的环节,但它必然从这种直接性中走出来,摆脱自己的内容,成为内容的主体,这是精神的自身返回,即否定性环节。在这一环节,精神作为自我,是表象着的想象力。在想象中,直观作为对象被扬弃,成为图像,实在的世界成为一个图像的世界,在这个世界里,我表现为自由的任意,我还是无意识的,这是自为的环节;经过"回忆",精神的自在环节和自为环节连接起来,在"回忆"环节,对象不再是直观的图像,而是在我之内的我的对象。在精神中,符号取代回忆成为对象的本质,符号必须对象化,表现出来,这就是语言。在语言中,感性和直观被扬弃,通过语言及命名,对象成为名称,即生命符号化,通过名称,对象在我的内在诞生。精神通过"直观—想象力—图像—回忆—符号—语言—名称"一系列环节和过程从无意识上升到意识,其中,"语言"在这一环节中起着重要的作用,哈贝马斯评论道,黑格尔认为"为了让自然界成为我的世界,语言必须发挥双重的中介作用:一方面(语言要)把(人)所看到的事情溶化和保存在表现事情的符号中;另一方面,(语言要)把意识和意识的对象分开,这时,自我通过自己创造的符号既和物,又和自身在一起"②。因此,语言在意识的上升环节意义重大。

其次,人的欲望、需要和冲动将人带到了"意志"环节,与动物不同,人类的欲望和冲动是超越于自己的对象的,对于自我与自然的对立、自我与他人的对立,即自我与对象的对立,自我可以通过劳动来克服对立,化解冲动,满足需要,在实践中实现精神与自然的统一。欲望引发的是人与人之间的关系,通过劳动与欲望的满足更体现为一种主体间的

---

① 张雪魁:《古典承认理论的源与流:从康德到马克思》,中国社会科学出版社 2013 年版,第 134 页。
② [德]哈贝马斯:《作为"意识形态"的技术与科学》,李黎、郭官义译,学林出版社 1999 年版,第 16 页。

相互影响的关系，也就是主体间的相互承认的关系。也就是说，欲望引发的双方的对立使主体意识到摆脱受折磨的途径就是相互持存，形成相互承认的关系只有在欲望碰撞中化解对立，才能真正满足欲望。即"在劳动和满足需要的上述依赖性和相互关系中，主观的利己心转化为对其他一切人的需要得到满足是有帮助的东西，即通过普遍物而转化为特殊物的中介"[①]。

再次，"意志"环节的另外一个表现形式为"家庭"，劳动与爱的统一即为家庭，劳动通过爱的中介成为共同的劳动，爱通过劳动对象化自身，具有了他在的形式，即家产，通过教育子女，意识超出了直接爱的阶段，上升到自然意识的总体即家庭。在性、爱和婚姻中，发展出主体间的"交互性意识"，使得主体形成一种总体性的共同经验，在婚姻中夫妻彼此处于对方的意识之中，因此每一方都是在他者中的交互性意识，作为他（她）的总体的单一性；夫妻给了他们自己一种总体性的共同经验，在其中，他们不是与任何个人基于特殊目的的单一性相联系的个体，但是作为个体，根据总体性，在其中他们属于自然。意识在家庭里达到的总体都在另一个同样的总体中认识意识或认识自身。在这种认识中，每个人对于另一个人都直接是一个绝对单一的人。每个人都在另一个人的意识中设定自己，扬弃另一个人的单一性，或者说，每个人都在他的意识中把另一个人设定为意识的一种绝对单一性。这就是相互承认。毋庸置疑，家庭成员间的承认是以爱为基础的直接承认，但是家庭间的承认也会因家庭间财物的争夺发生矛盾和争斗而遭到蔑视，"这种运动是生死斗争。从这场生死斗争中每一个人都体会到，他须将另一方视作纯粹自我，这是一种意志的知识；而且每一个人都会体会到，每一个人的意志都是知的意志，即自身完

---

① ［德］黑格尔：《法哲学原理》，范扬、张启泰译，商务印书馆1961年版，第239页。

第二章 作为黑格尔公民教育思想逻辑主线的"承认理论"分析

全回到他的纯粹统一性的意志"①。由此,家庭与家庭的关系由斗争转化为和解,从而形成了相互承认的关系,个人的意志成为普遍的意志,普遍的意志成为个人的意志,自我意识的发展又有了新的进展。我们感受到,自我意识的形成是在语言、劳动、家庭斗争等领域自我觉醒的结果,这种"为承认而斗争"的方式一直是黑格尔解决主体间否定、对立、矛盾、蔑视的主要方式,在之前的伦理生活及之后的法权关系论述中还会继续应用。

第二阶段:现实精神

现实精神是一种抽象的精神,是体现在知性的抽象同一性中的精神。这一阶段由两部分组成,第一部分是"被承认的存在"(承认的发生阶段),描述了在市民社会的商品经济发展过程中的财产承认及人格承认;第二部分是"法律"(承认的实现阶段),包括家庭和国家两部分,论述的重点为国家②在经济领域和法律领域实现承认过程中的作用。

首先,"被承认的存在"是第一部分的标题,那么什么是"被承认的存在"?人与人之间真正的现实的承认,包括财产权的普遍承认及人格的普遍承认③,就是"被承认的存在"。相互承认的社会基础是社会化的商品经济,商品经济的典型特点是商品生产(劳动)与交换,在承认对方占有产品的基础上,基于等价交换的原则,实现物与物的交换,财产的占有不仅是直接的占有,而且是得到承认的占有,劳动者的劳动得到了承认,产品得到了承认,个人意志与他人意志得到了统一,这种交换中的承认是直接承认,这种承认就是财产权的承认。财产权的承认是人格权承认的前提,是商品经济社会的最普遍现象,没有财产权的承认,商品经济社会无法运行和发展。基于法权保护的需求,个体通过订立"观念化的交换"——契约表达交换的意愿,契约本包含双方意志的互

---

① 朱学平:《古典与现代的融合:青年黑格尔思想的形成与演进》,湖南教育出版社2010年版,第238—239页。
② 此处"国家"的论域大抵相当于《法哲学原理》中"市民社会"的论域。
③ 《法哲学原理》中财产权的承认是人格承认的前提。

相承认，此时契约的订立代表的已经不是直接的物与物的交换，而是关涉到我的荣誉和人格，但同时契约本身也包含否定的环节，即根据个人意志，一方有违约的可能性，违约即不承认他人的普遍意志即人格，即为犯罪，犯罪成为普遍承认及人格形成的否定环节，此时双方都意识到各自的人格及意志的重要性，人格的普遍承认亦成为人们追求的目标。犯罪必然招致惩罚，法律的惩罚恢复了正义，通过正义的恢复，双方的人格得到了承认。此时的法律是精神发展的一个阶段，是个体之间恢复承认关系的中介环节。

其次，"法律"部分从"法律状态下的家庭"和"设想的自由主义法治国家"两个层面展开论述。在第一个层面，与前面论述的自然状态下的家庭不同，法律状态下的婚姻与家庭，是双方宣告自愿与对方结为一体的结果，婚姻是神圣的，是超越法律的。同时，黑格尔认为离婚是双方自愿与对方分开的结果，是自由意志的体现，因此也是被允许和承认的。在第二个层面，国家作为现实精神主要体现在经济领域及法律领域，在这两个领域，黑格尔以批判和建议的方式表达对个体性及普遍性的承认。在经济领域，黑格尔主要关注的是贫富差距的问题，黑格尔建议通过国家的宏观调控及国家税收来解决这一问题，但同时强调，国家不能随意干预企业发展的自由，通过国家的调控与税收调节剩余产品、收入分配、贫富不均，体现了黑格尔对国家管理和干预经济政策的先见性，也为人与人之间的平等、尊重、承认关系的形成创造条件，这一点是隐含在黑格尔的论述中的。在法律领域，黑格尔并没有详细论述，一方面是对法律对保护个人人身财产安全及契约履行的保护，另一方面是对法律的形式性的批判，法律本身的抽象性和滞后性成为立法和司法的难题，法律的偶然性是其普遍意志实现的障碍，对于如何打破这一障碍，黑格尔并没有给出解答，但他对法律领域的描述与批判同样隐含着对市民个体性的保护和承认。

第三阶段：绝对精神：寻找承认

"现实精神"是市民社会经济领域和法律领域纷繁复杂关系的表述

第二章 作为黑格尔公民教育思想逻辑主线的"承认理论"分析

和批判,而黑格尔精神哲学的目标是超越市民社会领域,构建具有古典国家精神的现代伦理国家,因此,精神必然要超越法律及国家阶段,进入民族精神即绝对精神。民族精神代表了个体意志与普遍意志的统一,代表了个体意志对普遍意志的承认,普遍意志对个体意志的承认,"普遍意志是作为所有人和每个人的意志","这种普遍意志不是前面法律和国家阶段的基于形式的普遍性之上的抽象的普遍意志,而是一个活生生的有机体、生命、具体的普遍"①。这种普遍意志是黑格尔一生追求的理论旨趣和实践旨趣,在黑格尔的《伦理体系》及《法哲学原理》中都有所体现,而相互承认既是民族精神养成的重要途径,也是民族精神养成的结果。在被承认的民族精神中,个人既拥有与国家的直接统一,同时其个体性、主体性也得到了承认,他既是市民又是公民,我是我,我同时也是作为公民的我,这在上一个阶段即实现精神阶段是无法实现的,在现实精神中我只是我,我只是市民,在民族精神阶段,"现在个体性和普遍的东西的这种统一以双重方式出现。自身即是个体性的普通的一端,政府不是一个国家的抽象物,而是以普遍为目的的个体性,以及以个人为目的的另一端。这两个个体性是同一个。个人照看自己和家人,他劳动、订约等等,他同样也为普遍而劳动,以普遍为目的,按照前者他是市民,按照后者他是公民"②。如果从精神的角度讲,个体与国家的统一表现在"作为整体的宪制""整体的自我意识的各个等级"及绝对知识"艺术、宗教及哲学(科学)"等几个环节中。对于宪制,黑格尔从支持"贵族制"转向支持"君主立宪制",他认为"君主立宪制"体现了古典精神与现代精神的统一。对于等级,他认为民族共同体就是一个由不同等级构成的精神有机体,低等等级包括农民、市民等级和商人三个等级,普遍等级包

---

① 朱学平:《古典与现代的融合:青年黑格尔思想的形成与演进》,湖南教育出版社2010年版,第248页。
② 朱学平:《古典与现代的融合:青年黑格尔思想的形成与演进》,湖南教育出版社2010年版,第250页。

括公共等级（公务员）、学者和军人三个等级，从低等等级到普遍等级的意向或者意识的发展，反映了精神存在于意识之中的不同层次。精神进一步发展为以自身为对象，即艺术、宗教及哲学阶段，艺术、宗教及哲学构成了绝对精神的自我意识。

在意识发展这个阶段的论述中，黑格尔对绝对精神的论证体系虽不甚连贯，逻辑也不甚严密，但从意识的不同层次的发展来说仍然具有积极意义，以意识为中介，从精神的概念发展到绝对精神，从家庭、市民社会到国家领域，从劳动、交换、契约到犯罪及惩罚，从理论、实践到伦理，描述了一个从现代个体出发，经过主体间的相互关系，在作为民族精神的绝对精神中形成绝对统一，并最终在哲学中达到完全自我意识的逻辑发展历程，绝对精神终于回到理念来认识自身，实现了自为的中介，在精神层面上为自我意识（承认意识）的形成做好了铺垫，也为《法哲学原理》中的承认思想搭建了框架。

2. 螺旋上升的意识发展承认：《精神现象学》中的自我意识

《精神现象学》是黑格尔耶拿后期的著作，最开始名为《意识经验的科学》，后改名为《精神现象学——科学导言的第一部》，后作为《哲学全书》的导言。这部著作阐述意识通过自身的辩证发展而最终成为绝对知识（即绝对精神）的过程，即人类意识形态生长发育过程。该著作虽然被认为是黑格尔唯心主义的代表作，但在其思辨思维中却充满了关注现实的情怀及活生生的承认辩证法。黑格尔认为，有了知识和精神，才能正确分析国家灾难的起源，有了知识和精神才能克服灾难。下面将围绕《精神现象学》分析承认思维形成的历程。

（1）《精神想象学》中的意识发展与承认

人的崇高性表现在反思的能力及理性的精神中，黑格尔哲学深切关注人类的精神、思维和意志，因而在对"承认理论"的分析中必然透露着精神的思辨要求，正是在耶拿手稿中，黑格尔发现了承认各个序列陷入单调的无限，因此，《精神现象学》放弃在认识之前先考察认识本身的传统讨论方式，通过意识辩证法把承认现象转换为概念规定，即在认识活动内对

第二章 作为黑格尔公民教育思想逻辑主线的"承认理论"分析

认识进行考察,采用了无需中介的彻底中介化方法,这种话语体系的转换,使承认在其辩证的否定的意识发展过程中建构起来。从原书名《意识经验的科学》可以看出,这部著作的主要目标是通过意识的否定辩证法"达到一个地点",在那里"现象即是本质","对意识的陈述就等于是真正的精神科学"[①]。所谓意识经验的科学,即在变动的"经验"自在对象和固定观念之不真实中,揭示确定性的科学。这里的"经验"有"经历""经过"的含义,意识的经验就是意识经历的环节。意识是精神活动的起点,意识自身包含着两个方面:认识及认识的对象,意识就是在认识及认识对象的对立关系中前进的,在这种对立的前进运动中发展出不同的环节,表现了不同的意识形态,即感性、知觉、知性、理性、精神等。这些不同的环节显现为意识的现象,意识经验的对象就是精神,"这就是说,意识把自己在各环节中所表现出来的现象形态,即自己的他在作为自己经验的对象,然后在进展过程中又扬弃自己的他在,这个'自在—他在—自在'的运动就是'经验'"[②]。必须经历这种异化及回复的过程,"原来没经验过的东西才呈现出它的现实性和真理性"[③]。同时,黑格尔明确指出,"在作为绝对存在于其本身的个别性的那种纯粹自身知识中,直观地认识到作为普遍本质的那种纯粹自身知识","就是一种相互承认,也就是绝对的精神"[④]。因此,《精神现象学》只是主体间承认的一种主体进入与他者承认而必须借助"自身"而达到的"意识"状态。是在否定的意义上发展出全新的、更高的承认可能。

(2)承认思维的方法论——辩证法

根据黑格尔绝对思辨哲学的特点,"意识"本身就具有"双重意义",这种双重性在意识形成之初就存在着,即"意识"包含意识的超

---

① [德]黑格尔:《精神现象学》(上),贺麟、王玖兴译,商务印书馆1962年版,第70页。
② 萧焜焘:《精神世界掠影:黑格尔〈精神现象学〉的体系与方法》,商务印书馆2018年版,第39页。
③ [德]黑格尔:《精神现象学》(上),贺麟、王玖兴译,商务印书馆1962年版,第26—27页。
④ [德]黑格尔:《精神现象学》(下),贺麟、王玖兴译,商务印书馆1979年版,第176页。

越对象和意识的内在对象于一身，用黑格尔自己的说法就是"第一个自在"和"这第一个自在的为意识的存在"，笔者理解就是意识可以反观意识自身，意识可以容纳对象于自身，是意识否定之否定辩证法及对立统一原则的哲学前提，也是"承认理论"在精神领域实现的基本哲学前提。

意识自身的辩证运动，就是概念的思维的自我运动，黑格尔说："否定本身就是内容的一部分；无论作为内容的内在运动和规定，或是作为这种运动和规定的全体，否定也就是肯定。因为就其为结果而言，否定乃是从这种运动里产生出来的东西：规定了的否定性，所以同样也是一种肯定的内容。"① 可见，肯定自身携带着否定性，否定性的发展是事物发展的必然，凡是必然的都可以被看成是肯定的，否定性的出现有着促成肯定性完成自己的积极意义，因此，否定作为运动的环节或者作为运动过程的全体与结果，都不是虚无的，而是规定了的否定、特定的虚无，因而具有肯定的意义，所以，意识自身的运动就是这样一种不归结为虚无的自我否定的圆圈形的前进运动。

在第一章科学真理这一部分，黑格尔认为"科学只有通过概念自己的生命才可以成为有机的体系"，概念自己的意思是作为总体自身的发展过程，"存在着的东西的运动，一方面，是使它自己成为他物，因而就是使它成为它自己的内在内容的过程，而另一方面，它又把这个展开出去的他物或它自己的这个具体存在收回于其自身，即是说，把它自己变成一个环节并简单化为规定性。在前一种展开运动中，否定性使得实际存在有了区别并建立起来，而在后一种返回自身的运动中，否定性是形成被规定了的简单性的功能"②，"被规定了的简单的功能"是对立复归于统一，分化复归于综合，否定复归于肯定的功能。即黑格尔认为，存在着的东西有两个方面的运动，第一个运动是否定自己产生他物，从

---

① ［德］黑格尔：《精神现象学》（上），贺麟、王玖兴译，商务印书馆1962年版，第46页。
② ［德］黑格尔：《精神现象学》（上），贺麟、王玖兴译，商务印书馆1962年版，第40页。

第二章 作为黑格尔公民教育思想逻辑主线的"承认理论"分析

而产生了自己与他物的对立,第二个运动是否定这种对立,返回自身,分裂与对立消除,因此任何事物本身就是否定之否定,对立与统一的存在着的东西,并在这否定与否定的过程中真知与真理得以显现。这一段是黑格尔辩证法的经典表述,承认思维也是在意识的双重否定的辩证发展中形成的。

（3）意识发展的阶段

在黑格尔的文本中,"精神"与"意识"两个词语经常是通用的,但在意识发展各阶段的论述中,黑格尔将"意识"与"精神"的含义进行了区分。精神现象发展可划分为六个阶段:"意识""自我意识""理性""精神""宗教""绝对知识"。从"意识"到"理性"阶段探讨的是认识论、无机界、有机界、生命、个体心理及意识的形成等问题,是主观精神阶段;"精神"阶段探讨的是政治、法律、伦理、道德等问题,是客观精神阶段;"宗教"和"绝对知识"阶段探讨的是宗教、艺术、哲学问题,是手稿中论述的"绝对精神"问题。"个体意识—社会意识—绝对意识"的发展构成了人类意识形态辩证发展的圆圈活动。意识发展的诸阶段同时也是承认意识发展的诸阶段:意识是承认意识的萌芽阶段;自我意识是承认意识的发生阶段;理性是承认意识的实现阶段;精神是承认意识的伦理再现阶段;绝对知识是承认意识的升华阶段。承认意识在自我意识阶段发生,并于理性阶段实现,在绝对知识中升华。

①意识:承认意识的萌芽

意识是在最初阶段了解自己作为能够认识外在世界的认识活动,也可以说,意识首先是在认识外在世界的活动中觉察到自我—意识—作为认识者的存在。黑格尔将人类知觉外在世界的知觉活动分为感性、知觉、知性三个阶段。

"感性"代表的是单纯的直接性,"感性"面对的是直接的、现存着的对象,对于这一对象,是实在非抽象的,意志直接接纳它,无所增损,没有变化。在"感性"阶段,意识还没有对事物进行抽象和加工,即还没有认识到事物的本质,没有上升到概念。"知觉"是感性与知性的过

· 45 ·

渡阶段，"知觉"既有感性的外观，又具有知性的间接性，"知觉"开始对对象进行表达，我们开始从个别中看到普遍，将个别与类相联系，形成命题，对象就能表达了，"知觉"是对"这一个"的扬弃，形成了差别与多样。通过共相的表达，就称为"事物一般"。

"知性"是常人理智中的分裂、抽象、片面的意识，"分解活动就是知性（理解）的力量和工作，知性是一切势力中最惊人的和最伟大的，或者甚至可以说是绝对的势力"①。"知性"的分解力量会将客体弄得支离破碎，变成僵死的、分裂的、无生气的客体，而且这种力量是异常强大的，是通向真理的一个否定环节，也可以说凡是限制的、僵死的、破碎的客体都是处在一个"知性"的环节，"精神只当它在绝对的支离破碎中能保全其自身时才赢得它的真实性"②。因此，"知性"的炼狱是通往真理路上的必然环节，它虽然是否定的，但也是必要的，精神只有经受知性的磨炼或折磨，跨越"知性"的鸿沟，才能达到真理的彼岸。

②自我意识：承认意识的发生

知性在"力"的助力下扬弃了感性，达到了确定性，当呆板的、僵化的、对立的"知性"发现自己的确定性具有虚假性，并不能反映事物的本质时，"知性"开始反思自己，开始以自我为对象认识自己，此时便进入了"自我意识"，因此，"自我意识"是对"意识"的反思阶段。首先讲了"生命需要的体系"。意识首先反思生命的需要，黑格尔说："自我意识是从感性的和知觉的世界的存在反思而来的，并且，本质的是从他物的回归。"③ 黑格尔从自我的内在出发，指出"自我意识就是欲望一般"④，人的意识开始思维时首先表现的现象就是欲望，这是人的本能反应，欲望的对象是生命，生命的本能欲望就是初始欲望的表象，通

---

① ［德］黑格尔：《精神现象学》（上），贺麟、王玖兴译，商务印书馆1962年版，第23页。
② ［德］黑格尔：《精神现象学》（上），贺麟、王玖兴译，商务印书馆1962年版，第24页。
③ ［德］黑格尔：《精神现象学》（上），贺麟、王玖兴译，商务印书馆1962年版，第131页。
④ ［德］黑格尔：《精神现象学》（上），贺麟、王玖兴译，商务印书馆1962年版，第132页。

第二章　作为黑格尔公民教育思想逻辑主线的"承认理论"分析

过欲望的驱使,"它就会经验到它的对象的独立性"①,对于对象的独立性的征服伴随着否定与斗争,黑格尔在这里利用具有现实象征意义的"主奴辩证法"来表述两个对立主体的斗争。其次是"主奴"辩证的斗争与和解。假如人天生就具有自我意识和承认思维,自始就承认自己的社会性,自始就理解"我就是我们,我们就是我"的道理,就不会有斗争、战争、歧视、压迫、奴役和犯罪了。相反,自我意识最初是作为个别的东西出现的,他们本质上的必然联系还未完全表现出来,他们表现为矛盾、排斥和分裂,"自我意识最初是单纯的自为存在,通过排斥一切对方于自身之外而自己与自己相等同;它的本质和绝对的对象对它来说是自我;并且在这种直接性里或在它的这种自为的存在里,它是一个个别的存在。对方在它看来是非本质的、带有否定的性格作为标志的对象。但是对方也是一个自我意识;这里出现了一个个人与个人相对立的局面"②。打破这种局面是承认实现的前提,黑格尔运用了带有隐喻的"主奴辩证法"理论解释了消除对立、获得承认的过程。"他们自己和彼此间都通过生死的斗争来证明自己的存在。……它们是自在自为的确信,不论对对方或对它们自己,都要提高到客观真理的地位。只有通过冒生命的危险才可以获得自由。"③ 有时,自我意识间的斗争并没有实现它们想象的承认关系,而是形成了主人和奴隶的关系,因为生死斗争的目的是要对方承认自己,但自己却不承认对方,在生死斗争中,如果对方死了,就没有人承认自己,如果自己死了,对方也没有承认的对象,由于维持生命和保持承认同样是不可或缺的,因而为了保存人的最高价值——生命,弱势一方选择成为奴隶,强势一方自然成为主人,自此,双方形成了主人与奴隶的关系,统治与被统治的关系,享受与奴役的关系。此时,承认并没有实现,有待于意识的继续发展。这一阶段是人类

---

① [德] 黑格尔:《精神现象学》(上),贺麟、王玖兴译,商务印书馆1962年版,第133页。
② 薛华:《黑格尔、哈贝马斯与自由意识》,中国法制出版社2008年版,第211—212页。
③ 薛华:《黑格尔、哈贝马斯与自由意识》,中国法制出版社2008年版,第212页。

社会在向自由行进的道路上必然出现的插曲,是人与人之间承认关系形成过程中必然经历的波折。

③理性:承认意识的实现

上述意识经验过程正符合黑格尔的"正、反、合"辩证法,"正、反、合"逻辑是黑格尔惯用的辩证法的简易表达,对于"承认"而言,"正"和"反"发生在"自我意识"阶段,"合"发生在"理性"阶段,代表着承认的实现,"正"就是自在的自我意识,是指主体的"欲望"阶段,"反"则是欲望引发的主体与他者的斗争即"主奴辩证"阶段,"合"则是经历"主奴"辩证阶段发生反转的主奴承认阶段——"理性"阶段。至此,精神分化自身又扬弃自身,精神实现自身同一,主体与实体实现统一,经历承认斗争的主体与他者(客体或对象)达成和解,承认实现。

④精神:承认的伦理精神再现

虽然理性的发展获得了精神性的本质,但其仍然还只是抽象的形式的知识,相对于普遍的实体来说它还只是一种个别事物,精神并非个别的精神状态和意识,它是在群体中显现出来的共有精神,也是人类共同的精神与意识,可以说,理性的意识世界下到了人间,便成了"精神","精神"阶段更多讨论的是意识中现实的伦理思考,精神经历异化认识到了"人的规律"和"神的规律","人的规律"就是个人与社会、个人与民族(国家)之间的各种社会关系,就是承认关系,与个体相对的社会或国家在这里称为"共体","共体"保持其自身于作为其成员的那些个体的反思之中,作为现实的实体,代表着民族精神。在这里,黑格尔从共体的角度,强调了个人与共体的对立统一关系。其次,"神的规律"就是家庭血缘关系的规律。这里,黑格尔首先论述了个别家庭内的小伦理关系,然后通过"权力与财富"过渡到了个体走出家庭进入社会和国家,并强调走出家庭成为公民是个体发展的必然归宿,并强调个人及家庭为国家效力是天经地义的事。最后,"人的规律"与"神的规律"相互作用,个体从家庭中出生,走向伦理社会,成为具有普遍意识的公民。

⑤绝对知识：承认意识的升华

黑格尔认为，从精神整体上来表达绝对精神的，只有宗教与哲学。绝对精神进入哲学阶段，就是"绝对知识"，"绝对知识"以"绝对理念"为基础，绝对理念是意识形态发展的最高成就，此前意识形态的发展只不过是中介和过渡，而绝对理念是他们的全体即真理阶段，此前意识形态都是精神的现象形态，而绝对理念是精神的本质形态，是精神自身的显现。总之，《精神现象学》所描绘的是主体认识"绝对"的过程和寻求自由的过程，在这一过程中，从"这一个"自身产生否定的因素，因而自身产生分化，一分为二，形成对立，矛盾形成，意识发展的过程逐步展开，而后对立，通过斗争、承认等方式达到对立的扬弃，矛盾化解，自身复归于统一，真理显现。"意识"通过自身否定并转化为肯定的辩证转换和发展，成就了"自我意识"到"绝对知识"的历史形成之路，成为相互承认的普遍性思维形成的关键因素。在这个过程中主体所囊括的对象，其范围越深广，它就越真实具体，越能实现自己，越能获得自由，直至主体囊括了无限的实体而成为无所不包的实体时，它本身就是"绝对"，"实体作为主体是纯粹的简单的否定性，唯其如此，它是单一的东西的分裂为二的过程或树立对立面的双重化过程，而这种过程则又是这种漠不相干的区别及其对立的否定。所以唯有这种正在重建其自身的同一性或在他物中的自身反映，才是绝对的真理"①。"精神就是这种自己变成他物，或变成它自己的对象或扬弃这个他物的运动。"②

四 黑格尔"承认理论"的承认环节

人的本质属性是社会性，个体通过劳动获得财产，通过交换获得生

---

① [德]黑格尔：《精神现象学》（上），贺麟、王玖兴译，商务印书馆1962年版，第12—13页。
② [德]黑格尔：《精神现象学》（上），贺麟、王玖兴译，商务印书馆1962年版，第26页。

活资料，由自然伦理走向绝对伦理是人的自然需要和自然选择，这一过程是经历否定承认后的肯定承认过程，只有经历这一承认和被承认的过程，个体的特殊性和伦理普遍性才能融合为同一性，才能到达自由的高级阶段，实现真正的自由。

（一）以中介化为特征的自我承认：萌芽的伦理承认（耶拿前期《伦理体系》）

随着黑格尔从法兰克福来到耶拿，他的思想也发生了变化，即从以前对宗教、精神的关注转到了对哲学的生命和精神的探讨上来。在耶拿前期，其手稿包括《费希特与谢林哲学体系的差别》《德国法制》《论自然法的科学探讨方法》《伦理体系》及《实在哲学》，在《伦理体系》中黑格尔第一次提出了"承认"的概念，在批判地继承了康德、费希特、谢林等人思想的基础上，提出了以中介化为特征的"承认"的初步纲领，提出了融合古典国家观、霍布斯斗争论、费希特主体间性及谢林同一学说的"承认理论"，可以称为"萌芽的承认理论"，其论述目标为克服德国旧制度的分裂及实现德国的统一，建立一个民族国家的共同体。在《伦理体系》的逻辑结构中，黑格尔将"承认"的实现分为三个阶段：自然伦理阶段、否定（犯罪）阶段、绝对伦理阶段。

1. 第一阶段：自然伦理

自然伦理阶段是《伦理体系》的第一个阶段，又称为基于关系的绝对伦理生活阶段，向我们展现了伦理生活的画卷，这一阶段是以个别性为原则，绝对从属于概念，感性提升为理性的阶段。包括三个环节：感觉或者直观环节——人的形成；概念或者形式环节——财产关系；直观与概念的同一环节——家庭。

在第一个环节中，黑格尔提出了人走向承认的实践历程，也是区别于动物的人的形成过程。人为了满足温饱等基本需求开始进行劳动，通过对植物的劳动、对动物的劳动及对自身的劳动，人类创造出了工具和产品。随着劳动的普遍性及劳动分工的不断细化，单一化劳动变

第二章 作为黑格尔公民教育思想逻辑主线的"承认理论"分析

得越来越机械化,劳动排除了多样性,也因此,它使自身变得越来越具有普遍性,越来越与活生生的整体相异化。这种劳动分工以维持需要为前提,是人与人相互提供所需要的一种方法,也就是说,这种方法依赖其他人的劳动。因此,每个人为了维持生活的需要产生了对他人劳动的需要,即产生了生产关系,因此,从满足需要及劳动的分工的过程中,人们由个体特殊性慢慢走向了依赖,这一过程具有积极的承认意蕴。

第二个环节,随着劳动产品的产生及剩余产品的出现,象征人格意义的财产权的承认问题凸显出来,"为了取得所有权即达到人格的定在,单是某物应属于我的这种我的内部表象或意志是不够的,此外还须取得对物的占有。通过取得占有,上述意志才获得定在,这一定在包含他人的承认在内"[①]。因此,就普遍性而言,财产权是个体获得他人承认的前提,在这种法权关系中,在财产中抽象的普遍性就是主体间的承认关系。以物、物权、法权为基础,整个市民社会建立起普遍的相互联系的关系,私有财产作为市民社会的主导性原则,标志着人类相互承认关系发展的新阶段。

为了消除需要和满足、主体与客体之间的差别,交换和契约出现了,在法权领域,契约赋予一项应然的、偶然的交易以确定性和必然性。霍耐特做了如下描述:"在第二阶段上,黑格尔依然循着'自然伦理'概念,研究通过契约调节的物主之间交换关系这样一种遭到克服的承认形式。这条通往新的社会关系的路线被描述为一个权利普遍化的过程:主体在第一阶段建立起来的与世界的实践关系,失去了特殊的有效性条件,被改造为依靠契约保障的普遍的权利要求。从现在开始,主体作为合法要求的承认者互相承认,并因此把对方塑造为物主。在交换的过程中,主体作为'个人'相互联系,他们被赋予了对一切提议的交换表示'肯定'或'否定'的权利。在这个意义上,单一个体依据法律条文所受到

---

① [德]黑格尔:《法哲学原理》,范扬、张启泰译,商务印书馆1961年版,第67页。

的承认是一种消极的自由,是'用一种定性来明确自我对立面'的自由。"① 可以看出,黑格尔把交换视为生成主体间性普遍性关系的一个中介,把契约则视为一种将个体性纳入整体性的工具,从而进一步阐明了相互承认关系的演进发展过程。但在上述霍耐特的描述中,契约是一种被法律保护的消极自由,"个体在主体间得到的承认被虚空化和形式化了","在社会内部,个体尚未被假定为'整体',因此也还没有被假定为'根据差异重构起来的全体'"②。黑格尔继续探索个体性囿于总体性的途径。黑格尔通过货币的承认、生命的承认、主奴的承认来完成统一的构想,这是他继神学中"爱"的研究之后第二次从"生命"及"爱"的角度来阐述生命的价值,从"生命"和"爱"中探索承认的道路,可以看出黑格尔对基督教"爱"的承认作用的钟爱和对生命价值的钟情,在之后的著作《法哲学原理》中仍然以"爱"的意义诉说他的伦理观。同时,也是他第一次将差异中的主奴辩证法提出来,这种主奴关系是个体力量的强弱造成的,是缺少生活资料的人为了生活之需对他人的服从,此时,还没有出现《精神现象学》中的主奴生死斗争,此时的主奴关系还是一种自然的关系,这种差异性只是形式上的统一,没有达到实质性的统一,黑格尔认为在第三个环节可以消除这种主体与主体、主体与客体的差异性。

第三个环节,家庭,作为自然的总体,实现了直观与概念在关系中的统一。在家庭中,黑格尔继续寻找克服市民社会的特殊性,将个体性融入整体性的路径。黑格尔认为,家庭是主奴关系的同一及人格的抽象同一,他从外部需要、婚姻关系及父母子女关系三方面对家庭进行了构想,指出家庭在这三个方面是统一的,是自然伦理的最高统一,在前几个环节中,所有特殊性在家庭中都被转化成普遍性。同时,黑格尔指出家庭仍然是作为自然的存在,也就是说,它在自然范围内是同一的,还

---

① [德]阿克塞尔·霍耐特:《为承认而斗争》,胡继华译,上海人民出版社2005年版,第23—24页。
② [德]阿克塞尔·霍耐特:《为承认而斗争》,胡继华译,上海人民出版社2005年版,第24页。

没有达到绝对伦理或者民族中的绝对统一性,绝对伦理还没有实现,在绝对伦理实现的路上,我们必然会遭遇霍耐特所说的"蔑视"问题,即对"同一""统一"及"承认"的否定。

2. 第二阶段:否定或犯罪

在这一时期,黑格尔研究了英国工业革命和古典政治经济学,发现市民社会是生成承认关系的核心领域,也是"蔑视""差异""否定"及"不承认"的中心领域,是实现特殊性向普遍性过渡的不可跨越的鸿沟,因此,研究市民社会的"否定"环节成为了解决承认问题的不可回避的问题。承认的"否定"形式有三种:第一种是对自然的毁灭,是人类社会为了满足自身需求对大自然的侵犯和毁灭行为;第二种是对法权的否定,即不承认他人的财产权即人格权,表现为盗窃和掠夺;第三种是对个体人格及荣誉的否定,即对人的整体生命的"否定",表现为谋杀、报复和战争,个人的战争引发报复及家庭的战争,在战争中双方生死相搏,其结果有两种,一种结果是双方势均力敌达成和解,从而形成一种平等局面;另一种结果是一方胜利,另一方因力量弱小而溃败,在这里,黑格尔又一次引入了主奴关系辩证法,胜败双方形成了主奴关系。这是黑格尔第一次阐述"为平等而冒险"的"生死斗争"问题,虽然没有对主奴的进一步承认问题进行阐述,却是对《精神现象学》中"主奴关系的生死斗争"的初步表达。在生死斗争中,无论是形成平等局面还是形成主奴关系的局面,自然伦理中个体和家庭的特殊性被消除,从而推动自然伦理阶段向相互承认的绝对伦理阶段演进。

3. 第三阶段:绝对伦理

由于《伦理体系》手稿部分缺失,导致对绝对伦理阶段的阐述不完整,仅留下第一部分:国家宪法,国家宪法分两个层面:第一个层面是"作为体系的伦理生活",主要论述伦理生活中的三个阶级:绝对阶级(军事贵族)、诚信阶级(市民阶级)及农民阶级。第二个层面是"政府",主要论述三种政府组织形式:绝对政府、一般政府及自由政府。

在第一层面"作为体系的伦理生活"中,黑格尔表明了承认的目的就是要构建一个各阶级有机融合的民族国家的伦理共同体，在这个民族国家里，绝对伦理作为活生生的和独立的精神，就像一个百手巨人显现于其肢体的无数的各部分之中，眼睛、手臂和其他部分，他们的每个人部分都是一个绝对个体，这种伦理生活是某种绝对的普遍性，与每一个体相关的这种普遍性和从属于它的每一事物，都表现为一个主题、一个目标和一个目的。也就是说，在这种伦理生活中，不是松散的自然个体的自然排列组合，而是个体与总体相互联系的有机组成部分，"手臂"功能的满足需要"眼睛"，"腿脚"功能的满足也需要"眼睛"，与此类似，"嘴巴"需要"鼻子"和"耳朵"，"嘴巴"也需要"手臂"，"手臂""腿脚""鼻子""嘴巴"都需要"大脑"和"躯干"，身体的所有器官都是联系在一起的，现代伦理社会中人与人之间也是联系在一起的，这种联系是密切的、理性的、运动的、有机的，人与人之间的差别没有消除，而是被扬弃，人的特殊性没有被压抑，而是被满足。我们惊叹于黑格尔对整个社会伦理生活"百手巨人"的形象比喻，这一比喻贴切地表达了差别如何与统一和解，个体如何与他人、社会及国家互动，特殊性如何获得承认。

在第二层面，黑格尔对自然伦理向绝对伦理的过渡过程中政府及国家的作用做了精彩分析。黑格尔认为，"绝对政府"是智慧的化身，"它是神的显现"，绝对政府协调伦理生活中三个阶级的关系，他消除各个等级的特殊性，使民族保持伦理整体的普遍性。对政府的承认意义的经典论述还表现为对"一般政府"的分析，"一般政府"由三个体系构成：需要的体系、正义的体系和惩罚的体系。需要的体系就是市民社会的生活体系，如在自然伦理中一样，它依然作为一个不确定的因素存在于绝对伦理中，但这次在"一般政府"标题下，从政治经济学及剩余价值理论的角度阐述市民需要的满足显得更加深刻，黑格尔认为，需要的体系是一个相互联系、相互依赖的物质体系。因为能力的限制，任何个体都不能自给自足，个体获得总体满足的剩余是独立于个体自身，依赖于不为所控的异己力量的。在这里，我们又一次惊叹于黑格尔对异化劳动、剩余价值及资本主义市场经济的盲目生产的论述是如此透彻和深刻，成

第二章 作为黑格尔公民教育思想逻辑主线的"承认理论"分析

为马克思剩余价值理论的直接思想源泉。这种生产的盲目性及凝结着人类劳动的剩余产品的出现本身蕴含着极大破坏力，是对伦理生活及承认关系的巨大挑战，这样，这个体系的运行规则就表现为无意识的和总需求的盲目性，以及满足这种总需求的盲目性。但是普遍性必须能够控制这种无意识和盲目的命运，由此产生了政府。也就是说，需要的满足、产品的生产需要政府干预和政府的宏观调控，即主体与财产之间的法权关系不是自发形成的，而是必须经过政府这一中介才得以形成，如果没有政府的承认，财产、所有权、人格权都只是一种法权的可能性。

在《伦理体系》中，黑格尔第一次在伦理生活中全面展开了他的承认思想的逻辑演绎过程，这一手稿的描述虽然有些跳跃甚至是令人费解的，但他对劳动、家庭、道德、法权、市民社会、伦理、政府等概念的思考对意识哲学和法哲学在实践理性意义上具有奠基意义。

（二）以个体自由为目标的整体承认：成熟的伦理承认（《法哲学原理》）

黑格尔在《法哲学原理》的序言中说道："哲学是探究理性东西的，正因为如此，它是了解现在的东西的现实的东西的，而不是提供某种彼岸的东西，神才知道彼岸的东西在哪里，或者可以说（其实我们都能说出），这种彼岸的东西就是在片面的空虚的推论那种错误里面。"[①] 笔者认为，这是对"凡是合乎理性的东西都是现实的"这句话的最佳解释方案，自我意识范畴内的内在思考必然要在现实的世界中找到与之对应的理性与精神，自我意识的理性思考也必然转化为客观精神。笔者认为，《法哲学原理》中对客观精神及客观伦理的论述正是在前面《伦理体系》《实在哲学》《精神现象学》中关于承认的哲学的再现，不同的是，之前的"自我意识之承认"根据"自我意识的双重性"更强调直接的自我承认，而在《法哲学原理》中，法权的、道德的、伦理的、国家的承认更强调个体自由为目标的整体承认。但实际上，自我意识的直接承认是实

---

① [德] 黑格尔：《法哲学原理》，范扬、张启泰译，商务印书馆1961年版，序言第12页。

现法的整体承认的意识前提。"承认"一词虽然不是《法哲学原理》的讨论主题，但"承认思维"一直隐含在法权、道德、伦理等各个环节之中，是黑格尔实现自由的方案中重要的思考方法及实现路径。

1. 自由意志与法

《法哲学原理》中的"法"的含义与我们惯常思维中的"法"的内涵有所不同，二者是"哲学上的法"与"实定法"的关系。黑格尔说，二者"正如同《法学阶梯》跟《学说汇纂》的关系"①，《法哲学原理》中的"法"不是法律、法条等具体的实定法规范，它是具有"规范"意味的自由的精神世界，"法的基地一般来说是精神的东西，它的确定的地位和出发点是意志。意志是自由的，所以自由就构成法的实体和规定性。至于法的体系是实现了的自由的王国，是从精神自身产生出来的、作为第二天性的那精神的世界"②。因此，法就是从意志出发的寻求自由的主观精神和客观精神。

黑格尔指出："自由是意志的根本规定，正如重量是物体的根本规定一样。……自由的东西就是意志。意志而没有自由，只是一句空话；同时，自由只有作为意志，作为主体，才是现实的。"③ 由此可以看出，自由是意志的本质，意志的涵义本身包含着自由，意志的意向代表了自由的选择，没有自由的意志是不存在的，凡是出现意志的场合，都是自由呈现的场合。同时，只有存在自由才能有意志，没有自由的意志要么是虚假的意志，要么还一直存在于思维当中无法实现④，因此，意志一定是自由意志，整个《法哲学原理》的思考都是围绕自由意志的实现展开的。而自由意志的实现正是体现了黑格尔整个哲学的主旨——人的自由和解放。

---

① [德] 黑格尔：《法哲学原理》，范扬、张启泰译，商务印书馆1961年版，第5页。
② [德] 黑格尔：《法哲学原理》，范扬、张启泰译，商务印书馆1961年版，第12页。
③ [德] 黑格尔：《法哲学原理》，范扬、张启泰译，商务印书馆1961年版，第13页。
④ 黑格尔认为，精神首先是理智，理智在从感情经过表象以达到思维这一发展中所经历的种种规定，就是它作为意志而产生自己的途径。

第二章 作为黑格尔公民教育思想逻辑主线的"承认理论"分析

2. 自由意志实现的三个阶段

自由意志需要经历三个阶段的圆圈式辩证发展才能实现。

第一个阶段是"纯思维"阶段。是"纯无规定性或自我在自身中纯反思的要素",即"绝对抽象或普遍性的那无界限的无限性,对它自身的纯思维"①。意志的这个第一规定性是纯粹意义上的自我,这种自由是超越一切界限的绝对可能性,是抽象的、否定的、理智的自由,即任性。体现在意志中是我可以作出任何决定,可以选择任何事情,甚至放弃自己的生命,例如法国大革命、宗教狂热中的人所追求的绝对自由,黑格尔说,这种绝对自由的实现只能是一场"破坏性的怒涛"。同时黑格尔指出,"这种片面性始终包含着一个本质的规定,所以不该把它抛弃"。② 也就是说,这种意志虽然是片面的和否定的,但是他是人的本能意志,是通往自由意志的必经阶段。

第二个阶段是"特殊化"阶段。"自我就是过渡,即从无差别的无规定性过渡到区分、规定和设定一个规定性作为一种内容和对象。"③ 即"通过把它自身设定为一个特定的东西,自我进入到一般的定在。这就是自我有限性或特殊化的绝对环节"④。即我不仅有希求的自由,我也有希求某一物的自由,若将意志指向某一物,在黑格尔的哲学思维逻辑里无疑是对自己的限制,"意志希求某事物,这就是界限、否定",第二阶段是对第一阶段的"纯思维"的否定,但也因作出了选择而限制了自己,因而也是片面的。

第三个阶段是"意志"阶段。是前两个阶段的发展,是经过在自身中反思而返回到普遍性的特殊性的"单一性"阶段,这一阶段是普遍性实现的阶段,自由实现的阶段,即承认实现的阶段。在这一阶段主体知道自己是普遍物,但不是无内容的普遍物,而是知道自己是具

---

① [德] 黑格尔:《法哲学原理》,范扬、张启泰译,商务印书馆1961年版,第15页。
② [德] 黑格尔:《法哲学原理》,范扬、张启泰译,商务印书馆1961年版,第17页。
③ [德] 黑格尔:《法哲学原理》,范扬、张启泰译,商务印书馆1961年版,第18页。
④ [德] 黑格尔:《法哲学原理》,范扬、张启泰译,商务印书馆1961年版,第18页。

有特定对象、内容、目的的特殊物并且也能从这种规定性中抽象出来的普遍物,并将这种体现限制性及否定性的特殊物"留在自己那里",即留在自己的同一性和普遍性中,这种含有否定性内在留存的"单一性"没有任何的尴尬和别扭,就像是早有预期一样,符合自己的概念,这种悠然自得显得如此自由和浪漫,黑格尔将这一状态描述为:这个普遍物规定着自己,在这种情况下,它不再守在自己身边,而把自己设定为他物,从而丧失其为普遍物。第三个环节就在于,自我在它的限制中即在他物中,守在自己本身那里;自我在规定自己的同时仍然守在自己身边,而且它并不停止坚持其为普遍物。所以,这第三个环节是自由的具体概念。

这段论述是关于黑格尔承认理论的经典论述,个体在"意志"阶段心安理得地承认特殊物,接纳特殊物,吸纳特殊物为自己的内在,承认这种特殊性、限制性和否定性,比如在友谊和爱中,个体"极愿意在对他物的关系中限制自己,并且在这种限制中明知道自己本身,在这一规定中人不应当感到自己是被规定的"[①],人实现了自己的特殊欲求,又将特殊欲求拉回自身,形成普遍性的主体,是人之自由实现的最高境界。这相当于《精神现象学》中"主体"经过否定否定性变成了"实体",类似于殊相寓于共相,类似于经过自我意识的双重性的对立统一的实现,是黑格尔辩证法在"自由意志"的实现阶段的再现。

自由意志的实现是个体具有相互承认能力的前提,每个个体自由意志的形成是群体里成员相互承认的前提,也是个体承认群体的前提。因此,黑格尔在《法哲学原理》导论中论述的自由意志概念成为法权、道德、伦理中自由的实现的方法论和逻辑演绎前提。

3. 自由意志的承认环节

黑格尔通过一系列承认逻辑和承认体系的思考,将自由意志的实现在家庭、市民社会及伦理中通过承认理念和承认关系建构起来。

---

① [德]黑格尔:《法哲学原理》,范扬、张启泰译,商务印书馆1961年版,第22页。

第二章 作为黑格尔公民教育思想逻辑主线的"承认理论"分析

（1）相互承认的法权环节

在客观自在的法权阶段，法权首先保护的是财产所有权，所有权就成为这个意志具有人格意义的东西，由于我借助于所有权而给我的意志以定在，因此财产所有权不仅具有财产的意义，还具有人格的意义。财产的所有是以占有为标志的，占有是取得所有权的标志，人格的定在就是财产，对他人占有的承认也就是对他人人格权的承认。人的需要体系促使人们根据需要进行交换，为了实现自己的意志，人们缔结契约关系，进行赠与、交换和交易，"契约以当事人双方互认为人和所有人为前提"①，此时，以物的交换为目的订立的契约及契约的履行实质上体现了对他人人格的尊重和承认，法权保护下契约的理性以共同性的形式和形态表现出来，"主观意志成为普遍意志，并把自己提高到这种现实化"②。

同时，肯定的东西内在包含否定的东西，契约的订立内在包含契约不履行的可能性，相互承认的理想中包含不被承认的必然，法权中的不承认即为不法，不法有三种形态：无犯意不法、欺诈和犯罪，在不法中"自在的法"遭到了不法的破坏，法权的本质必然通过对不法的制裁而获得承认，即"法通过对自己否定的否定而又返回于自身"，从而，"法把自己规定为现实的和有效的东西"。③ 即通过对不法的否定，法权从自在的、直接的法转化为有效的、现实的法权，相互承认的关系得到了恢复。

（2）相互承认的道德环节

在主观自为的道德阶段，意志从外在寻求承认转为内在反思主观阶段，即道德阶段，道德是主观意志的法，是自为存在着的道德，理念实存于意志的主观性中，相对于抽象法来说，道德是自由更高的基地，我的原则、我的意图、我的规定及在现实中显现为主体的价值都是按照人

---

① ［德］黑格尔：《法哲学原理》，范扬、张启泰译，商务印书馆1961年版，第91页。
② ［德］黑格尔：《法哲学原理》，范扬、张启泰译，商务印书馆1961年版，第92页。
③ ［德］黑格尔：《法哲学原理》，范扬、张启泰译，商务印书馆1961年版，第105页。

的内部行为评估的，在抽象的外部自由中，道德在主观内部"进一步规定它在它的对象中所承认的自己的东西，使之成为它的真实概念，成为表达它的普遍性的客观的东西"①。因此，"只有在作为主观意志的意志中，自由或自在地存在的意志才能成为现实的"②。只有在主观道德理念的自为反思和对于普遍性的主观认可和承认中，才能真正形成主体普遍性行为。"按照这种法，意志承认某种东西，并且是某种东西"③，这种承认不是外部的被迫承认，而是内在心悦诚服地承认，道德就是在主体内部主观中的相互承认。

不似抽象法中以否定性的禁令表达承认，在道德中，我的意志规定是包含在肯定他人的关系中的。但主体是自由实现的真实材料，主体必须把自己从纯粹主观性这一片面性中解放出来。"有教养的和能内省的人，希求他本身体现在他所做的一切事情中"④，因此道德的主观性作为整体也必须体现客观性，即道德行为。主观意志的东西被提升为自在自为地存在的客观性，就是意志的绝对目的，即作为普遍价值的"善"，"善"就是表达意志的概念的那种意图。"善"作为意志概念和特殊意志的统一的理念扬弃了抽象法的主观性和偶然性，在法与福利的充实中实现着承认。

（3）相互承认的伦理环节

黑格尔说："两种原则即抽象的善（抽象法）和（道德）良心，都缺少它的对立面。抽象的善消融为完全无力的东西，而可由我加入任何内容，精神的主观性也因其欠缺客观的意义，也同样是缺乏内容的。所有为了摆脱空虚性和否定性的痛苦，就产生了对客观性的渴望。"⑤ 抽象法的客观规定外在地规范着人们的行为，因缺乏主观性而陷入被动和无

---

① ［德］黑格尔：《法哲学原理》，范扬、张启泰译，商务印书馆1961年版，第129页。
② ［德］黑格尔：《法哲学原理》，范扬、张启泰译，商务印书馆1961年版，第127页。
③ ［德］黑格尔：《法哲学原理》，范扬、张启泰译，商务印书馆1961年版，第128页。
④ ［德］黑格尔：《法哲学原理》，范扬、张启泰译，商务印书馆1961年版，第129页。
⑤ ［德］黑格尔：《法哲学原理》，范扬、张启泰译，商务印书馆1961年版，第185页。

第二章 作为黑格尔公民教育思想逻辑主线的"承认理论"分析

奈;而主观道德因为主观的任意性缺陷而容易陷入执拗、自大和伪善。因此,抽象法与道德需要统一于伦理,并在伦理中加以调和,找到客观性及普遍性。"伦理不仅仅是主观的形式和意志的自我规定,而且还是以意志的概念即自由为内容的。"① 因此,伦理是自由的理念②,"是成为现存世界和自我意识本性的那种自由的概念"③,是自由和承认真正出现的地方。

伦理既有客观环节也有主观环节,主观环节表现为伦理意识,客观环节表现为伦理实体,黑格尔认为伦理实体有三种表现形式:家庭、市民社会和国家,黑格尔在《法哲学原理》中分别从这三个表现形式中阐述了自由意志是如何达到定在的,即承认关系是如何形成的。

首先,家庭中自然的承认。

直接的自然的伦理精神是家庭,在家庭中体现了通过"爱"联系起来的自然承认关系。在这里,黑格尔重申了"爱"的精神力量,"爱"是在家庭中表现承认关系的重要媒介,"爱"作为自然形式的伦理,"就是意识到我和别一个人的统一"④,我与他者的统一本来就是充满矛盾和对立的,因此,"爱"在伦理中是以对立统一的形态出现的,"爱"的第一个环节是"我不欲成为独立的、孤单的人"⑤,"爱"的第二个环节是"我在别一个人身上找到了自己,即获得了他人对自己的承认,而别一个人反过来对我亦同"⑥。"爱"是如此不可思议,"没有一种东西能比被否定了的、而我却仍应作为肯定的东西而具有的这一种严格的自我意识更为顽强的了"⑦,"爱"因如此顽强而显得伟大,"爱"不仅是自己对

---

① [德] 黑格尔:《法哲学原理》,范扬、张启泰译,商务印书馆1961年版,第185页。
② 在这里,伦理是高于道德的,与《精神现象学》里的表述有差别,也体现了黑格尔思想的变化和发展。
③ [德] 黑格尔:《法哲学原理》,范扬、张启泰译,商务印书馆1961年版,第187页。
④ [德] 黑格尔:《法哲学原理》,范扬、张启泰译,商务印书馆1961年版,第199页。
⑤ [德] 黑格尔:《法哲学原理》,范扬、张启泰译,商务印书馆1961年版,第199页。
⑥ [德] 黑格尔:《法哲学原理》,范扬、张启泰译,商务印书馆1961年版,第199页。
⑦ [德] 黑格尔:《法哲学原理》,范扬、张启泰译,商务印书馆1961年版,第199—200页。

他者的承认，他者对自己的承认，更是自己对自己的承认。这种对立统一中的"爱"正是伦理中对立统一关系的缩影，表现为市民社会和国家中的斗争与和解等多种形态。"爱"是一种感觉，它统领着家庭内的各种关系实现承认，但它又是主观的东西，需要在婚姻、家产、子女教育中找到意志的定在，并将这种顽强与伟大实现出来。

其次，市民社会中斗争的承认。

子女的成长、家庭的解体预示着个体进入了社会，黑格尔称为"市民社会"，市民社会中的人"相互见外地对待着"①，市民社会中充满着各色各样、千姿百态的"特殊性"，"在我信以为坚持着特殊物的时候，联系的必然性和普遍性依旧是最初的和本质的东西"②。只是"普遍性"被"特殊性"掩盖了，在市民社会中，"特殊性"只是我的假象，其实归根到底我还是自在地被"普遍性"支配着的，因此，个体是存在于市民社会"特殊性"与"普遍性"关系的张力中的，在市民社会中，每个人都以自身为目的，"其他的一切在他看来都是虚无"③，每一个人都是他人的中介，但同时个体发现，为了实现自己的目的，就必须同他人发生关系，因此，他人成了满足利己目的的手段，从此，这种相互依赖的关系就成了普遍的形式，个体在满足自己的同时也满足了他人，尽管市民社会充满了欲望、斗争和分裂，但它是"特殊性"上升到"普遍性"的中介，相互依赖关系的形成不仅是普遍性形成的前提，也是承认关系的前提。

"在这一基地，一切癖性、一切秉性、一切有关出生和幸运的偶然性都自由地活跃着；又在这一基地上一切激情的巨浪，汹涌澎湃，它们仅仅受到向它们发射光芒的理性的节制。受到普遍性限制的特殊性是衡量一切特殊性是否促进它的福利的唯一尺度。"④ 黑格尔用如此生动的语言

---

① ［德］黑格尔：《法哲学原理》，范扬、张启泰译，商务印书馆1961年版，第222页。
② ［德］黑格尔：《法哲学原理》，范扬、张启泰译，商务印书馆1961年版，第223页。
③ ［德］黑格尔：《法哲学原理》，范扬、张启泰译，商务印书馆1961年版，第224页。
④ ［德］黑格尔：《法哲学原理》，范扬、张启泰译，商务印书馆1961年版，第225页。

第二章 作为黑格尔公民教育思想逻辑主线的"承认理论"分析

描述了"特殊性"与"普遍性"二重原则下活生生的市民社会，在市民社会中，一切特异性相互激荡，当一切矛盾都被激发后又在理性中得以调和，"特殊性"需求的体系是否能够满足得益于它是否具备"普遍性"，这是对市民社会"特殊性"与"普遍性"关系的经典描述，被遮蔽的"普遍性"是以隐含的方式渗入到"特殊性"内在的，虽然黑格尔追求的"普遍性"没有完全彰显，但市民社会中劳动的陶养、道德关系的建立、生产关系的形成已经为国家体系的形成做好了铺垫。

最后，国家中和解的承认。

国家作为客观精神，存在一种错误的看法，"就是把外部现象——匮乏的偶然性，保护的必要性，力量和财富等等——看作不是国家的历史发展的环节，而是国家的实体"①。在黑格尔看来，这种匮乏只是国家发展的一个阶段，并非国家的实体，而是国家的现象。这种思想"抹杀了国家中绝对无限的和理性的东西并排斥思想对它内在本性的了解"②，这种单一性的经验看到的只是国家行使权利过程中的偶然特性，却没有上升到思想即普遍规定，这种对国家有限的、单调的、感性的思想不能认识到国家的本质，国家的本质乃是代表绝对理性的普遍的客观精神。国家是绝对的自在自为的理性，是实体中绝对不受推动的自由意志的体现，是被提升到普遍性的特殊自我意识。"国家是在地上的精神"③，国家的根据就是作为意志而实现自己的理性的力量，是伦理实体整体，是自由的现实化，因为"自由之成为现实乃是理性的绝对目的"，因此，国家精神就成为实现自由的绝对理性。个体只有成为国家的公民，才具有客观性、真理性、合理性和伦理性。因为"人是被规定着过普遍生活的；他们进一步的特殊满足、活动和行动方式，都是以这个实体性的和普遍有效的东西为其出发点和结果"④。普遍不仅是被规定的，而且是特殊性

---

① ［德］黑格尔：《法哲学原理》，范扬、张启泰译，商务印书馆1961年版，第291页。
② ［德］黑格尔：《法哲学原理》，范扬、张启泰译，商务印书馆1961年版，第291页。
③ ［德］黑格尔：《法哲学原理》，范扬、张启泰译，商务印书馆1961年版，第294页。
④ ［德］黑格尔：《法哲学原理》，范扬、张启泰译，商务印书馆1961年版，第289页。

满足的条件和结果。国家代表了普遍性的意蕴，但不是雅典传统式国家，而是圆融特殊性的国家，在国家中，"个人的单一性及其特殊利益不但获得它们的完全发展，以及它们的权利获得明白承认（如在家庭和市民社会的领域中那样），并且一方面通过自身过渡到普遍物的利益，另一方面它们认识和希求普遍物，甚至承认普遍物作为它们自己实体性的精神，并把普遍物作为它们的最终目的而进行活动"①。在国家中，"普遍性"和"特殊性"互相需要，互相满足，互相实现，这种和谐的承认景象只有在国家阶段才会呈现。

第二节 "承认理论"是贯穿黑格尔公民教育思想的逻辑主线

黑格尔"承认"思想内含于图宾根时期、耶拿时期、法兰克福时期、柏林时期的所有著作中，早期的宗教学著作体现了基督教神学中"爱"的承认，耶拿前期的《伦理体系》体现了萌芽的伦理承认思想，耶拿后期的《实在哲学Ⅰ》《实在哲学Ⅱ》体现了意识哲学转向后的自我意识承认思想，《精神现象学》体现了意识"经验"过程中承认意识的形成，《法哲学原理》体现了黑格尔成熟时期的伦理承认思想。这些思想成为贯穿于黑格尔公民教育思想的逻辑主线。

一 黑格尔公民教育的目标是培养相互承认的伦理公民

黑格尔并没有关于教育学的专著，但他的哲思中一直渗透着教育思维和教育意识，而其教育理想就是培养相互承认的伦理公民。教育就是促进精神的反思，并将代表普遍性意义的伦理精神培养成个体的性格和习惯。也就是说，教育要将个体培养成具有精神天性的伦理公民，此时的公民超越了家庭和市民社会，是家庭成员和市民身份的升华，作为伦理国家的个体，需要具备国家公民应有的普遍性思维，包括独立的人格、

---

① [德]黑格尔：《法哲学原理》，范扬、张启泰译，商务印书馆1961年版，第296页。

第二章 作为黑格尔公民教育思想逻辑主线的"承认理论"分析

承认的思维、普遍的权利及良好的品德。"普遍的自我意识,是在别的自身中对自己本身的肯定的知,其中每一个作为自由的个别性都有绝对的独立性,但由于对其直接性或欲望的否定都不把自己与别人区分开,都是普遍的自我意识和客观的,并且都有作为相互性的实在的普遍性,因为它知道自己在自由的别人中被承认,而他知道这点,因为他承认别的自由意识并知道它是自由的。"① 这种承认的关系,不是自然而然发生的结果,而是两个极端或对立的双方自己意识到如此,是人与人之间有意识地发生承认关系的结果。个体有了这种承认思维,才能成为具有自我意识的人,才能成为自由的人。而公民教育的目标就是培养公民的相互承认意识和伦理精神。

二 黑格尔公民教育的内容是主客体的相互承认

（一）"爱"的教育：以"爱"为中介的主客体承认

宗教是手段,其目的为实现道德的社会,给民众以思想启蒙作用。因为民众是感性的,宗教也是感性的,用感性的宗教感染教化民众是实现道德社会的必经途径。这种感性的基础就是"爱",黑格尔从耶稣的教导中找到了一个概念——"爱",人民宗教是以"爱"为基础的民族宗教,正是这个概念成为黑格尔"承认理论"的独特基因。首先,在"爱"的感性中可以弥补康德理性的不足,感性与理性相辅相成,相互扬弃缺点与不足,成为实现道德社会的重要因素。其次,"爱是在别人那里找到自己本身"②,即"爱"的获得和付出是双方的,"爱"的感受是在爱的表达和相互作用中获得的。再次,"爱"不是自私的功利的情感,它是普遍的公共民族原则的情感。这一原则是古希腊社会关系的再现,体现了与自私的、功利的"私人宗教"的对立,也是黑格尔一直憧憬的古希腊民族宗教的原则。由上述对"爱"的内涵和作用的阐释可以

---

① [德]黑格尔：《精神哲学》，杨祖陶译，人民出版社2006年版，第233—234页。
② [德]黑格尔：《黑格尔早期著作集》（上），贺麟译，商务印书馆1997年版，第79页。

看出,"承认"思想是隐含的意义,这一"爱"的意义在黑格尔以后的著作中得到了很好发挥,成为黑格尔"承认"思想中的重要承认方式,但此时提到的"承认"还只是基于情感关系的承认,后来著作中的"爱的承认"还经历了对象的、空间的、目的的变迁和发展。

(二)意识形态教育:从"意识"到"绝对精神"的逐步承认

黑格尔认为,真理不是孤立的,是与其对象的统一,是一个有机的整体;认识不是静止的,而是一个矛盾发展的过程;主体与客体之间不是对立的,而是同一的;劳动的本质就是主体克服客体,使客体变为己有的过程,变为己有意味着在主体内部的丰富和完满,意味着自由的显现。"同一""统一""完满"就意味着我对他者的承认,他者对我的承认,这需要经历"意识""自我意识""理性""精神""宗教""绝对知识"的教化过程,自我意识在对立物或否定物中顽强斗争,并在漫长的斗争中努力克服对立与矛盾,终于意识到只有互相承认才能实现我的特殊性,只有通过斗争和和解实现普遍,才能实现真正的自由和解放,通过承认获得的自由与解放就是所谓的幸福,是每个个体追求的终极目标。

(三)伦理教育:从家庭到国家的全面承认

在《伦理体系》中,黑格尔第一次在伦理生活中全面展开了他的承认思想的逻辑演绎过程,这一手稿的叙述虽然有些跳跃甚至是令人费解的,但他对劳动、家庭、道德、法权、市民社会、伦理、政府等概念的思考在意识哲学和法哲学在实践理性意义上具有奠基性作用。在《法哲学原理》中,根据承认的内容和形式不同,黑格尔将自由意志的承认划分为三个环节:相互承认的法权环节、相互承认的道德环节、相互承认的伦理环节,又根据承认主体的身份名称不同,将相互承认的伦理环节划分为家庭成员的自然承认环节、市民的斗争承认环节、公民的和解承认环节,国家中公民意识即承认意识,也即自由意识。

在伦理层层递进发展的承认过程中形成了自在自为的关系,个体意识到,共同体决不能凌驾于个体之上,个体与共同体的本质是一致的,个体成员自觉将自己皈依于共同体之中,共同体也需要个体的皈依才会更加和谐和强大,二者既相互依存又相互促成,个体与共同体融合为具有民族意识实体——公民,"在普遍性的形式下,它是众所周知的规律和现成存在的伦常习俗,在个别性的形式下,它是一般的个体对其自身所具有的现实确定性"[①]。此时,个体穿越了否定、斗争、否定的"荆棘"地带,来到和谐有机融合的共同体中,公民已经完全承认伦理习俗,并完全确认和认可自己对于这种承认的现实状态,成为具有普遍性意识的个体。

三 黑格尔公民教育的途径是相互承认

黑格尔说,教育是使人符合伦理的一门艺术。个体是如何符合伦理的呢?途径就是个体间、个体与共同体间的相互承认。

(一)个体与个体的相互承认

在个体的生产生活过程中,经历了意识发展和伦理生活,经历了否定阶段的肯定性完成时,承认显现了。因此,对肯定的追求过程就是承认实现的过程。在意识领域,绝对知识呈现时,承认意识即相应呈现,即每个个体的意识都升华到绝对知识的境界,个体都拥有承认彼此的意识并"守候"自我。在伦理生活领域,经历伦理教化从他者返回自身,承认意识也相应呈现,即我们承认他者的法权和道德价值,在主观和客观领域都承认他者的意义并心悦诚服。黑格尔用他神奇的辩证法将人的精神领域与现实的伦理生活的承认历程展现在我们面前,尽管有时为了体系的需要而有牵强之嫌,但极具历史感的意识及经验的发展历程的展现也是极其深刻和辩证的,这种辩证法体现于精神与生活、意识与实在、主体与实体、对立与复归、否定与肯定的张力中,在这种张力中,伴随着教育和教化的作用,完成了个体的华丽转身,即当我完成我们的转化,意识完成了绝对精神的转化,主体完成了实体的转化,承认也就完成了它的华丽转身,不承认转化成了承认。

---

① [德]黑格尔:《精神现象学》(下),贺麟、王玖兴译,商务印书馆1979年版,第7页。

(二) 个体与共同体间的相互承认

在一般意义上，国家代表了共同体。个体与共同体的相互承认体现为公民与国家的相互承认。国家意识教育在某一方面就是培养公民对国家的承认，当然，公民对国家承认的前提是国家承认公民。黑格尔认为，国家意识是这样一种意识，"我的实体性的和特殊的利益包含和保存在把我当做单个的人来对待的他物（这里就是国家）的利益和目的中，因此这个他物对我来说就根本不是他物"①。黑格尔这段对国家的描述好似对母亲的描述，国家像母亲一样将"我的特殊利益"拥入怀中，她的利益和目的中自然包含着我的利益和目的，我与她的利益已经完全一体化，她根本不是"他物"，而是"自我"。因此，国家精神是绝对的、整体的、融合的精神，这种客观精神中，"自我"以普遍性为特征，主观与客观实现了同一，在"自我"中不存在他物，"自我"只是守在自身，这是"特殊性"与"普遍性"相互承认的结果，是"自我"与"他物"互相承认的结果，是自由意志与国家精神互相承认的结果，也实现了绝对的承认关系。在国家承认公民的前提下，国家精神融化了我，我开始向往普遍意义的国家，在国家中感受到特殊性与普遍性的统一，从而实现了公民对国家的承认，同时也是公民与国家的相互承认。

---

① ［德］黑格尔：《法哲学原理》，范扬、张启泰译，商务印书馆1961年版，第303页。

第三章

黑格尔公民教育的承认逻辑

"自由"始终是黑格尔哲学热衷讨论的主题,那么如何实现真正的自由呢?黑格尔认为,主体扬弃客体反归自身的辩证法是解决人类冲突和矛盾的密钥,此时,主体无须诉诸外界,只需守在自己身边就能感受平静与幸福。那么主体是如何扬弃客体的呢?黑格尔认为,历经伦理社会的异化及教化,主体的意识得到了成长;通过家庭、市民社会、国家的公民教育,主体的精神得到了升华,而这成长的意识和升华的精神就是"伦理意识"和"承认意识","伦理意识"即承认的意识,"承认意识"的形成也意味着"伦理意识"的形成。而欲实现全体公民的"承认意识",更须主体间的相互承认及主体对家庭、社会和国家的承认,从而形成一种社会风尚,此时,社会形成自由、民主、和谐、公正之风,公民更显自由和解放。

第一节 人之自由本质的绝对承认

自由是亘古至今人类追求的精神价值,从古希腊智者到当代学者,无不在探讨着人的存在方式及人的自由和解放,对人的自由的追求一直是黑格尔哲学思想的主题,他曾与好友谢林、赫尔德林在郊外种下一棵"自由树",自由之根深深扎在了黑格尔的心里,成为黑格尔毕生追求的哲学价值目标。他认为自由是人的本质,人有自由的能力。

一 自由是人的属性和本质

（一）人是精神存在者

人的自然性是原初天性，这一天性与动物无异，动物受感性的支配，其特点是冲动和本能，通过消耗外部自然来自我保存，而人的自由本质决定人不满足于原初天性，因为"自然里不是自由而是必然性在统治"①。人类还有第二天性——精神，精神使人与自然相分离，这是人获得自由的第一步。

首先，精神能够认识自我。"精神是知自己本身的现实的理念。"②这是人类认识普遍性的能力及认识自己的能力，即自由的能力，是动物不具备的，正是这一能力使人类能够真正获得自由。"只有人才超越感受的个别性而提高到了思想的普遍性，提高到了关于自己本身的知，提高到了它的主体性、它的自我的把握，——一句话，只有人才是思维着的精神，并因此，更确切地说，唯独因此才在本质上区别于自然。"③自然是不会思维的自在之物，而人却是能够思维的自为存在的精神主体。精神能够认识到自己的自由本质，并使自己的目的观念化，在活动中发现自己和发展自己，因而精神是真实的、有机的、活生生的自我认识。精神将自身作为思维对象是精神的本性，精神能够思想，"它的思想也就是自身存在且能思维其存在及思维其如何存在的存在者"④，它没有在自己之外去寻找自身的对象，而是使自己成为自己的对象，并使其成为它思维的内容。"我知道我自己，以及通过自己而得到的自身决定因素这个意义上才能认识一个对象，因为无论我是什么，总已经是我的意识的对象了，而且我不仅仅是这一个、那一个或者其他的任何一个，而且我知道我自己到底是什么。我知道我的对象，我也知道我自己，这两者

---

① ［德］黑格尔：《精神哲学》，杨祖陶译，人民出版社 2006 年版，第 12 页。
② ［德］黑格尔：《精神哲学》，杨祖陶译，人民出版社 2006 年版，第 10 页。
③ ［德］黑格尔：《精神哲学》，杨祖陶译，人民出版社 2006 年版，第 19 页。
④ ［德］黑格尔：《黑格尔历史哲学》，潘高峰译，九州出版社 2011 年版，第 46 页。

是不可分割的。"① 因此，精神有关于自己的知识，拥有了解自身本性的明确观念，它明确自己的兴趣就是精神自身，它的内容也是精神自身，它知道自己的决定因素是什么，精神在本性上是自足的，同时因为它无远弗届、无所限制、不求外物，因此精神又是自由的。即当个体能够绝对地、抽象地、在自身之中并为了自身决定自己的意志，那么他的意志就是自由的。这一点与物质不同，如果我不依赖精神自己而依赖物质之物，我就对物质之物而不是自身负有义务和责任，没有这种物质之物我就无法存在，这一对比更突显了精神的自由性。因此，自由是精神的属性，自由是精神的真正财富，精神寻求的唯一对象以及他们所献身的事业就是自由。

其次，精神能够扬弃他物。人是精神的存在者，精神的本质是自由，这种自由使精神能把外在的东西纳入到自己内在，使外在的东西回复到精神的内在性，从而超越自然之物，扬弃异己的他物。有了精神，自我就能将自己从外物甚至自己的生命中抽拔出来，即对于他物的不依赖性、自己与自己本身的联系。精神使自己与自己对峙，并最终实现自身与自身的统一。黑格尔认为，假如我是依靠自己而存在，那我就是自由，自由的本意是自立、自为。因此，人扬弃自然性，才能获得自由。因此，使人能够达到自立从而具有自由的只有精神。

再次，精神能够超越异在。人同时具有冲动的自由和超越冲动的自由两种自由。歌德曾说过，立志成大事者，必须善于限制自己。因为人有精神，精神的特质是思想、思维，是超越自然的思维，精神作为自由的东西，能够超越他物，它能使精神忍受痛苦，超越自己的否定物，回到自我并保存自我，这是精神解决自我矛盾的一种能力，是自由的显现，是精神的高贵之处，也是人的高贵之处。精神的超越性显示了人有自由的能力。自由并非见诸静态的事物，而是见诸不断地否定和超越，精神为了自身会奋力对危及自由的事物进行否定和超越，奋力超越是精神的

---

① ［德］黑格尔：《黑格尔历史哲学》，潘高峰译，九州出版社2011年版，第46—47页。

本质，自我在我自己的思想中，展现出来的是纯粹的自由，同时也印证了一个纯粹的自我的存在。这个自我如此纯粹，因此对于它来讲，任何和它不一样的东西都不再可怕，自我"以不变应万变"。因为，任何对立的、否定的、异在的东西，都可以被纳入"我"之内，被我同化，变成"我"的东西，因此那对立的、否定的、异在的东西都不再是与我不同的东西。精神调和了我与世界万物，调和后的我表现为自由。因此精神的自由才是真的自由。正如黑格尔所说："精神概念的全部发展只不过是展示精神从其一切与概念不相符合的定在形式里的自由解放；这样一种解放的实现是由于这些形式被改造成为一个与精神的概念完全适合的现实。"① 这种超越使人越来越接近人的本质，这种解放的结果就是实现自由。

最后，精神能够创造自由。"我们在科学里必须把精神看作是它自己的自由的产生者。"② 人自己的精神困惑还要人在自己的精神领域解决。精神自己创造自己，这个创造就是自由。道德、法律、宗教都是人的精神创造，不是人的自由以外的外在物，而是为了实现自由的精神创造，人只能在这些主客观精神里实现自由，而不能从人之外物去寻找人的自由。

（二）人的本质是自由

康德认为，自由是至关重要的，如果人类没有自由，那么将不会有价值和尊严，"人性的尊严仅仅在于自由；唯独由于自由，我们才能变得配有某些善的东西"③。黑格尔也认为，人之所以为人的本质是自由，它是有意志、有理性的人所特有的。"禽兽没有思想，只有人类才有思想，所以只有人类——而且就因为它是一个有思想的动物——才有'自由'。"④ 人与动物的不同之处，就是人类知道自己的本质，能够自我认

---

① ［德］黑格尔：《精神哲学》，杨祖陶译，人民出版社2006年版，第21页。
② ［德］黑格尔：《精神哲学》，杨祖陶译，人民出版社2006年版，第21页。
③ 薛华：《黑格尔、哈贝马斯与自由意识》，中国法制出版社2008年版，第258页。
④ ［德］黑格尔：《历史哲学》，王造时译，上海书店出版社2006年版，第65页。

识。所以说，精神是人与自然的根本区别，是人的自由能够自由的原因。"'物质'的实体是它的自身之外，'精神'却是依靠自身的存在，这就是'自由'。"① 不依赖于任何外物，精神的这种依靠自己的存在，就是自我意识，意识到自己的存在，如果人还没有达到这种普遍认识，就不会实现真正的自由。具体来讲，人类理解他自己为一个人格，并理解他自己在自身中是无限的。

二 自由实现的三个阶段

自由是意志的根本规定，正如重量是物体的根本规定一样。但意志不是天生就是自由的，最初阶段的意志还不是真正的自由意志，此时的人也不是完全意义上的人，意志要想获得自由成为自由意志，需要经过三个辩证的否定环节，即自由的实现须经过三个阶段：

（一）自在的意志：知道自己自由，即对自由的"知"（抽象的自由）

在这一"抽象自由"环节，"意志包含纯无规定性或自我在自身中纯反思的要素。在这种反思中，所有出于本性、需要、欲望和冲动而直接存在的限制……被消除了"②。此时，"我从一切内容中犹之从界限中的越出逃遁"③，摆脱一切、放弃一切甚至生命，而动物则不能。人冲破了自然欲求的限制，获得了可以有一切行动的、抽象的、无规定的、无界限的无限性，例如表现为破坏一切现存社会秩序的法国大革命和宗教狂热，此时个体对于一切规定和限制都加以消灭，这种意志只有在破坏某种东西的时候才感觉到自己的定在，个体还误以为这种"破坏的怒涛"是追求自由的必要行为。事实上，不希求任何事物，不顾一切、张扬个体、破坏一切的意志是如此的抽象、空虚和片面，因为纯无规定性

---

① ［德］黑格尔：《历史哲学》，王造时译，上海书店出版社2006年版，第16页。
② ［德］黑格尔：《法哲学原理》，范扬、张启泰译，商务印书馆1961年版，第15页。
③ ［德］黑格尔：《法哲学原理》，范扬、张启泰译，商务印书馆1961年版，第16页。

的事物是不存在的,无界限的抽象自由不是真正的自由意志。这一抽象自由环节停留在知道自由力量层面,虽然是片面的、残缺的、有限的,需要具体化、现实化和特殊化,但毕竟使个体摆脱了对自然性的依赖,而越来越认识到人的精神的力量,从而离独立的自由意志越来越接近了。

(二) 自为的意志:自由具体化为有选择,即对自由的"选"(定在的自由)

在自由的定在环节,"通过把它自身设定为一个特定的东西,自我进入到一般的定在。这就是自我有限性或特殊化的绝对环节"①。即从无差别的无规定性过渡到区分、规定和设定一种内容和对象,是意志的特殊化环节。"我不光希求而已,而且希求某事物"②,此时,意志扬弃了第一个环节中的抽象自由的虚无,自由具体化为有选择,选择的内容和对象也十分清楚。但是意志所希求的特殊物,就是一种限制,因为意志要成为意志,就得一般地限制自己,摆脱抽象自由环节的狂热,"希求某事物,这就是界限、否定"③。精神虽然战胜了自然性,但却被特殊性限制住了。而且个体一经作出选择,就又被限定在被选择的对象中。因此,这种能作出选择的有规定的定在环节也不是真正的自由意志阶段。这一环节虽然是自由的表现形式,但是不构成自由全体。多数人都误以为第二环节的自由是真正的自由而享受这种选择的快感,但实际上,真正的自由意志还没有实现。

黑格尔表示,自由不是直接展现为现实的东西,自由是为我们的思想所把握的,欲实现自由,思想中必须有这两个思想:"第一是那个'理念',第二是人类的热情,这两者交织成为世界历史的经纬线。"④ 热情是人类追求个人目的的最初情感,热情付诸行动就是追求特殊物,这种情感中同样包含着追求自由的目的,而且热情也是实现自由的动力,

---

① [德] 黑格尔:《法哲学原理》,范扬、张启泰译,商务印书馆 1961 年版,第 18 页。
② [德] 黑格尔:《法哲学原理》,范扬、张启泰译,商务印书馆 1961 年版,第 19 页。
③ [德] 黑格尔:《法哲学原理》,范扬、张启泰译,商务印书馆 1961 年版,第 19 页。
④ [德] 黑格尔:《历史哲学》,王造时译,上海书店出版社 2006 年版,第 21 页。

人类历史就是人探索自由的热情史，是人追求自由理想的精神运动史。因此，虽然自为的定在意志在某种程度上是对自由思维的限制，但也不可完全否定和忽视热情、欲望、需求的价值。情欲是人的面貌和本性，人的活动看起来似乎表现为需求、情感、欲望，这些需求、情感、欲望推动着人向前发展，即使是他们追求的善也十分有限。而这种情欲的力量由于不受道德和正义的约束看起来非常强大，与那些通过长时间才能培养出来的秩序、守法和道德比起来，这种情欲的原始力量更容易抓住人心。这种情欲是一把双刃剑，一方面它存在价值的追求和好的意图，另一方面也会展现自私、暴力的一面，甚至不惜为此牺牲其他所有目的，他只想完成自己的事业，而不考虑普罗大众，通过犯罪和斗争产生不利的后果。情欲是活动着的力量，他不可能永远与伦理价值独立，情欲是在行为背后起推动作用的力量，如果没有那些当事人的实际利益活动，一切成果都无法取得。因为正是通过它们，普遍的目的才能实现。就像黑格尔所说，如果没有情欲，那么世界上就不会有什么伟大之事能够实现了，同时，人除了有"热情"，还有"理念"，也就是理性。理性与热情相结合，就成为自在自为的意志。

（三）自在自为的意志：特殊性与普遍性相统一，即对自由的"守"（理性的自由）

在自由意志阶段，"意志是这两个环节的统一，是经过在自身中反思而返回到普遍性的特殊性——即单一性"①。此时，"自我规定自己，因为它是否定性的自我相关。作为这种自我相关，自我对这种规定性是漠不关心的；它知道这种规定性是它自己的东西和理想性的东西，是一种单纯的可能性"②。因为是自身的自我规定，不是外在的压力和限制，从外在希求对象中返回自我，因此，自我感觉不到这种规定性的束缚，规定性于自我就如同物质都有重量一样是很自然的事情，自我在未来有遇

---

① ［德］黑格尔：《法哲学原理》，范扬、张启泰译，商务印书馆1961年版，第20页。
② ［德］黑格尔：《法哲学原理》，范扬、张启泰译，商务印书馆1961年版，第20页。

到各种普遍性要求的可能性，而这种"单一性"早已预见，因此主体可以做到漠不关心。

任何自我意识都知道自己是普遍物，即从一切被规定的东西中抽象出来的可能性，又知道自己是具有特定对象、内容、目的的特殊物。这两个环节是如何统一成"单一性"的呢？普遍性以特殊性为对立面，特殊物通过自身思辨的反思实现了与普遍物的同一，意志只有经过自我反思、自我中介返回到自身才成为意志。自我在它的限制中即在他物中守在自己本身那里，自我在规定自己的同时仍然守在自己身边，而且它并不停止坚持其为普遍物。此时"单一性"显现，自由意志显现。

"自我意识因而现在把它自己的知识当成实体本身。在自我意识看来，这种实体，在一个没有分割的统一体中，既是直接的又是绝对中介了的。这种实体之所以是直接的，乃是因为自我意识象（像）伦理意识那样，本身知道是义务，履行着义务，并且以之为它自己的本性而隶属于这种义务。"[①]"这种实体的意识之所以是绝对的中介，乃是因为它象（像）文化意识和信仰意识那样，本质上是自我的扬弃其直接定在的抽象性并使自己变成为普遍的东西的那种运动；但它所以有这种发展运动，并不是由于它使它的自我和现实经历了纯粹的异化和割裂，也不是由于它对现实作了逃避；相反，它毋宁是带着它的实体而直接呈现于自己面前的，因为实体就是它的知识，实体就是它直接了的纯粹自身确定性；而且，恰恰即是它的独有现实的这种直接性，乃是一切现实，因为，直接的东西乃是存在自身。作为纯粹的、通过绝对否定性而纯化了的直接性，乃是纯粹存在，乃是存在一般或一切存在。"[②] 可以看出，个体若提升到实体的境界之后，履行自己的义务乃是出于本性，是自己的内在知识使然的结果，就像文化一样自然地、完全地融入自己的思维当中，并且与古希腊伦理世界中的人的习惯性的、无知觉的、自然的自我意识不

---

① 薛华：《黑格尔、哈贝马斯与自由意识》，中国法制出版社2008年版，第254页。
② 薛华：《黑格尔、哈贝马斯与自由意识》，中国法制出版社2008年版，第255页。

同，自我意识已经直观到了个体已经是实体，这种直接的、纯粹的、现实的存在才是真正的自我意识的表象。这与费希特所表达的"非我"对"本我"的限制来实现"非我"与"本我"的统一思路完全不同，实体的形成并非强压和限制的结果，而是"本我"对"非我"的内化与融合的过程，即将"非我"融进自己的血脉与"本我"同一的过程。

例如在对子女的爱中，主体希求子女的健康和成长，从而在生活中限制自我、规定自我、付出自我，履行作为父母的义务和责任，但父母的付出行为是心甘情愿的，因为他看到了孩子的快乐、进步与成熟，体现了具体的普遍性。因此，父母面对自己守在自身，牺牲自己的自由时间辛勤劳动又乐在其中，这就是父母与子女的辩证关系，是特殊性与普遍性的辩证关系，只有这种辩证思维才能使人从生活的辛苦和苦恼中抽拔出来，那种将自己完全局限于特定事物的固执意志是永远都不会自由的，因为"自由是希求某种被规定的东西，但却在这样一种规定中：既守在自己身边又重新返回到普遍物"[1]。

因此，人的存在是人的表象，这种存在有本质的存在和形式的存在之分，未脱离自然性的人是形式的存在，人的本质存在是在整体性存在和个体性存在相统一中得以实现的，本质存在由非本质存在的状态开始，本质存在通过人的非本质存在来显现，人是由自然人开端的，并随着自我认识的深入而逐步过渡到自由人的状态。

三 自由是自我意识经验的结果

黑格尔在《精神现象学》中指出，生命产生了自我意识，自我意识经验的过程产生自由。"就其存在的自由而言，即是自身外在化的自我或自我知识的直接统一"[2]，自我从其直接统一，经过外化过程，就必然地达到它在思想或概念中的存在，成为纯粹概念，摆脱其现象形态，在

---

[1] [德] 黑格尔：《法哲学原理》，范扬、张启泰译，商务印书馆1961年版，第22页。
[2] 薛华：《黑格尔、哈贝马斯与自由意识》，中国法制出版社2008年版，第192页。

概念领域继续不断向前运动，从而达到新的自由。在这个意义上，《精神现象学》对于意识各个阶段的描述，就是阐述从主体到实体的过程，从自在到自在自为的过程，从经验到概念的过程，从对象到思维的过程，也是自由的产生和发展的过程。

（一）生命

自我意识的出现是以生命为前提的，随着主体的反思，主体认识到"对自我意识是否定的东西的那个对象就它那一方面来说，在它自身或者对于我们而言同样是返回到它自身，正如就另一方面来说，意识是返回到它自身一样。通过这种返回到自身，对象就成为生命"①。生命的本质是无限性，"这个单纯的无限性或绝对概念可以叫做生命的单纯本质、世界的灵魂、普遍的血脉，它弥散于一切事物中，它的行程不是任何差别或分裂所能阻碍或打断的，它本身毋宁就是一切差别并且是一切差别之扬弃，因此它自身像血脉似的跳动着但又没有运动，它自身震撼着，但又沉静不波"②。黑格尔用如此形象又深刻的话语阐述了自由的生命状态，这就是生命特殊性与普遍性的同一，就生命而言，"本质是扬弃一切差别的无限性，是纯粹的自己轴心旋转运动，是作为绝对不安息的无限性之自身的静止，是运动的各个不同环节在其中消融其差别的独立性本身"③，从单纯的个体生命开始，生命在一分为二后又克服了这种区别，使区别保持在内部，达到了自身的同一，取得了独立性，达到了更高级的生命，使个人达到了类属，虽然生命是运动变化的，但也能保持自身的稳定。

（二）自我意识

生命这一过程产生了自我意识，当我们"在谈到自由时，不应从单一性、单一的自我意识出发，而必须单从自我意识的本质出发"④。"自

---

① 薛华：《黑格尔、哈贝马斯与自由意识》，中国法制出版社2008年版，第197页。
② 薛华：《黑格尔、哈贝马斯与自由意识》，中国法制出版社2008年版，第198页。
③ 薛华：《黑格尔、哈贝马斯与自由意识》，中国法制出版社2008年版，第199页。
④ ［德］黑格尔：《法哲学原理》，范扬、张启泰译，商务印书馆1961年版，第294页。

我意识"首先是欲望一般,欲望将生命和自我意识联系起来,欲望是自我意识最初级的实践态度,生命的欲望发展为对另一个自我意识的欲望,自我意识只有在一个别的自我意志里才获得它的满足,获得了这种满足人才是自由的,但这种满足不是轻易实现的,可能要经过类似"主奴的斗争",通过斗争,主人自由了,主人控制了奴隶,享受着奴隶的服务,而奴隶受制于主人,陷入不自由,随着奴隶的劳动的陶养,奴隶逐渐取得了独立性,变得越来越自由,而主人成了依赖于奴隶生活的奴隶,此时,双方都意识到,这种不平等的主奴关系无法实现真正的自由,只有双方都将对方看成独立的个体,互相将对方看成平等的存在,才能真正实现自由,经过主奴辩证法的思考,意识在斗争中认识到了真理,此时,理性的自由和承认的思想得以显现。

(三)客观精神

意志中的自由思想又前进了一步,"精神"的概念就出现在我们的面前了,而"精神是这样的绝对实体,它在它的对立面之充分的自由和独立中,亦即在互相差异、各个独立存在的自我意识中,作为它们的统一而存在:我就是我们,我们就是我"①。到了这个阶段,"它才从感性的此岸世界之五彩缤纷的假象里并且从超感官的彼岸世界之空洞的黑夜里走出来,进入到现在世界的精神的光天化日"②。在对现在伦理世界的思考中,人类形成了客观精神,进入客观精神世界的意识在现实世界显得更加自由,在伦理精神中自由真正实现了。通过意识的异化和教化过程,在精神阶段,个人一方面意识到自己与他人的必然联系,另一方面了解自己仍为一个独立的自由的个体,为自由意志的产生奠定了基础。

四 自由是对"自由主义"的扬弃

英美自由主义者认为:"自由就是不受约束。如果别人不干涉我并且

---

① [德]黑格尔:《精神现象学》(上),贺麟、王玖兴译,商务印书馆1962年版,第138页。
② 薛华:《黑格尔、哈贝马斯与自由意识》,中国法制出版社2008年版,第203—204页。

不强迫我做不愿做的事，那我就是自由的。当我可以随心所欲地做事时，我是自由的。当我一个人时，我是自由的。"① 这种自由只有自由的形式，没有自由的实质。彼得·辛格认为，英美自由主义所理解的自由是"消极的自由"，是黑格尔说的"抽象的自由"或"形式的自由"，无自由的本质。

　　辛格引用了一个经济学争论的例子来论证人的任性的自由来自外物。一些经济学家认为，要想知道一种经济制度运转得如何，恰当的检验方法是看它在多大程度上能使人满足自己的偏好。辛格将这样的经济学家称为"自由派经济学家"，这些经济学家把个人的偏好作为评价的出发点，而没有追问这些偏好是如何产生的，从而把自己的价值观强加于他人，从而明目张胆地否定人们有能力判断什么是生活中真正需要的东西。而辛格认为"激进派经济学家"不仅承认个人的偏好作为评价的出发点，同时还追问这些偏好是如何产生的。"假定在某一时期，我们的社会把正常人体的气味看成理所当然的。对于出汗和可能闻到人身上的汗味这样的事情，人们几乎注意不到，即便注意到，也不会认为令人不快。这时有人发明了一种产品，它能有效地抑制出汗和气味散发。这项发明很有意思，但在我们描述的那个社会里，对此项产品有兴趣的人寥寥无几。然而，我们的发明者不愿轻易放弃。他精心策划了一场广告战，旨在让人们为自己是否比别人出汗更多、朋友们是否会对自己的体味产生厌恶而感到不安。他的广告很成功，人们发展出了使用这种新产品的偏好。而且由于产品的价格处于可承受范围之内，很多人买得起，人们也有能力满足这种偏好。"② 这种经济运转方式在"自由派经济学家"眼中是完全正当的，因为"自由派经济学家"所使用的评价方法是把满足现有偏好作为唯一的价值准则，显然他们对影响人们偏好的任何偶然情况都予以认可。而在"激进派经济学家"眼中，这种经济运转方式显然是

---

① ［澳］彼得·辛格：《黑格尔》，张卜天译，译林出版社2015年版，第30—31页。
② ［澳］彼得·辛格：《黑格尔》，张卜天译，译林出版社2015年版，第33页。

荒谬的，他们认为在评价一种经济制度时，应看它是否能够满足那些基于真正的人类需要或有助于真正的人类幸福的偏好，而不应看它是否能够满足任何偏好，因为这些偏好虽然看起来客观，但却是偶然的，甚至是被创造出来的。

来自外物之行为选择确实是人的自由选择，但无论是选择了外物还是没有选择外物，个体需求满足还是不满足，来自外物的自由都不是真正的自由。下面这段话虽然是黑格尔在消费社会初兴时写的，但对于以上偶然产生的需求的满足却已经有了充分的察觉："英国人所谓 comfortable（舒适的）是某种完全无穷无尽的和无限度前进的东西，因为每一次舒适又重新表明它的不舒适，然而这些发现是没有穷尽的。因此，需要并不是直接从具有需要的人那里产生出来的，它倒是那些企图从中获得利润的人所制造出来的。"[①] 黑格尔深刻地指出，"抽象的自由"在每个时代都有所不同，因为人们的需求和欲望是他们所生活的时代创造出来的，不是自己选择的，因而每个时代"抽象的自由"的内容也不同，这种自由并非黑格尔追求的必然的、理性的、真正的、本质的自由，因为从欲望出发得来的自由并不是永恒的自由。

黑格尔说："如果有人说自由就是可以为所欲为，那么我们只能认为，这种看法表明思想完全没有成熟，因为它对于绝对自由的意志，对于正确的道德生活等等没有丝毫的认识。"[②] 自由不是个体实现了什么，消费了什么，得到了什么，满足了什么，自由是个体不为外物所影响，不受物质世界所控制，有能力随心所欲依照普遍原则进行理性选择时的状态。当我们不受他人胁迫或我们自然欲望的驱使，也不受社会环境的左右而有能力进行选择时，我们就是自由的。

五 自由实现于主客体相互承认

人的本质或者说人的秘密在人的意识中，而且是在相互承认关系的

[①] ［德］黑格尔：《法哲学原理》，范扬、张启泰译，商务印书馆1961年版，第235页。
[②] ［澳］彼得·辛格：《黑格尔》，张卜天译，译林出版社2015年版，第31页。

意识中，而不在其他的地方。自由即实现了承认，承认即实现了自由。

（一）承认是人的类本性

真正理性的人是与他人谋求共同过理性生活的人，"因此我说，人要保持他的存在，最有价值之事，莫过于力求所有的人都和谐一致，使所有人的心灵与身体都好像是一个人的心灵与身体一样，人人都团结一致，尽可能努力去保持他们的存在，人人都追求全体的公共福利。由此可见，凡受理性指导的人，亦即以理性作指针而寻求自己的利益的人，他们所追求的东西，也即是他们为别人而追求的东西。所以他们都公正、忠诚而高尚"①。依照理性认同他者，共享生活中的福利与幸福才是真正有道德的生活。

在黑格尔眼中，真正的人②须拥有自在自为的自我意识，这种自我意识具有辩证的二重性，是独立性与依赖性的辩证统一。真正的人不可能是孤立的个体，真正的自我意识产生和存在于自身和他人的关系之中，一个自我意识为另一个自我意识而存在，一方消失，另一方也不可能存在，也就是黑格尔所说的"我即我们，我们即我"，没有另一方就没有"我们"，没有"我们"也就没有"我"，"我们"就是人类的类本质，这种类本质存在于人与人的相互关系中，只有在这样的相互关系中，人才能成为人。这种观点后来被马克思在《关于费尔巴哈的提纲》中概括为：人的本质不是单个人所固有的抽象物，在其现实性上，它是一切社会关系的总和。③ 黑格尔将这种人与人的关系称为承认的运动关系，因此人与人的关系是相互承认的关系，真正的人是得到承认的人。

这就意味着人与人之间的关系是承认的、平等的、相互的，是排斥任何被奴役和压迫的，如果不承认他人与自己一样是平等的人，自己也不能被承认为人，更不能实现自由；同样的，如果承认他人，但不被他

---

① ［荷］斯宾诺莎：《伦理学》，贺麟译，商务印书馆1983年版，第184页。
② 指人的完成状态。
③ 《马克思恩格斯文集》第1卷，人民出版社2009年版，第501页。

人所承认,也不能被承认为人,也不能实现自由,因此真正自由的人,是承认他人同时又被他人所承认的人,正如黑格尔所说的:"自由意识是自在自为的,这由于、并且也就因为它是为另一个自在自为的自我意识而存在。"①

(二)自由存在于相互承认的"主体间性"中

"真理使精神自由,自由使精神真实。"② 自由是与真理相符合的精神自由。自由不是为所欲为的任意,而是受到真理限制的,自由只听从真理的要求。什么才是自由的真理呢?自由的真理存在于两个自我意识的间性运动中。"自我意识与另一个自我意识相关联的这种运动在刚才这种方式下被表象为一个自我意识的活动;不过一方面的活动本身即具有双重意义,它自己的活动也同样是对方的活动。""那第一个自我意识所遇着的对象并不仅仅是被动的像欲望的对象那样,而乃是一个自为地存在着的独立的对象,对于这样一个对象,因此,如果这对象自己本身不做它(前者)对它所做的事,则它对它的对象再也不能为所欲为。所以这个运动纯全是两个自我意识的双重运动。每一方看见对方作它所作的同样的事。每一方作对方要它作的事,因而也就作对方所作的事,因而也只是因为对方在作同样的事。单方面的行动不会有什么用处的,因为事情的发生只有通过双方面才会促成的。"③

当自我意识面对欲望一般,主体要么消耗它,要么实现它,要么放弃它,这种关系是单方面的一种运动关系。而自我意识遇到另一个自我意识时,双方的关系是双重相互运动的关系,只有每一方都配合另一方行动,自己一方才能做成想做的事,这种关系是相互的,任何一方鄙视、蔑视、忽视另一方,扬言不需要另一方都是虚伪的。虽然人与人的关系原初是建立在相互差别、相互矛盾的运动中的,但是这种关系不符合人

---

① 薛华:《黑格尔、哈贝马斯与自由意识》,中国法制出版社2008年版,第208页。
② [德]黑格尔:《精神哲学》,杨祖陶译,人民出版社2006年版,第20页。
③ 薛华:《黑格尔、哈贝马斯与自由意识》,中国法制出版社2008年版,第206页。

与人双重化统一的辩证关系，不符合人与人关系的"概念"，因为只有那种人与人之间融化矛盾与对立，又能保持对立并统一于紧密联系中，才是真正符合人与人之间的双重促进作用的，才真正符合人与人关系的"概念"，这种人与人之间的关系就是"承认关系"。在这种承认关系中，一个自我意识承认另一个自我意识，同时又被另一个自我意识所承认，双方都是承认者，也都是被承认者，这就是承认的"纯粹概念"。

黑格尔反对绝对自由，他认为人是社会性的，个体只有在相互承认关系中才能生存和发展，他们的自由也只能在这种相互承认的关系中才能够实现。一方面，个体自在地存在着，另一方面，个体又自为地在相互承认的关系中存在着，个体的自由是在自在性与自为性的辩证统一中实现的。"人民必定愿意相互在对方中重新找到自己。但是，这种事只要人们囿于其直接性，即其自然性就不可能发生；因为自然性正是那种把它们互相排斥开和阻碍他们互为自由的东西。"[①]

总之，人的高贵之处在于人有精神，人的精神具备这种不断发展自己的能力，人的自由也正是人的高贵之处，人的精神能力证明了人具备自由的能力。自由的实现是一个辩证的过程，人如果不经历这个复杂的、曲折的、矛盾的过程，就不可能有自我意识，也不可能真正实现自由。"真理不是现成的铸币，自由也不是顺手可摘的金果。"[②] 从自然向自由过渡是一个精神生长的漫长过程，自由往往通过它的反面来展现自己，自私、暴力、犯罪都是自由的另一番表演，是追求善、平等、自由的动力，经历这一过程，人才认识自由，才达到自由，人类才真正成为人。人类的历史就是对自由本质的逐步认识和实现的过程。精神是知自己本身的现实的理念，而这个"知"是在人的伦理成长过程中获得的，人在伦理社会通过精神扬弃自然性获得了精神或意志的成长，而获得自由正是精神成长的结果。

---

① ［德］黑格尔：《精神哲学》，杨祖陶译，人民出版社2006年版，第227—228页。
② 薛华：《黑格尔、哈贝马斯与自由意识》，中国法制出版社2008年版，第228页。

第二节 伦理是自在自为的自由

伦理是什么？黑格尔说，伦理就是"成为现存世界和自我意识本性的那种自由的概念"①。作为自由的概念，伦理是存在于个体反思中的自在自为的精神，"伦理实体……是现实的实体，是在实际存在着的意识的复杂性中实现了的绝对精神；这个规定下的绝对精神，即是公共本质（或共体），这个共体或公共本质，……是这样一种精神，它是自为的，因为它保持其自身于作为其成员的那些个体的反思之中，它又是自在的，或者说它又是实体，因为它在本身内包含着这些个体"②。因此，伦理就是自由，是客观，也是必然，整个人的生活都在伦理力量安排下得以展开；伦理是自在自为地存在着的神，对于这种永恒的正义力量，个人唯有俯首帖耳。

一 走向伦理是人的必然

人是精神和肉体的统一体，人从出生就有各种需求，根据马斯洛需求层次理论，人的第一层次需求是生存需求，即肉体的存在需求，这一点与动物并无差别，人与动物的本质差别在于人是精神的存在，精神发展的需求同样是人的基本需求，而人的生存发展需求和精神发展需求使人走向了伦理生活。

（一）生存发展的需要

人生存的前提是生产生活资料和物质财富的积累，而人只有通过个体劳动才能实现物质资料的积累，而且，劳动能力的大小决定了主体特殊性的实现程度。在现代社会，人们通过教育和劳动获得劳动技能，但人的能力是有限的，人不可能掌握所有的劳动技能，生产自己所需的所

---

① [德]黑格尔：《法哲学原理》，范扬、张启泰译，商务印书馆1961年版，第187页。
② [德]黑格尔：《精神现象学》（下），贺麟、王玖兴译，商务印书馆1979年版，第6—7页。

有生活资料,因而人们走进伦理社会,产生各种社会关系,通过社会分工和社会交换实现自己生活资料的满足,"通过个人的劳动以及通过其他一切人的劳动与需要的满足,使需要得到中介,个人得到满足"①。"如果他不同别人发生关系,他就不能达到他的全部目的,因此,其他人便成为特殊的人达到目的的手段。但是特殊目的通过他人的关系就取得了普遍性的形式,并且在满足他人福利的同时,满足自己。"② 需要和手段,作为实在的定在,就成为一种为他人的存在,而他人的需要和劳动就是大家彼此满足的条件。

(二) 精神发展的需要

人的原初天性是自然属性,温饱、安全和性是人的基本需要。同时人又是精神的个体,人的精神具有超越性,人若想实现自由,实现其精神本质,就需超越其自然性,即对于他物的不依赖性,实现自己与自己本身的联系,正如黑格尔所说:"直接意志的各种规定,从他们是内在的,从而是肯定的来说,是善的。所以说人性本善。但是由于这些规定是自然规定,一般的与自由和精神的概念相对立,从而又是否定的,所以必须把它们根除。"③

"这种具有自由的内容和目的的自由,本身起初只是概念、即精神和心的原则和注定发展成为对象性,即法的、伦理的、宗教的以及科学的现实性。"④ 即主观精神走向客观精神,自由走向外观化,走向伦理实体。精神的超越性和趋善性虽是本能,但如果没有伦理教化的过程,精神就无法超越人的自然性,任性无法走向理性,人只有走进伦理,通过理性的反思,经过"自然欲望——伦理实体——伦理精神"的自我意识发展过程,才能超越其自然性。在伦理中,人们逐渐学会运用精神的理性思考自己的行为及结果,人的精神超越了任性,走向理性,而且越是

---

① [德] 黑格尔:《法哲学原理》,范扬、张启泰译,商务印书馆1961年版,第231页。
② [德] 黑格尔:《法哲学原理》,范扬、张启泰译,商务印书馆1961年版,第224—225页。
③ [德] 黑格尔:《法哲学原理》,范扬、张启泰译,商务印书馆1961年版,第32页。
④ [德] 黑格尔:《精神哲学》,杨祖陶译,人民出版社2006年版,第312页。

深入伦理,越会在主体的相互联系中实现理性,人越是具备理性能力就越具有自由能力,伦理发展了人的理性能力和自由能力,使人趋向自由。当然,这是一个艰难的历史过程,时至今日,我们仍在努力实现自己的理性。

二 伦理实现了主客观精神的统一

人的需要将人指向了伦理的道路,在伦理的道路上,人们得到了抽象法及道德的守护,实现了抽象自由与主观自由的统一,理性指引着人们实现了从自由人格的萌芽到自由人格的确立,从此,自由在伦理中落地生根。

(一)伦理实现了抽象自由和主观自由的统一

1. 抽象法与道德对自由的守护

在伦理中,道德与抽象法是抑制人们任性与异化的重要手段,都是实现人的自由的环节,道德与抽象法披着限制性规则的外衣守护着人们的生命、财产与灵魂,自然界没有法律及道德规范,这些规范是人类社会出现之后由人类自己构建和制定的,构建的初衷当然不是为了限制自己的行动和自由,恰恰相反,这些规范是人类意识在经过历史性发展的过程中产生出来的,目的就是实现人的自由意志,主体在道德和法律中感觉到自己的价值,法律和道德对于主体而言也不是一种陌生的东西,相反,"主体的精神证明它们是它所特有的本质,在它的这种本质中主体感觉到自己的价值,并且像在自己的、同自己没有区别的要素中一样地生活着"[①]。在这两种规范的指引下,人们了解了自己行为的界限,私有财产受到保护,公共秩序得以形成,人类为自己营造了一个相对自由的环境,都是真实的自由,但只是自在的自由,还不是自为的自由,还没有达到自由的最高阶段,道德与抽象法阶段在实现人的自由方面还各自存在缺陷。

---

① [德]黑格尔:《法哲学原理》,范扬、张启泰译,商务印书馆1961年版,第190页。

2. 抽象法与道德的缺陷

自由意志在抽象法中首先体现在所有权的外物中，其次体现在以双方意志为中介的契约中，然后体现在单个意志的偶然性不法中。可以看出，自由意志在抽象法中体现的是抽象的、外在的、偶然的规定性，这种规定性不是普遍的、客观的自由意志。但在道德领域，意志在抽象法领域的抽象性规定性被克服了，偶然性及外在性在自身的反思中成为与自己同一的东西，意志定在于意志本身，道德以自身为对象，成为人们内在的、无限的、主观的规定性，善和良心独立于对象，因无规定性而无法实现它的定在，因此它要求各种规定及决定这些规定的原则。总之，权利还停留在抽象的阶段，道德之善也还停留在主观的阶段。"抽象的善和良心，都缺少它的对立面。抽象的善消融为完全无力的东西，而可由我加入任何内容，精神的主观性也因其欠缺客观的意义，而同样是缺乏内容的。"① 抽象法缺少内在的精神，道德虽有主观性环节，但缺少外在的确信，因此，无论在抽象法阶段还是在道德阶段，自由都不能自为地存在，而必须以伦理为其承担者和基础，而自由只有实现自由的定在才能实现自由的意志。面对上述缺陷，为了摆脱空虚性和否定性的痛苦，人们就产生了对客观性的渴望，即对客观伦理的渴望，人们只有超越和扬弃抽象权利和主观道德义务的片面性，进入到伦理统一的境界，才能实现真正的自由。

3. 伦理是抽象自由与主观自由统一了的客观精神

（1）通过真实良心，道德在伦理中找到归宿。

"没有任何卓越的意识是拥有理性的。除非它参与到社会建立起来的客观理性之中……不是理性是卓越意识的'财产'，而是卓越意识是'合理性事物'的财产。"② 真实的良心作为客观的理性就是我们追求的

---

① ［德］黑格尔：《法哲学原理》，范扬、张启泰译，商务印书馆1961年版，第185页。
② H. S. Harris, *Hegel's Ladder II：The Odyssey of Spirit*, Hackett Publishing Company, 1997, p. 158.

东西。真实的良心如何获得呢？现代道德世界观无尽的矛盾与颠倒想要扬弃、超越随心所欲的状态，想要对付植根于每一个人内心深处的鄙陋和丑恶，就必须重新找回那恰当的"根基"，这个"根基"就是伦理，它必须承认伦理生活的必要性与社会规范的有效性，在秩序井然的合理性社会实践中扬弃形式良心片面的纯粹自为性，成为具有至善真理性的真实良心。真实良心是这样一种自在自为地希求善的东西的心境，它既对道德有客观正确的合理信念，同时又能够结合自己寓于其中的伦理社会法则，为道德行为规定出客观有效的内容与目的，它不仅是在自身之内包含抽象普遍的特殊，还在伦理世界中具有现实的普遍性。这样的自我履行的义务既是道德行为的现实完成，也充分体现了个体特殊性。"道德应该被超越。它的洞见应该予以保留，但是它的缺陷应该通过伦理生活的研习得到纠正。"① 道德的缺陷通过伦理纠正，由形式良心发展到真实良心，道德在伦理中找到归宿。道德的东西都不能自为地实存，而必须以伦理的东西为其承担者和基础，"主观的善和客观的、自在自为地存在的善的统一就是伦理，在伦理中产生了根据概念的调和"②。伦理相对于道德而言，是更高层次的实体性环节，伦理是道德的真理。

（2）通过伦理，道德与抽象法实现了主观善与客观善的统一。

无论法的东西还是道德的东西都不能自为地存在，而必须以伦理的东西为其承担者和基础，因为法欠缺主观性的环节，而道德则仅仅具有主观性的环节，所以法和道德本身都缺乏现实性。伦理就是法与道德的现实性。伦理扬弃了抽象的善和主观的善，借助于存在着的国家的法律和规章制度，实现了主观的善与客观的善的统一。国家实体在自身内部设定了差别，伦理就有了固定的内容，这些内容超出了主观意见和个人偏好，形成了自在自为存在的规章制度，这种现实化的可以依从的规范，使抽象善和主观善有了自我确信和固定的内容。在主观善的冲动下，主

---

① Dudley Knowles, *Hegel and the Philosophy of Right*, Routledge, 2002, p.220.
② ［德］黑格尔：《法哲学原理》，范扬、张启泰译，商务印书馆1961年版，第185页。

观善走向了客观的善，主观善与客观伦理统一起来，从而使自由表现为客观的东西，落实于现实世界中。主观善和客观善的统一就是伦理：在自由客观化其自身的过程中，伦理相对于道德而言，是一个更高的实体性环节。在道德的领域中，直接作为法而存在的自由的定在，在自我意识的反思中被规定为善，而伦理则是善和主观性的真理，同时也是主观性和法的真理。从而，人的权利扬弃了抽象的人格权利，成为具体的实体性的规定，义务也扬弃了空洞的应然，成为有内容的义务。形式的善统一于内容的善，特殊的善统一于普遍的善，人的自由的羽翼日益丰满，人们走进了更高阶段的自由环节——伦理自由环节。

（二）伦理实体形成人的自由人格

在《法哲学原理》中，黑格尔将伦理划分为家庭、市民社会、国家三个环节，这三个阶段分别是自由人格的萌芽阶段，自由人格的挣扎阶段，自由人格的最终形成阶段。

1. 家庭阶段：自由人格的萌芽

黑格尔认为自由人格的形成首先要祛除人的自然性及任性。在家庭阶段，自由人格的萌芽依赖于父母对子女的启蒙和教育，因此，家庭教育有两个目的，"肯定的目的在于，灌输伦理原则，而这些原则是采取直接的、还没有对立面的感觉的那种形式的，……否定的目的，……使子女超脱原来所处的自然直接性，而达到独立性和自由的人格，从而达到脱离家庭的自然统一体的能力"[①]。也就是说，通过对子女的教育，一方面用合理的、舒适的、直接的、自然的方式将普遍物陶铸到他们的意识和意志中去。另一方面消除子女自我意识中感性的、本性的、直接的、任意的、任性的东西，对还在受本性迷乱的自由予以警戒。黑格尔认为这样的教育首先是出自父母对子女的爱，人生的儿童阶段应该在爱与信任中度过，有爱和信任的家庭环境是儿童自由人格形成的重要条件，当然这种爱不是溺爱，爱的教育不等于无规范。其次，基于儿童的认识能

---

① [德] 黑格尔：《法哲学原理》，范扬、张启泰译，商务印书馆1961年版，第214页。

力和任性的特点,家庭教育可以用灌输、强制和惩罚的方式,使子女在接受教育的过程中接受普遍性规则并形成习惯,通过教育,清除纯粹感性和本性的东西,使子女学会用理性思维方式考虑普遍性的意义,使个人的特殊意志与普遍性统一起来,达到普遍的、理性的、精神的自由状态,形成新的自由而合理的特殊性,即个别性。因此,家庭的解体在于,子女经教养而成为自由的人格,被承认为成年人,即具有法律人格,并有能力拥有自己的自由财产和组成自己的家庭。家庭的解体意味着人的初次解放,所形成的具有个别性的自由人格正是青少年离开家庭步入社会时应当具有的自由人格。

2. 市民社会阶段:自由人格的挣扎

(1) 市民

"市民"一词产生于古希腊和古罗马时期,在城邦中市民的特点是有一定的财产,可以参加城邦政治事务的自由人,因此市民也就是公民。在中世纪后期,随着资本主义经济的发展和市民财富的积累,一些工商业者、手工业者和农民也逐渐积累了一定的财产,此时,他们也跻身市民行列,用市民或公民称呼自己。实际上,市民与公民只是同一身份的不同称呼,相对于社会生活而言,我们称他们为市民。相对于国家生活而言,我们称他们为公民。黑格尔《法哲学原理》中所说的市民社会,是家庭解体之后出现的伦理实体,是人的法权人格的生成阶段。

(2) 需要的体系

黑格尔认为,在市民社会中,具体的人作为特殊的人本身就是目的,人的首要目的就是满足自己的需要,人的需要是多样的,实现其需要的手段也是多样的,劳动是实现自我需求的首要手段,劳动创造的财富越来越多,物质财富逐渐积累起来,经济越发展越能满足人们的各种需要,同时也带来了人们对物的依赖,人对物的依赖本无可厚非,但人对物的过度依赖,就产生了人的异化。

黑格尔这样描述市民社会的生活:"在市民社会中,每个人都以自身为目的,其他一切在他看来都是虚无。但是,如果他不同别人发生关系,他就不能达到他的全部目的,因此,其他人便成为特殊的人达到目的的手段。但是特殊目的通过同他人的关系就取得了普遍性的形式,并且在满足他人福利的同时,满足自己。由于特殊性必然以普遍性为其条件,所以整个市民社会是中介的基地;在这一基地上,一切癖性、一切禀赋、一切有关出生和幸运的偶然性都自由地活跃着;又在这一基地上一切激情的巨浪,汹涌澎湃,它们仅仅受到向他们放射光芒的理性的节制。受到普遍性限制的特殊性是衡量一切特殊性是否促进它的福利的唯一尺度。"[①] 人们为了满足自己的物欲,甚至不择手段,对他人造成伤害,实际上这种伤害是相互的,对社会成员中一人的侵害就是对全体的侵害,人们陷入了迷茫、焦虑、困惑与无助的挣扎中,人们如何取得自己的希求物?如何实现自我解放和自由呢?

(3) 理性的反思

人作为有需要的人,可以尽自己的最大努力来满足自己的需要,但是这种需要的满足并不以直接获取对象的方式来完成,为了获得它的合理性的形式,须以他人为中介,通过他人来实现自己欲望的满足。在一次次的受伤中,理性使人们陷入痛苦的反思,人们逐渐意识到,若想得到自己的希求物,我必须配合着别人而行动,我从别人那里取得满足的手段,我就得接受别人的意见,而同时我也不得不生产满足的手段。于是彼此配合,相互联系,一切个别的东西就这样成为社会的。也就是说,个人既是实现自己的手段,也是实现别人的手段,个人利益的满足只有而且必须在满足他人利益的前提下才能实现,正如马克思在《关于费尔巴哈的提纲》中指出人的本质属性是社会性,在伦理中,为了实现个人幸福和自由,人们必须培养自己的普遍性思维方式,即人既是特殊性的自然存在但同时又是普遍性的伦理存在的思维方式,只有彼此配合,互相关照,才能实现个人的自由、解放和幸福。人具有特殊性的特征和无限性的倾向,需要接受普遍性原则——伦理的限制。在市民社会中利己

---

① [德]黑格尔:《法哲学原理》,范扬、张启泰译,商务印书馆1961年版,第224—225页。

与利他的统一原则是基本原则,人们学会了生存,学会了配合,学会了互相承认,学会了成全他人,学会了遵守道德规范和法律规范,逐渐接受了这一普遍性的要求。

(4) 普遍性的需求

自在自为的普遍性原则与特殊的主观性结合是历史的必然和唯一的真理。在历史发展的进程中,在普遍性尚未呈现时,主观意识还没有认识历史的终极目的和人的本质,因为精神概念还没有成为它的需要和利益,尽管主观意识还没有认识到普遍性的必然性,但普遍实体依然在它的特殊目的中表现出来,并通过特殊目的实现了自己。

从上述人的自我异化和教化过程可以看出,自由一直是潜在的,因为自由是人的本质,有人存在的地方,自由的力量就不断涌现,正如哈贝马斯认为,感知是所有动物都具有的自然能力,但是只有人才有智识的能力,这无疑指的就是理性了。而在人的智识能力中,天然地具有一种逻辑性的结构推理能力,这种能力使人得以必然产生出对话(商谈)的理性态度,从而导出对普遍性的自然遵守。[1] 在人的精神和理性的指引下,人们接受了普遍性的要求,并且逐渐地、主动地将普遍性对特殊性的规定,转变为个体所希求的东西。

在市民社会中,伦理理念分解自身为特殊性和普遍性两个环节,并且"在自己的这种分解中,赋予每个环节以独特的定在,它赋予特殊性以全面发展和伸张的权利,而赋予普遍性以证明自己既是特殊性的基础和必要形式,又是特殊性的控制力量和最后目的的权利"[2]。也就是说,在市民社会中,普遍性和特殊性都是市民的需要,也都是市民的权利,市民社会充斥着特殊性向普遍性的努力,也充斥着普遍性涵纳特殊性的自我实现形式,这两个方面就构成了伦理理念的实在性环节,而理念只

---

[1] 冯川:《黑格尔〈法哲学原理〉的道德哲学研究:伦理精神的辩证发展之路》,中国社会科学出版社2013年版,第139页。

[2] [德] 黑格尔:《法哲学原理》,范扬、张启泰译,商务印书馆1961年版,第225页。

是作为相对的整体和内在的必然性而存在于这种现象的背后。

对普遍性的希求,又使人类向自由跨出一大步。但此时,普遍性的实现还是没有保障,普遍性与特殊性这"两种原则是各自独立的,所以从分解的观点看,这种统一不是伦理的同一,正因为如此,它不是作为自由,而是作为必然性而存在的,因为特殊性的东西必然把自己提高到普遍性的形式,并在这种形式中寻找而获得它的生存"①。这一问题正是国家阶段需要解决的问题。

3. 国家阶段：自由人格的形成

在康德道德哲学中,并未言及主体自由的具体内容,其抽象和片面的主观自由使道德主体只知道自己自由却找不到自由的方向,自由的现实化困难在康德那里是个体本身无力突破自身的藩篱,陷于"根本恶"中不能自拔。理性与现实的和解是黑格尔的一贯主题,黑格尔扬弃了康德在人的抽象的主观性中实现自由的观念,黑格尔认为,欲获得自由的内容,须将个体嵌入到伦理情境中,用伦理生活中具体的现实的人取代抽象人格和道德主体,就可以克服康德哲学中的难题和困境。这一伦理形式首先是市民社会,市民社会是一个相互需要和满足的社会,每个市民都体现着天然的自私自利,个人的这种自我目的性,本身具有无限性的倾向,这种自私自利与社会整体秩序之间具有天然的矛盾,解决矛盾的关键是个体需要接受普遍性原则的限制,而克服这一矛盾的原则就是国家,国家是这一伦理生活最完美的形式,在国家中,主体实现了真正的自由人格。

（1）国家

一方面,国家代表国家精神。黑格尔所讲的国家与我们通常理解的民族国家不同,这里讲的国家是一种活的、有机的高级精神制品,是代表一种国家精神,所以,黑格尔才会说国家是地上行走的神,作为伦理理念展现自身的最高阶段,代表的是伦理理念中的必然性环节。而一般

---

① ［德］黑格尔:《法哲学原理》,范扬、张启泰译,商务印书馆1961年版,第228—229页。

第三章 黑格尔公民教育的承认逻辑

的民族国家是在感性与理性、激情与理智的碰撞中形成的历史和地域结合的产物，是带有偶然性的具体存在，但如果我们要对国家形成理性的认识，就需要将国家提升到理性的高度，即从逻辑和概念的必然性中讨论国家的合理性问题，黑格尔说："国家是伦理理念的现实——是作为显示出来的、自知的实体性意志的伦理精神，这种伦理精神思考自身和知道自身，并完成一切它所知道的，而且只是完成它所知道的。"①

另一方面，国家代表最高形式的伦理实体。"国家是有自我意识的伦理实体，家庭原则和市民社会原则的结合；在家庭里作为爱的情感的这同一个统一性就是国家的本质。"② 家庭和市民社会的利益集中于国家，国家将家庭和市民社会两个环节加以持存并超越，国家将家庭之爱与市民社会中法律保障之爱结合起来，克服纯粹的主观爱的无私性，又克服了冷冰冰的法的保护的自私性，将自私性与无私性结合起来，塑造了充满温情的国家团结共同体。在国家"爱"中，国家的所有原则和职能都是通过"爱"来实现的，国家通过"爱"在实现着社会的整体利益的同时也关注个人的特殊利益。

黑格尔认为，在家庭阶段，伦理精神是片面的，随时面临着解体和分裂，而在市民社会中，实体性的伦理精神只能映现在市民生活中，还只是一种体现必然性的理性力量，在自由人格挣扎的阶段，个人的特殊利益还不能完全实现，它们体现的只是伦理精神的一部分。但"国家的目的就是普遍的利益本身，而这种普遍利益又包含着特殊的利益，它是特殊利益的实体"③。也就是说，在国家阶段，国家通过政治统治、国家制度等公共设置，将特殊性与普遍性有机连接在一起，"个人的生活和福利以及他的权利的定在，都同众人的生活、福利和权利交织在一起，它们只能建立在这种制度的基础上，同时也只有在这种联系中才是现实

---

① ［德］黑格尔：《法哲学原理》，范扬、张启泰译，商务印书馆1961年版，第288页。
② ［德］黑格尔：《精神哲学》，杨祖陶译，人民出版社2006年版，第341页。
③ ［德］黑格尔：《法哲学原理》，范扬、张启泰译，商务印书馆1961年版，第306页。

的和可靠的"①。法律制度、政治制度、文化制度等作为现实的制度规范成为人们追求普遍性的依据，人们将个人的希求物融入制度的框架里，普遍性不再作为潜在的力量，而是作为现实的东西与人们的福利相连。

（2）国家实现了特殊性与普遍性的统一

首先，特殊性与普遍性的统一是自由实现的前提。黑格尔以雅典与斯巴达兴亡为例，通过对比进一步证明特殊性与普遍性的统一是自由实现的前提。古希腊雅典共和国是建立在对个人人格的充分尊重基础上的，个人根据自己的热情和能力有参政议政的权利，个人的道德能力在国家中得到承认和实现，有一种修养的意识和无限的活动力来产生美和真。但是斯巴达的道德完全以国家的保持为主，缺乏这种个体的道德自觉修养，斯巴达没有遵守法律的自觉，缺乏一种正常的个人正义观念。"在雅典表现的是公共措施的废弛纲纪，在斯巴达表现为私人道德的堕落。当雅典人灭亡的时候，不但显得温和可亲，而且显得伟大和高贵，使我们不能不为它感伤；相反地，斯巴达人就不同了，主观性的原则展开在下贱的贪欲之中，造成了一种下贱的灭亡。"② 黑格尔通过雅典与斯巴达的比较得出结论：任何抛弃国家整体观念和个人特殊性的思想都是错误的，只有将个人特殊欲求同国家普遍欲求结合起来，才能形成理性中的完美国家。

其次，黑格尔继承了亚里士多德个人善与国家善统一的思想。"国家的目的是一般的普遍幸福。对于道德，他认为固然也是属于个人的；但是它的完成只能够在全体人民里面才能达到。"③ 亚里士多德认为，人天生是政治动物或称为社会动物，个人必然以共同体为背景，与共同体密切相连，甚至认为个人如果不与整体结合要么是野兽，要么是神。国家的最终目的就是实现全体人民的共同善，让人们过上优良的生活。法和

---

① ［德］黑格尔：《法哲学原理》，范扬、张启泰译，商务印书馆1961年版，第225页。
② ［德］黑格尔：《历史哲学》，王造时译，上海书店出版社2006年版，第247页。
③ ［德］黑格尔：《哲学史演讲录》第2卷，贺麟、王太庆译，商务印书馆2017年版，第381页。

国家的目的就是使人成为人，成为正义有道德的幸福的人。正义是共同体的具体原则，"公正（就其功能来说）应该是属于共同体的，因为它是确定事物是非曲直的标准，是一个政治共同体维持其秩序的基础"[①]。黑格尔也认为："共同体被看做是一个生活或主体性的场所，诸个体是那个共同体的诸片段。共同体是精神的体现，是比个体更充分、更实质性的体现。"[②] "人所是的一切都得归功于国家；只有在国家里他才能发现他的本质。一个人所拥有的所有价值，所有的精神现实，他只有通过国家才能拥有所有这一切。"[③] 因此，人是个人善与国家善的结合体，是理性与非理性的结合体。个人与共同体是对立又统一，并立又包容的关系。

再次，黑格尔国家理论体现了普遍性和单一性统一的合理性。

"抽象地说，合理性一般是普遍性和单一性相互渗透的统一。具体地说，这里合理性按其内容是客观自由（即普遍的实体性意志）与主观自由（即个人知识和他追求特殊目的的意志）两者的统一；因此，合理性按其形式就是根据被思考的即普遍的规律和原则而规定自己的行动。"[④] 黑格尔国家理论的最大贡献，就是指出客观自由和主观自由是如何统一的，就是提出了个人特殊性与社会普遍性相统一的法则。他认为，现代国家的原则具有这样一种惊人的力量和深度，即它使主观性原则完美起来，成为独立的个人特殊性的极端，而同时又使它回复到实体性的统一，于是在主观性的原则本身中保存着这个统一。国家的本质在于，普遍物是同特殊性的完全自由和私人福利相结合的，国家的力量在于它普遍的最终目的和个人的特殊利益的统一。这样，在国家中作为公民而存在的个体，其行动既是自由意志支配下的自由行为，而同时这种主观的自由意志又是与客观意志相统一，使个人的行为实现了普遍性和客观性，个

---

① ［古希腊］亚里士多德：《政治学》，高书文译，九州出版社2007年版，第15页。
② ［加］查尔斯·泰勒：《黑格尔》，张国清、朱进东译，译林出版社2002年版，第579页。
③ ［加］查尔斯·泰勒：《黑格尔》，张国清、朱进东译，译林出版社2002年版，第580页。
④ ［德］黑格尔：《法哲学原理》，范扬、张启泰译，商务印书馆1961年版，第289页。

体在这种普遍性中安若家居。

因此,国家是理性的现实,其目的就是普遍利益本身,途径是普遍性与特殊性相统一,这个普遍利益本身又包含着特殊利益的实现,它是对特殊利益的理性安排和理性规制。因此,国家就是一种特殊利益的伦理实体,黑格尔说:"普遍物必须予以促进,但是另一方面主观性也必须得到充分而活泼的发展。只有在这两个环节都保持着它们的力量时,国家才能被看作一个肢体健全的和真正有组织的国家。"[1] 因此,普遍性的实现依赖于特殊性的欲望和冲动,国家并非对个体特殊性的消弭,反而是个体利益实现的保障,"现代国家的原则具有这样一种惊人的力量和深度,即它使主观性原则完美起来,成为独立的个人特殊性的极端,而同时又使它回复到实体性的统一,于是在主观性的原则本身中保存着这个统一"[2]。

(3)国家是自由的客观性

首先,国家是理性与热情结合的产物。

"主观的意志——热情——是推动人们行动的东西,促成实现的东西。'观念'是内在的东西,国家是存在的、现实的道德生活。因为它是普遍的主要的'意志'同个人的意志的'统一',这就是'道德'。"[3] 黑格尔将国家视为实现了的道德、热情与理性相结合的产物,"国家是绝对自在自为的理性的东西,因为它是实体性意志的现实,它在被提升到普遍性的特殊自我意识中具有这种现实性。这个实体性的统一是绝对的不受推动的自身目的,在这个自身目的中自由达到它的最高权利"[4]。国家是客观性、普遍性的代表,具有自在自为的特质,恰好符合自由的特征而成为自由实现的最高阶段。因此,"在国家里面,'自由'获得了

---

[1] [德]黑格尔:《法哲学原理》,范扬、张启泰译,商务印书馆1961年版,第297页。
[2] [德]黑格尔:《法哲学原理》,范扬、张启泰译,商务印书馆1961年版,第296页。
[3] [德]黑格尔:《历史哲学》,王造时译,上海书店出版社2006年版,第36页。
[4] [德]黑格尔:《法哲学原理》,范扬、张启泰译,商务印书馆1961年版,第288—289页。

客观性，而且生活在这种客观性的享受之中"①。国家成为具体自由的现实，"具体自由在于，个人的单一性及其特殊利益不但获得它们的完全发展，以及它们的权利获得明白承认（如在家庭和市民社会的领域中那样），而且一方面通过自身过渡到普遍物的利益，另一方面它们认识和希求普遍物，甚至承认普遍物作为它们自己实体性的精神，并把普遍物作为它们的最终目的而进行活动"②。黑格尔指出，人作为现实的个体总是有着各种各样的冲动和要求，但是只有在现代国家的制度和法律中，个体的冲动才能获得合理性形式，成为意志规定的合理体系。

国家就是这样一种理性，它是理性与现实的结合，是理念向它的各种差别的客观现实性发展的结果，正是通过国家制度和国家权力实现人的自由，因此国家看似是对自由的一种限制，实际上是合理地对于那些自然的、野蛮的、任性的控制，通过国家的控制，普遍物不断地、合乎自然地创造着自己，特殊物不断地、合乎理性地实现着自己，人们在国家阶段完成自由的自为，使自由成为自在自为的自由，在国家里面自由获得了客观性，而且生活在这种客观性的享受之中。国家是伦理的最高阶段，在这一阶段黑格尔将自由以一种希腊人未曾做到的方式融入人们构建的伦理中，就像黑格尔所说，伦理深处的冲动，即自由的无限的人格。

其次，国家赋予特殊性以肯定。

现代伦理国家作为伦理实体，并未泯灭个体性，它实现于具有自我意识的现代个体之中，个体"不仅把真实的东西或真理理解和表述为实体，而且同样理解和表述为主体"③。即在伦理实体中，实体仍然保存为一个主体，主体在黑格尔的国家观中有其独特的地位，正如罗素所说："在国家内部，他的一般哲学也应当使他对个人感到更高的敬意，因为

---

① [德]黑格尔：《历史哲学》，王造时译，上海书店出版社2006年版，第36页。
② [德]黑格尔：《法哲学原理》，范扬、张启泰译，商务印书馆1961年版，第296页。
③ [德]黑格尔：《精神现象学》（上），贺麟、王玖兴译，商务印书馆1962年版，第12页。

他的《逻辑学》所论述的全体并不像巴门尼德的'太一',甚至不像斯宾诺莎的神,因为他的全体是这样的全体:其中的个人并不消失,而是通过他与更大的有机体的和谐关系获得更充分的实在性。个人被忽视的国家不是黑格尔的'绝对'的雏形。"① 国家是伦理性的东西,是实体性的东西和特殊的东西的相互渗透。这种实体性的自我意识既保持了特殊自我的单一性与独立自主的人格,又希求着普遍客观的实体,渴望在现代世界中实现合乎理性的伦理生活。

三 自由在伦理精神中得到复归

伦理是自由的场域,自由在伦理中落地生根,在伦理中,任性得到抑制,理性得到张扬,理性的反思将对于伦理实体的"伦理感受"抽象出来,客观化于人们的面前,形成伦理客观精神,并形成伦理精神的习惯与风尚,人们将这种精神内化于心、外化于行,自由得到了复归。

(一)对亚里士多德自由观的继承

黑格尔继承了亚里士多德通过热情服从理性的美德实现幸福、善和自由的思想。亚里士多德把幸福规定为最高的善。如何实现幸福的美德?"理性、智慧这些东西还不构成美德,只有在理性的和非理性的双方的统一中,美德才存在。当热情(意向)和理性发生关系并服从理性命令而行动时,我们就称此行为为美德。"② 非理性的冲动和意向就是热情,因此,在亚里士多德心中,当非理性与理性相遇的时候,只有理性能够调控非理性的冲动,才能构成现实中活的善——美德,"在善里面,应该有一种非理性的冲动,而理性则另外出来判断和规定这个冲动"③。在伦理中,理性与非理性的对立是一直存在的,理性对非理性的规制是伦

---

① [英]罗素:《西方哲学史》(下卷),马元德译,商务印书馆1982年版,第290页。
② [德]黑格尔:《哲学史演讲录》第2卷,贺麟、王太庆译,商务印书馆2017年版,第378页。
③ [德]黑格尔:《哲学史演讲录》第2卷,贺麟、王太庆译,商务印书馆2017年版,第378页。

自由实现的路径。

(二) 自由在伦理理性中找到根基

当人们为所欲为时就以为自己是自由的，但他的不自由恰恰就在任性中。因此，缺乏理性的为所欲为只是虚假的自由，自由来自理性，普遍性是理性的代表，理性体现于抽象法和道德统一的普遍伦理中。要想寻求理性，必须以理性的伦理概念而思考问题，"当一个人做出某种与正道相反的事情时，他最容易表露出他的特异性。理性东西是人所共走的康庄大道，在这条大道上谁也不显得突出"①。共识并非简单地等同于公理，只有深层的思维才能把握公理的理性。"当我希求理性东西的时候，我不是作为特异的个人而是依据一般的伦理概念而行动的。"②

真正的自由来自哪里呢？当然是理性。康德指出，人们的行为动机不应来自感性、欲望和偶然，而应来自代表普遍性和必然性的理性，他认为，我们应"依照普遍的理性法则和道德律令来行动，并且只为它们而行动。我必须尽我的义务，因为它就是我的义务"③。当我们为义务本身而不是为其他东西而尽自己的义务时，我们才是自由的。因此，在康德眼里人的自由就在于他履行自己的义务。理性本质上是普遍的，自由需要到普遍的事物中去寻找，而康德为义务而义务的"道德律令"确实体现了理性和普遍性，难道这就是真正的自由吗？

与随心所欲做事的"消极自由"相比，为义务而履行义务是一个显著的进步，但黑格尔指出：一方面，康德并没有告诉我们应该怎样做才是实现自由，康德的理论只能给我们空洞的、普遍形式的道德律，这种普遍形式"不过是一种一致性原则或不矛盾律。如果我们没有出发点，它就无法把我们带到任何地方"④。我们为什么要遵守普遍的道德律？我们怎样遵守道德律？康德均未给出答案。这也正是黑格尔需要填补的内

---

① [德] 黑格尔：《法哲学原理》，范扬、张启泰译，商务印书馆1961年版，第31页。
② [德] 黑格尔：《法哲学原理》，范扬、张启泰译，商务印书馆1961年版，第30页。
③ [澳] 彼得·辛格：《黑格尔》，张卜天译，译林出版社2015年版，第37页。
④ [澳] 彼得·辛格：《黑格尔》，张卜天译，译林出版社2015年版，第39页。

容。另一方面，康德将人的欲望和人的理性割裂开来，并使之处于永恒的冲突中，否认人的本性的权利的满足，人的自然欲望仅仅是某种需要压抑的东西。显然人的自然欲求的压抑和否定绝不是人实现自由的前提，康德并没有为道德与个人利益之间的对立提供某种解决方案，怎样才能实现人的欲望和理性的道德律相统一呢？

黑格尔正是在康德"道德律令"的思考中往前进了一步，他试图将古代希腊生活的自然满足与康德的道德观念的自由良知统一起来。黑格尔认为，个人欲望的满足与理性的道德律可以统一于一个有机共同体，这个有机共同体就是伦理。为什么在伦理中个体的需求就能与代表共同体精神的道德律统一呢？英国哲学家布拉雷德描述的一段儿童成长过程给了我们答案："孩子……出生……在一个活着的世界里，甚至还没有意识到他独立的自我。他随其世界一起成长，心满意足，自由自在。当他能把自己从那个世界中分开，知道自己与之分离时，他的自我，他那自我意识的对象，便会受到他人存在的潜入、感染和塑造。它的内容在每一个方面都暗示着与共同体的联系。他学习说话，或者可能已经学会了说话；在这里他把其种族共同继承下来的东西占为己有，他自己所说的语言是其祖国的语言，这种语言……与其他人说的语言一样，这就给他的内心带来了种族的观念与情感，……并且打上了不可磨灭的印记。他在一种范例和普遍习惯的氛围中成长。……他内心中的灵魂被普遍的生活所浸透、浇灌和限定，他吸收了普遍的生活，由此形成了自己的本质，并把自身建立起来。他的生活与普遍的生活是同一的，如果他反对这种生活，那就是在反对自己。"①

这个成长的过程使他们认识到，代表普遍生活的有机体与个体的关系是相互的，就如同人与他的器官一样，我需要我的手臂，我的手臂也需要我，有机体不会忽视其成员的利益，一如我不会忽视我的左臂。此时，不同于希腊城邦公民习惯性地遵守共同体规则，黑格尔共同体中的

---

① ［澳］彼得·辛格：《黑格尔》，张卜天译，译林出版社2015年版，第42—43页。

公民知道自己有追求自由和依照良知作出决定的能力，即他们已经成为自由的理性公民，自由思想者只效忠于他们认为符合理性原则的制度，现代的有机共同体必须建立在理性原则的基础之上，在这样的有机体中，个人意志和普遍意志是和谐一致的，个体在尽义务时的选择因为是理性的，所以是自由的。此时，黑格尔弥补了康德的道德律的空洞性，指出了个体在共同体中的地位和应尽的具体义务，即个体意志与普遍意志的统一。

（三）自由理念在伦理中的发展历程

1. 伦理发展了人的理性

人的自然冲动和欲望无善无恶，但人的精神和理性决定了善的必然，人的理性引导着人们前进的道路，经过家庭——市民社会——国家伦理实体的人生阶段的洗礼，在几经异化的教化过程之后，个体一方面摆脱了对赤裸裸的自然冲动的依附，另一方面摆脱了没有规定性的主观性，并摆脱了任性发展出来的无限索取，在伦理中，人们认识到"随心所欲不逾矩"的理性法则，在理性法则下探寻自由的方式，斯宾诺莎曾说过，"人的理性法则只是以谋求人的真正利益与保全自身为目的"[1]。因而，越是符合理性的规定，就越是符合人的本质，也就意味着更高的自由。

2. 人的理性发展为客观精神

在理性的引导下，人的生存需求和精神需求都获得了满足，人们尝到了自由的滋味，人们在自由中回味并反思着伦理，这种反思一方面来自经验和现实，一方面来自观察的理性，当精神超越观察的理性，而将自身作为观察的对象，使自由的伦理精神客观化，意识到自身的现实性，并将自身呈现于自己之前的那种自在自为地存在着的本质的时候，就产生了伦理的客观精神，客观精神不再是潜伏在挣扎人格的市民社会中，而是通过主体自身的反思显现在主体面前，普遍性不再是潜在普遍性，而是通过理性将特殊性与普遍性统一，产生了共同体意识，即伦理意识和伦理精神，这

---

[1] ［荷］斯宾诺莎：《政治论》，冯炳昆译，商务印书馆1999年版，第14页。

种伦理意识,不仅是自为的,并且是被主体所认识、希求和遵从的,在人的理性现实化自己的同时,人的精神也达到了自身的统一化和完整化,成为客观的精神存在,成为完成了的伦理精神,理性指引着主观精神发展到客观精神,从此走上了必然王国通往自由王国的道路。

3. 客观精神发展为习惯和风尚

黑格尔说,在客观精神与个体的现实性同一中,客观精神的东西就表现为个体的普遍行为方式,即表现为习惯,此处的习惯并非我们日常所说的生活习惯,而是对伦理生活的德性习惯,对伦理事物的习惯,这种习惯成功取代了纯粹自然的第一天性成为人的第二天性,即伦理天性,它通过习惯渗透到人的灵魂中,成为个体人格中的长期的固定的要素。而风尚是习惯的普遍表现形式,是个体伦理习惯在群体中的共同现象,当人们的伦理习惯蔚然成风,伦理精神也就会遍地开花,伦理精神越是成为人们的习惯,道德行为就越能形成风尚,黑格尔说风尚是属于自由精神的规律,社会伦理精神形成风尚就是自由精神成为风尚,伦理风尚必然开出自由之花。

(四) 在伦理中实现自由的途径:思维解放

"思维就是一种解放,而这种解放并不是逃避到抽象中去,而是指一个现实事物通过必然性的力量与别的现实事物联结在一起,但又不把这别的现实事物当成异己的他物,而是把它当成自己固有的存在和自己设定起来。这种解放,就其是自为存在着的主体而言,便叫做我;就其发展成一全体而言,便叫做自由精神;就其为纯洁的情感而言,便叫做爱;就其为高尚的享受而言,便叫做幸福。"[①] 因此,自由精神就是全体精神,就是"我是我们"的精神,是不排斥他物并在他物中返回自身的精神,只有将"我"设定为"我们",才能表达和获得爱及幸福。是什么促成自由、爱、幸福的呢?"促成这种分离与合成反映的催化剂就是思维,这种变化的力场是社会整体,变化的公理法则是法律制度,生成的

---

① [德] 黑格尔:《小逻辑》,贺麟译,商务印书馆1980年版,第325—326页。

最终成熟结果就是自由人的王国。"① 因此，自由是人的本质，法权是人格的内容和现象，国家是人的自由现实化，哲学与宗教是人的精神自由的最高境界。而人的发展显现为由个别性到整体性、由偶然性到必然性、由特殊性到普遍性的过程，社会和国家显现为个体间相互承认的自由共同体。

（五）个人在伦理中找到自由真理

1. 伦理实现了使人成为人的自由本质

黑格尔认为："个人主观地规定为自由的权利，只有在个人属于伦理性的现实时，才能得到实现，因为只有在这种客观性中，个人对自己自由的确信才具有真理性，也只有在伦理中个人才实际上占有他本身的实质和他内在的普遍性。"② 伦理性的规定就是个人的实体性或普遍本质，黑格尔所追求的就是普遍的精神。自由的本性追求不能离开伦理的客观现实，自由的实现需要伦理的普遍性加持，伦理的教化造就了人的理性，使人有了自由的能力，在伦理中人只有把自由作为追求的对象，才能成为具有自由意志的人，所以人的本质就在伦理之中。

2. 伦理克服了人的欲望和冲动，实现了权利与义务的统一

黑格尔认为在实体性的伦理环节，普遍意志和特殊意志就达到了统一，而在这种统一中，义务和权利也就合二为一了。权利扬弃了在自在自由阶段的抽象人格权利，成为具体的实体性的规定，而义务也从片面的主观性的空洞形式中脱离出来，成为有内容的义务。通过伦理的规定，个人既摆脱了对赤裸裸的自然冲动的依附，在"应做什么""可以做什么"的道德反思中摆脱了主观特殊性的困境。同时也摆脱了没有规定性的主观性，在伦理义务中，个人得到解放而达到了实体性的自由。伦理将人从自然性的欲望和冲动中解放出来，将抽象法和道德的自由因素结合起来，从客观和主观两个方面对人的伦理精神进行塑造，使个体认识

---

① 张君平：《黑格尔人学思想研究》，知识产权出版社2015年版，第73页。
② ［德］黑格尔：《法哲学原理》，范扬、张启泰译，商务印书馆1961年版，第196页。

到，一个处于不受束于任何规则的状态中的人是不正常的存在，会受到社会的排斥和蔑视，是完全缺乏思想教养的行为，因此孔子说"随心所欲不逾矩"，即行为虽可从心所欲，但必须先掌握"矩"的边界。

总之，黑格尔在《法哲学原理》中所说的"法"是伦理精神的精神，伦理精神就是"法"的精神，"法"就是真正的自由意志，"法"制定出一些规范，这些规范使我实现自己的自由意志。也就是说自由意志所规定的"法"使得我能够在日常生活中最大限度地实现我的自由意志。因此"法"就是为自由意志的自由意志，就是为自由而自由。"法"是由我的自由意志制定的，那么我在遵守"法"的时候，我就仍然是在遵守自己的自由意志，因此我是自愿地遵守"法"的。在这个时候，我丝毫没有感到任何外来的、偶然的强制性规范。因此，伦理精神就是"成为现存世界和自我意识本性的那种自由的概念"①，伦理是人的本质，自由的定在是"伦理"，而伦理是自由的本质。

四 个体在伦理异化中形成承认关系

在国家中，现实个人的抽象特殊性与作为普遍物的国家相结合而成为单个的个体性，就同时扬弃了个人的抽象性和国家作为普遍物的空洞性，使人不仅仅成为人，而是成为某种人，也就是现实的具体的伦理人。这种现实的和具体的人首先作为家庭的成员而出现，在家庭解体之后就走入市民社会，在需要的体系中与他人处于一种外在的承认关系之中，最后作为国家的公民，通过参与国家事务而达到与伦理中实体性力量的统一。

（一）个人在家庭中的相互承认

伦理精神追求对普遍性的承认，家庭伦理中"爱"作为一种主观的情绪得到自觉，家庭成员实现了直接的相互承认。家庭是精神的直接实体性的表现，是精神直接体现出来的一种制度。家庭的规定就是"爱"，家庭

---

① [德]黑格尔：《法哲学原理》，范扬、张启泰译，商务印书馆1961年版，第187页。

本身就是由"爱"组成的，夫妻婚姻也是基于爱情。在家庭里，个人不是独立的个人，而是家庭成员。黑格尔说，"所谓爱，一般说来，就是意识到我和别一个人的统一，使我不专为自己而孤立起来；相反地，我只有抛弃我独立的存在，并且知道自己是同别一个人以及别一个人同自己之间的统一，才获得我的自我意识"①。"爱"是具有自然形式的伦理，是普遍性、特殊性和个体性相统一的概念，是伦理精神的体现，"爱"使我抛弃独立性与他人合为一体形成家庭，同时放弃独立性与他人的融合思想也就产生了"爱"，"爱"必须在另一个人之中才是完整的，也就是说，必须"在别一个人身上找到自己，即获得他人对自己的承认，而别一个人反过来对我亦同"②。这种自然形式的伦理体现出伦理的结果，是我在别人身上获得了承认，并且找到了自己，与他人合为一体，在他人身上看到自我本身。"爱的本质就是你在他身上看到了自己，或者是看到了自己的理想，你渴望和他成为一个人。"③ 但事实上，你与别人又不能成为一体，所以"爱"中包含着一种"最不可思议的矛盾"，所谓"爱"就是制造矛盾并且解决矛盾的过程，是理性与非理性的统一。

（二）个人在市民社会中互相承认

"黑格尔意识到，如果个人纯粹受到自我利益的驱使，而不去关注他人之善，那么这会不同程度地引起社会和经济的不稳定，而这种不稳定又会破坏市民社会中人们追求的自由。我们必须克服这样一种虚假意识，即把个人理解为纯粹的原子：孤立自私的。"④ 因此，在市民社会中，需要体系满足的条件就是个人之间的相互承认。"各个人的特殊性首先在自身内包含有他们的需要。这些需要满足的可能性在这里是包含在社会的联系中的，而这种联系是一切人从中获得他们满足的普遍财富。"⑤ 这

---

① [德]黑格尔：《法哲学原理》，范扬、张启泰译，商务印书馆1961年版，第199页。
② [德]黑格尔：《法哲学原理》，范扬、张启泰译，商务印书馆1961年版，第199页。
③ 邓晓芒：《邓晓芒讲黑格尔》，北京大学出版社2006年版，第216页。
④ Sybol S. C Anderson, *Hegel's Theory of Recognition: From Oppression to Ethical Liberal Modernity*, Continuum International Publishing Group, 2009, p. 154.
⑤ [德]黑格尔：《精神哲学》，杨祖陶译，人民出版社2006年版，第333页。

种相互需要的满足要求每个人都是劳动者，同时也是消费者。在市民社会，个体没有能力独立满足自己的所有需要，因而每个人都是目的和手段的统一，这种统一表明，独立自由人格之间是以需要和劳动为中介相互依赖着的，也就是说，不能将这种独立人格理解成对立人格，独立人格不是市民社会中的孤立者，每个独立人格必须与他人发生关系，通过承认他人，实现自己，对方也是如此。"如果他不同别人发生关系，他就不能达到他的全部目的，因此，其他人便成为特殊的人达到目的的手段。但是特殊目的通过他人的关系就取得了普遍性的形式，并且在满足他人福利的同时，满足自己。"① 这与康德的"人是目的而非手段"不同。在市民社会中，每个人既是目的又是手段。因此，在乱象丛生的市民社会，通过劳动、契约等承认方式，通过抽象法和道德形成的法权理念，形成了一个法权人格主体间联系的体系，"在劳动和满足需要的上述依赖性和相互关系中，主观的利己心转化为对其他一切人的需要得到满足是有帮助的东西，即通过普遍物而转化为特殊物的中介。这是一种辩证运动。其结果，每个人在为自己取得、生产和享受的同时，也正为了其他一切人的享受而生产和取得"②。每个人的需要的满足都是在满足他人需要的前提下完成的，个体形成了相互需要、相互满足、相互依赖的承认关系，尽管这种承认关系在最初阶段是通过相互斗争、相互争夺、相互对立展现出来的，但主体内在精神的反思将隐蔽在个体特殊性中的普遍性挖掘出来，使主体认识到对立及斗争的结果不仅是对他人、对社会的破坏，同时也是对主体自身的伤害，因为"对社会成员中一人的侵害就是对全体的侵害"③。"现在侵害行为不只是影响直接受害人的定在，而是牵涉到整个市民社会的观念和意识。"④ 不承认另一个法权就是对法律的蔑视，对社会秩序的侵害，对普遍性的践踏。因此，我必须承认他

---

① ［德］黑格尔：《法哲学原理》，范扬、张启泰译，商务印书馆1961年版，第224—225页。
② ［德］黑格尔：《法哲学原理》，范扬、张启泰译，商务印书馆1961年版，第239—240页。
③ ［德］黑格尔：《法哲学原理》，范扬、张启泰译，商务印书馆1961年版，第259页。
④ ［德］黑格尔：《法哲学原理》，范扬、张启泰译，商务印书馆1961年版，第260页。

人，"我必须配合着别人而行动，普遍性的形式就是由此而来。我既从别人那里取得满足的手段，我就得接受别人的意见，而同时我也不得不生产满足别人的手段。于是彼此配合，相互联系，一切各别的东西就这样地成为社会的"①。

（三）在国家中个体获得承认

个人与国家，公利与私利的矛盾，是人类自由精神历史的基本矛盾。而自由的基本法则就是公私合一的法则，"我们可以推断，假如人民的私利与国家的公益恰好是相互一致的时候，这个国家便是组织得法，内部健全。因为在这个时候人民的私利与国家的公益能够互相找到满足和实现——这是一个本身极重要的命题"②。即个人自由与国家整体利益的统一就是我们追求的自由理想国。

1. 个人对国家的承认

"共同体被看作是一个生活或主体性的场所，诸个体是那个共同体的诸片段。共同体是精神的体现，是比个体更充分、更实质性的体现。"③ 黑格尔认为，国家作为共同体是地上的精神，是普遍真理的客观化和现实化，这正是国家的神圣所在。个人之所以要实现国家的普遍真理，乃是因为国家的普遍性原则也恰好是我需要的正当意志所在，这就燃起了我们追求普遍性的热情，"国家是存在的、现实的道德生活。因为它是普遍的主要的'意志'同个人的意志的'统一'，这就是道德"④。在这里，道德的真谛就是国家普遍性与个人特殊性的统一，就是我的自由与法的统一，而这种统一正体现着个体与国家的相互需要、相互尊重和相互承认。个体作为公民参与到伦理理念观照下的家庭生活、市民社会的物质生活以及国家的政治生活中，行使自己权利的同时也履行自己的义务，承认他人的权利，而且在对自己的特殊权利的追求中始终坚持着对国家作为伦理理念的观照。"当

---

① ［德］黑格尔：《法哲学原理》，范扬、张启泰译，商务印书馆1961年版，第235—236页。
② ［德］黑格尔：《历史哲学》，王造时译，上海书店出版社2006年版，第22页。
③ ［加］查尔斯·泰勒：《黑格尔》，张国清、朱进东译，译林出版社2002年版，第579页。
④ ［德］黑格尔：《历史哲学》，王造时译，上海书店出版社2006年版，第36页。

国家或者祖国形成一种共同存在的时候，当人类主观的意志服从法律的时候，——'自由'和'必然'间的矛盾便消失了。"① 即当"我就是我们，我们就是我"这种辩证思维出现的时候，当我的特殊性愿意提升为普遍性的时候，我与国家的承认关系显现，我与国家的矛盾消失了。

2. 国家对个人的承认

"把利己心同普遍物即国家结合起来，而国家则必须关心这一结合，使之成为结实和坚固的东西。"② 国家作为伦理理念的现实化必然是追求普遍性的，而伦理理念中的普遍性本身包含着特殊性，利己目的的实现是伦理理念和国家精神实现的前提。国家如何实现自己的伦理精神呢？"黑格尔的国家所以履行着这一功能是因为它的核心机构——王权、行政权与立法权，可靠有效地追求着普遍利益：即所有人都生活在一个稳定的、自我再生的相互承认的共同体之中，这一共同体发展、滋养并且尊重个体主体性。"③ 生活、福利和权利的相互依赖性需要建立一种制度来保障，这些制度就是国家的外部特征。此时，普遍物必须予以促进，但是另一方面，主观性也必须得到充分而活泼的发展，这就是国家存在的最真实目的，个人的生活和福利以及他的权利的定在，都同众人的生活、福利和权利交织在一起，它们建立在这种制度的基础上，同时也只有在这种联系中才是现实的和可能的。这种制度首先可以看成外部的国家，即需要和理智的国家。

3. 个人在国家中通过承认获得自由

国家是具体自由的现实。但具体自由在于，个人的单一性及其特殊利益不但获得它们的完全发展，以及它们的权利获得明白承认，而且通过自身过渡到普遍物的利益，使个体认识和希求普遍物，甚至承认普遍物作为它们自己实体性的精神，并把普遍物作为它们的最终目的而进行

---

① [德] 黑格尔：《历史哲学》，王造时译，上海书店出版社2006年版，第36—37页。
② [德] 黑格尔：《法哲学原理》，范扬、张启泰译，商务印书馆1961年版，第241页。
③ Alan Patten, *Hegel's Idea of Freedom*, Oxford University Press, 1999, p. 187.

活动。通过特殊性与普遍性的相互承认，国家与个体之间的相互承认，人类实现了普遍性、客观性和必然性，个体在国家中自在自为地安居。对于伦理实体的成员而言，普遍性并不是外在于自己的东西，他们认同这些权威和力量，并且认识到它们同时也是他们自身作为特殊意志的自觉的要求。这样，伦理成员遵从自己的义务，服从伦理实体的权威和力量，使主观的自由走向现实。

黑格尔论述的抽象法阶段和道德阶段，自由的实现都是抽象的和片面的，都不能自为地实存，都必须以伦理的东西为其承担者和基础，只有到了伦理阶段，人们经过伦理的教化和自身的反思，才形成了承认普遍性的特殊性，也就是单一性，达到了自由的最高阶段。

黑格尔对整个伦理内容的论述都是围绕自由的主题，伦理实体与伦理精神的目标亦是自由，黑格尔认为，伦理性的规定构成自由的概念，只有在伦理阶段形成了伦理精神，人们才有了自由的能力，"只有在个人属于伦理性的现实时，才能得到实现，因为只有在这种客观性中，个人对自己自由的确信才具有真理性，也只有在伦理中个人才实际上占有他本身的实质和他内在的普遍性"①。伦理是自由的理念。它是活的善，活的善在自我意识中具有自己的知识和意志，通过自我意识的行动而达到它的现实性；另一方面自我意识在伦理性的存在中具有它的绝对基础和起推动作用的目的。因此，伦理就是成为现存世界和自我意识本性的那种自由概念。也就是说，只有在伦理中，人才符合他的本质，只有符合人的本质的才是自由的，所以说，自由的定在就是伦理，伦理是个体获得自由的必然路径。

第三节 公民教育使人符合伦理

每个人都是自我特殊性之"量"及自由普遍属性之"质"的合

---

① [德]黑格尔：《法哲学原理》，范扬、张启泰译，商务印书馆1961年版，第196页。

体，在"质"和"量"的互动中实现统一，这种互动是通过思维上升到思想，通过思想的反思形成趋向自由的承认思维和伦理精神。显然，伦理的普遍性思维及承认思维不是自然就显现在我们的头脑当中，而是需要通过教育、教化及人的反思才能形成自觉。"就宗教和伦理而言，尽管它们是一种信仰和直接知识，但仍然完全是受中介性的制约，所谓中介性，是指发展、教育和教养的过程而言。"[①] 伦理道德观念是思想和经验的合一，教化的过程形成了人的经验，而教育的过程形成了人的思想。

一 教育打磨人的任性

每个人都生活在任性与理性的相互博弈中，作为人的原初自然力量，任性给人行动的力量，但这种原初自然性只是人的自由本质的一部分而不是全部，任性的主观性、任意性、特殊性特点，使人无法实现自己的目的和理想，人的自由本质的实现需要理性指导任性，使任性趋于理性，才能实现人的自由本质。人的理性如何实现呢？教育是通过反思和自省打磨任性的重要途径。

（一）教育使人摆脱无教养的冲动

"对自由最普遍的看法是任性的看法，——这是在单单由自然冲动所规定的意志和绝对自由的意志之间经过反思选择的中间物。"[②] 通常的人，当他可以为所欲为时就信以为自己是自由的，但他的不自由恰恰就在任性中。因此，人们的经验和共识与真理是不同的，认为自由就是为所欲为是极其可笑的、无教养的、错误的认识。因为人作为精神是一种自由的本质，他具有不受自然冲动所规定的地位，"所以处于直接的无教养的状态中的人，是处于其所不应处的状态中，而且必须从这种状态

---

① ［德］黑格尔：《小逻辑》，贺麟译，商务印书馆1980年版，第161页。
② ［德］黑格尔：《法哲学原理》，范扬、张启泰译，商务印书馆1961年版，第29页。

第三章　黑格尔公民教育的承认逻辑

解放出来"①。因此，在黑格尔眼中，这种排除客观的主观任性就是无教养，就是不自由。

黑格尔指出，任性不是通过我的意志而是通过偶然性来规定主体自身的，它唯一的兴趣是个人的需要、舒适和享乐，这种自由观实际上已经受到欲望的奴役而不自知，是对自由的误解，就像尼采所说，你们"曾是猿猴，可现在的人比任何一种猿猴更猿猴"②。人之为人，不仅在于他具有自然的本性，更在于人有"第二天性"——精神，而精神生产出来的理性，是人与动物的区别所在。教育就应当使人从自身的自然性中解放出来，从对外物的依赖中解脱出来。因此，教育这种工作反对举动的纯主观任性，反对情欲的直接性，同样也反对感觉的主观虚无性与偏好的任性。教育首先必须培养理性的能力，即对本能和欲望的自制，理性思维才是任性思维发展的正途，"理性东西是人所走的康庄大道，在这条大道上谁也不显得突出"③。当我希求理性东西的时候，我不是作为特异的个人而是依据一般的理性概念而行动的。在伦理性的行为中，我所实现的不是我自己而是事物，理性才是任性的宿命。作为自我解放的方式之一，教育就如同一台"净化器"，将人自然冲动的杂质过滤掉，将人的热情和活力留下来，并将其转变为理性。

"正是通过这种教育工作，主观意志才在它自身中获得客观性，只有在这种客观性中它才有价值和能力成为理念的现实性。"④ 实际上，这样的教育过程相对于主体来说就是要活生生地剥掉个体与生俱来天性中的一部分，因此教育"是一种艰苦的工作，这种工作反对举动的纯主观性，反对情欲的直接性，同样也反对感觉的主观虚无性与偏好的任性"⑤。这也是教育的困难所在，更是体现了教育工作的艰巨性和神

---

① [德] 黑格尔：《法哲学原理》，范扬、张启泰译，商务印书馆1961年版，第32—33页。
② [德] 尼采：《查拉图斯特拉如是说》，黄明嘉译，漓江出版社2007年版，第5页。
③ [德] 黑格尔：《法哲学原理》，范扬、张启泰译，商务印书馆1961年版，第31页。
④ [德] 黑格尔：《法哲学原理》，范扬、张启泰译，商务印书馆1961年版，第230页。
⑤ [德] 黑格尔：《法哲学原理》，范扬、张启泰译，商务印书馆1961年版，第230页。

圣性。

(二) 教育可以培养人的理性

理性是人存在的基本法则。在这一点上，黑格尔继承了斯多葛派关于理性本质的观点。

斯多葛派将理性和善结合起来，将理性作为个体存在的依据。首先，依照本性的理性生活，不仅是一种美德，而且也是生活的目的，"这就是最高的善、一些活动的目的；依照本性生活，即是过理性的生活"①。人是有思想的存在者，这个思想就是对于理性法则的一种认识和遵守，理性是人作为人的本性所在，理性法则是人作为人的根本法则。人若失去理性就不能按照人的标准行为，就失去了人之为人的资格。其次，道德就是人对于理性法则的敬重和遵从的结果，一个有道德的人一定是依照理性法则行事的有修养的人，理性将思想、道德、规律、教养等统合起来，使人成为真正的人。

1. 理性使潜在的自由显现

人的自在自由只是一种潜在的自由，是自由的可能性，是尚未实现的自由，正如孩童阶段的思想一般，"小孩是自在的大人，最初他是自在地具有理性，开始时他是理性和自由的可能性，因而仅仅从概念上说是自由的，然而这种最初自在地存在的东西，还不是在它的现实性中存在着。这种自在地具有理性的人，必须经过用下列办法努力创造它本身，即既要超出自身，又要在自身内部培养自身，这样他也就成为自为地具有理性的人"②。同时，自由不是特异的、任性的、冲动的，而是普遍性的、全体的自由。偶然和暂时的任性的满足，使空虚的灵魂暂时填充，而人的真正自由还不能显现出来，但人的"思想是不满足于片刻的东西而要求整个幸福的"③。"整个幸福"而非一时的

---

① [德]黑格尔：《哲学史演讲录》第 2 卷，贺麟、王太庆译，商务印书馆 1997 年版，第 30 页。
② [德]黑格尔：《法哲学原理》，范扬、张启泰译，商务印书馆 1961 年版，第 25 页。
③ [德]黑格尔：《法哲学原理》，范扬、张启泰译，商务印书馆 1961 年版，第 34 页。

冲动才是主体所希求的自由的状态，这里黑格尔用"整个幸福"来表达整体自由的普遍性要求，而只有理性思维才能认识到事物的真理，才能认识到人生的价值和意义、自由和幸福。作为一个潜在的理性者，只有通过自为的自我塑造、自我反思、自我超越，才能成为自在自为的理性的人。而教育正是在自身内部培养自己的理性，实现自我塑造、自我超越的过程。

2. 理性在"本能"与"理想"中间加上了"目的"

人知道决定自己是什么，这种知识使他去控制自己的本能，他需要运用理性将理想、目的、价值置放在本能的需要和本能的满足之间，而动物却不能在它本能的需要和本能的满足之间添加任何东西，动物不能借助自己的力量切断二者之间的联系，而是将二者混淆在一起，因为动物没有意志，因此也无法控制自己对需要的满足。而人有精神和理性，有控制和驾驭自己的能力，人能控制自己本能的源头，从而控制了本能的自发性和自然性。理性的目的在于除去自然的质朴性，并在自然需要中和在这种外在必然性的相互关联中对自己设定界限和有限性。他能够按照自己的理想和目的去行动，以至于能够按照理性的原则来决定自己，甚至把自己的目的变成一个普遍的目的去追求，通过自我克制形成文化教养，通过理性将自己置于原则的约束之下，扬弃自己的利己性，将普遍性运用到自己的行为之中，应用于孤立、抽象的事件之中，且已经习惯于根据普遍性的观点和目的来行动。此时，他由自己所形成的、有关自己的本性和意志的观念引导行动，使自己成为自己其所是，一切行动都是本意的，这使人感觉自己是如此的自由。

3. 理性使特殊性上升到普遍性

教育产生文化教养，就是将人培养成具有将普遍性带入某一个具体内容中的能力的人。将人塑造成普遍性的具有伦理能力的人是教育的使命，而理性正是实现教育使命的精神手段。通过教育，普遍性成为全体的普遍性，特殊性在普遍性里感觉无限充足和完满，并在无限的自我规定中发挥自己的无限可能性，它是自在的又是自为的，它心怀天下又活在自身，它欲望客体又守望主体，使主体自在自为地安若家居般生活于世。因此，教育就是使主体实现理智性的自我再造运动，经过教育，特殊物要么已经被创造为具有普遍性的特殊性，要么成为盖上了普遍性印记的特殊物，"它于是只跟它所盖上印记的和它所创造的东西发生关系。正是这样，普遍性的形式才自为地在思想中达到实存"①，此时，"特殊性通过锻炼自己和提高自己所达到的这普遍性的形式，即理智性，又使特殊性成为真实的自为存在的单一性。由于特殊性给予普遍性的充实的内容和无限的自我规定，所以它自己在伦理中就成为无限独立的和自由的主观性"②。精神的这个外在性获得适合于它的合理性，只有这样，精神才会在这种纯粹外在性本身感觉自己安若家居。精神的自由在这种外在性中就有了定在。"这种观点表明教育是绝对的东西的内在环节，并具有无限的意义。"③

（三）教育通过反思使任性上升为理性

笛卡尔说："我觉得思维是属于我的一个属性，只有它不能跟我分开。"④ 这里的"思维"就是思考、反思的意思，只有经过主体对外在感受的反思，通过反思的不断检验，才能找到事物的真理，思考是主体存在的显现，教育促使主体进行两个环节的反思，第一层反思是将感觉的表象的内容转化为普遍原则，第二层反思是将普遍性原则转化为人的意志和信念，反思是两次转化的中介，"经过思维，最初在感觉、直观、表象中的内容，有所改变，因此只有通过以反思作为中介的改变，对象的真实本性才可呈现于意识前面"⑤。

1. 教育促使人反思自己的知识和经验

"思维活动的产物、普遍概念，就包含有事情的价值，亦即本质、内

---

① [德] 黑格尔：《法哲学原理》，范扬、张启泰译，商务印书馆1961年版，第230页。
② [德] 黑格尔：《法哲学原理》，范扬、张启泰译，商务印书馆1961年版，第230—231页。
③ [德] 黑格尔：《法哲学原理》，范扬、张启泰译，商务印书馆1961年版，第231页。
④ [法] 笛卡尔：《第一哲学沉思集》，庞景仁译，商务印书馆2007年版，第25页。
⑤ [德] 黑格尔：《小逻辑》，贺麟译，商务印书馆1980年版，第76页。

在实质、真理。"① 真理并不是外在显现为感官所能看得见的东西,只有通过抽象的思维去反思才会把握规律性的东西。人要把握世界万物的真理,没有反思的思维是实现不了的,理性的反思能从事物表面的、偶然的、直观的现象表面发现客观的、普遍的、永恒的真理。对于人本身来说,自然、直观、本能的任性只能满足人暂时的需求,而人欲获得永恒的理性与自由,必须经过深刻的反思与反省。因此,教育活动就是通过思维训练培养人的反思性思维,使人认识真理性知识并反思自己过往的经验,使自己能够更好地对直观进行反思,并超越直观达到理性认识。教育就是让人反思,发现自己、审视自己、反思自己,来理解人的普遍性,形成对自己的内在的知。"一般来说只有受过教育的人才有一个摆脱了大量偶然细节、用丰富的理性见解装备起来的直观。一个思想丰富的受过教育的人,哪怕他没有受过哲学训练,才能从简单的规定性把握事情的本质东西和中心点。要做到这一点永远需要反思。"②

2. 教育促使人反思自己的冲动和任性

反思能激发意志的能动性,意志是活跃的,在主观意志中,它遇到了自己在外在世界的对立面,因为意志是自在并且自为的,因此它在本质中有力量脱离于外在世界的对立面,这种力量是意识反思的结果。这种反思仅仅是出于一个简单的自我联系,因为精神作为主体认识自己,并且为了自己而存在,它的本性就是要让自己获得直接的实存。经过反思形成知识,人是知识的承载者,知识获得了自己的实存,在人类思想中自为存在,形成了人类意识。知识"对这些冲动加以表象、估计、相互比较,然后跟它们的手段、结果等等比较,又跟满足的总和——幸福——比较,就会对这种素材③带来形式的普遍性,并且用这种外部方法对这种素材加以清洗,以去其糟粕性和野蛮性。这种思维的普遍性的

---

① [德] 黑格尔:《小逻辑》,贺麟译,商务印书馆1980年版,第74页。
② [德] 黑格尔:《精神哲学》,杨祖陶译,人民出版社2006年版,第263—264页。
③ 素材指各种各样的冲动。

成长，就是教养的绝对价值"①。意思是，反思冲动和任性自然性是一个"清洗"野蛮性和直接性的过程，在"清洗"中个体反思着冲动带来的惩罚，反思着幸福逝去的缘由，并反思着如何对冲动和任性进行纯洁化。这一过程类似哲学的思维训练过程，"哲学思想要求训练精神以反对任性的想法，并要求对这些任性的想法加以破坏和克服，来替合乎理性的思维扫清道路"②。通过教育，意识得到反省，精神得以训练，普遍性丰满起来，教养显现。

3. 教育促使人反思自己的特殊性

人的普遍性的成长是自由实现的条件，欲实现人的普遍性须对特殊性加以反思，人的普遍性的成长须对特殊性进行反思。人是自己创造自己的精神存在者，即人是自我创造的精神杰作，人通过思维来构建自己的普遍性，人通过思维创造了道德、法律及伦理，同时，思维还有反思的能力，反思也是一种创造能力，是一种在特殊性的冲突中发现普遍性及创造普遍性的能力，"反思作用总是去寻找那固定的、长住的、自身规定的、统摄特殊的普遍原则。这种普遍原则就是事物的本质和真理，不是感官所能把握的。例如义务或正义就是行为的本质，而道德行为所以成为真正道德行为，即在于能符合这些有普遍性的规定"③。因此，反思是一种反复的思考，是对事物本质的反思和把握，是对特殊性的理性"清洗"，是把表象背后的本质和法则表述为普遍性的思想，而且还能把这种思想转化为现实的普遍的精神产品，如道德、法治观、伦理思维等，"反思在道德生活中也在起作用。在这里反思是回忆正义或义务观念，亦即回忆我们须要当作固定的规则去遵循以指导我们在当前特殊情形下的行为的普遍"④。反思是在尊重特殊性的同时，使人理解并运用普遍性的道德原则作出普遍性的行为，而这正是真正的伦理自由国家需要的公

---

① [德] 黑格尔：《法哲学原理》，范扬、张启泰译，商务印书馆1961年版，第33—34页。
② [德] 黑格尔：《法哲学原理》，范扬、张启泰译，商务印书馆1961年版，第195页。
③ [德] 黑格尔：《小逻辑》，贺麟译，商务印书馆1980年版，第76页。
④ [德] 黑格尔：《小逻辑》，贺麟译，商务印书馆1980年版，第72页。

民的样态。

总之，反思着的人类不仅创造了人类社会和国家，还通过反思创造了一系列精神和概念作为指导自己行为的理念，如平等、自由、善、正义等，因此自由是一种自我创造，人只能从自身去理解这些精神产物，而不能从人之外去理解人的本质，因此，人是自己的守护神，"个体是在自己内知着其现实性的单子，是守护神的自我注视"[①]。人自己注视着自己，反思着自己，这些精神概念促使人在自身中进一步反思自己的知识和经验，反思人之自由本质的实现，反思人类的现实和未来，在反思中人类认识了真理，认识了自己的普遍性，并自愿将自己的特殊性融入普遍的伦理中，在伦理中实现自由。

二 教育培养人的普遍性

特殊性上升到普遍性，个体上升为主体，需要通过思维上升为思想，形成宗教思想、法权思想和伦理思想实现，"就宗教和伦理而言，尽管它们是一种信仰和直接知识，但仍然完全是受中介性的制约，所谓中介性，是指发展、教育和教养的过程而言"[②]。作为直接知识呈现的上帝、法律和伦理原则，需要经过教化和教育的中介，才能达到自觉，而这个中介是必不可少的。

（一）教育使人拥有关于普遍性的知识

"特殊性的东西必然要把自己提高到普遍性的形式，并在这种形式中寻找而获得它的生存。"[③] 因此，普遍性对于特殊性来说具有生存的意义，即没有普遍性就没有特殊性，"私人，他们都把本身利益作为自己的目的。由于这个目的是以普遍物为中介的，从而在他们看来普遍物是一种手段，所以，如果它们要达到这个目的，就只能按普遍方式来规定

---

① ［德］黑格尔：《精神哲学》，杨祖陶译，人民出版社2006年版，第136页。
② ［德］黑格尔：《小逻辑》，贺麟译，商务印书馆1980年版，第155页。
③ ［德］黑格尔：《法哲学原理》，范扬、张启泰译，商务印书馆1961年版，第229页。

他们的知识、意识和活动，并使自己成为社会联系的锁链中的一个环节"①。个体只有按照普遍性的要求来要求自己，才能满足自己特殊性的要求，达到追求本身利益的目的。人的特殊性与普遍性的统一是获得自由的永恒法则，特殊性的原则正是随着它自为地发展为整体而推移到普遍性，并且只有在普遍性中才达到它的真理以及它的肯定现实性所应有的权利。黑格尔说，任何人对于这些普遍的初步决定所组成的知识，假如丝毫也不知道，那么，就算他曾经自幼到老仰望着头看过天空和各个星星的移动，他也不能理解那些"法则"，当然更谈不到发现它们了。而教育正是通过训练和培养，将普遍性法则贯彻到主体的思维中去。

（二）教育使人拥有关于普遍性的意志和情感

"有教养的人首先是指能做别人做的事而不表示自己特异性的人，至于没有教养的人正要表示这种特异性，因为他们的举止行动是不遵循事物的普遍特性的。在对其他人的关系上，没有教养的人还容易得罪别人，因为这些人只顾自己直冲，而不想到别人如何感觉。"② 教育就是通过思维训练，打磨人的特异性，使人遵从普遍性的原则，将人培养成有教养的普遍性的伦理的人，因为普遍性是人存在的真理，"教育就是要把特殊性加以琢磨，使它的行径合乎事物的本性"③。而事物的本性就是普遍性，教育就是要将普遍性知识贯彻到人的精神和意识中去，将特殊性浸透在普遍性中反思自己，并领悟到关于自由真理的知识，并在领悟到普遍性真知的同时产生一种奔赴普遍性的意志和情感，这种意志和情感不断地审视自己并打磨自己，将自己培养成有教养的真正的"人"。"有教养的人比起无教养的人来，在面部表情和姿势的变化方面更加克制。"④ 意思是有教养的人对于自己的面部表情和行为举止往往礼貌有度，而无教养的人情感的自我的控制能力较差，行为举止也不拘小节，因此一个

---

① [德] 黑格尔：《法哲学原理》，范扬、张启泰译，商务印书馆1961年版，第229页。
② [德] 黑格尔：《法哲学原理》，范扬、张启泰译，商务印书馆1961年版，第231页。
③ [德] 黑格尔：《法哲学原理》，范扬、张启泰译，商务印书馆1961年版，第231页。
④ [德] 黑格尔：《精神哲学》，杨祖陶译，人民出版社2006年版，第199页。

人的举止礼仪显示着一个人的修养程度。"诚然,胎儿自在地是人,但并非自为地是人;只有作为有教养的理性,它才是自为的人,而有教养的理性使自己成为自己自在地是的那个东西。"① 意思是说,婴儿自在地是人,但还不是自为的人,只有当人具备"有教养的理性"之后,他的任性才能完全发挥,才是一个成熟的人,一个真正的人,一个自在自为的人。正如黑格尔所说:"没有教养的人喜欢辩论,好找岔子……但是受到了完全教养的人在每一事物中看得到肯定的东西。"②

(三)教育使人拥有普遍性的能力

因为人的本质属性是社会性的存在,就应当按照社会性的、普遍性的、理性的法则而行动。而普遍性的理念是通过教养在提升特殊性的过程中形成的。"理念的利益——这是市民社会的这些成员本身所意识不到的——就存在于把他们的单一性和自然性通过自然必然性和需要的任性提高到知识和意志的形式的自由和形式的普遍性的这一过程中,存在于把特殊性教养成为主观性的这一过程中。"③ 在黑格尔看来,人的欲望是偶然性的、暂时的,甚至是人为制造出来的,表现为人的特殊性需求,这种特殊性需求必然经历教化和教育的过程进展为普遍性,"因为教养也同样主张一个普遍物"④,教育就是使个体摆脱特殊性,获得普遍性的生命形式,从而实现个体生命的定在。思维的普遍性的成长,是教育的绝对价值。经过教育,人们的目的具有普遍性,并习惯于根据普遍意志行事,拥有了普遍性的能力。

三 教育培养人的伦理性

《精神现象学》第六章的所有内容都在讲述民族伦理,但第六章的标题却是"精神",因为伦理是一种精神,它是"精神的精神",无论是

---

① [德]黑格尔:《精神现象学》(上),贺麟、王玖兴译,商务印书馆1962年版,第14页。
② [德]黑格尔:《法哲学原理》,范扬、张启泰译,商务印书馆1961年版,第304页。
③ [德]黑格尔:《法哲学原理》,范扬、张启泰译,商务印书馆1961年版,第229页。
④ [德]黑格尔:《法哲学原理》,范扬、张启泰译,商务印书馆1961年版,第34页。

个体的伦理意识还是民族精神,都不是先验的具有的东西,而是经过了艰难的自我教养之后的结果。

(一)教育培养人的伦理性格

个体偶然作出的符合伦理的行为并不能看作是伦理精神使然,只有当伦理精神成为个体的人格特征和思维习惯时,个体才能按照伦理精神作出符合法律和道德的事情,即"一个人做了这样或那样一件合乎伦理的事,还不能说他是有德的;只有当这种行为方式成为他性格中的固定要素时,他才可以说是有德的"①。黑格尔将拥有伦理精神的人称为有德的人。那么,如何成为有德的人呢?如何使伦理精神成为个体性格中的固定要素呢?如何拥有伦理性格呢?

个人当然可以把伦理当作实现个人目的的手段,但只有当每个人都追求那普遍的理性原因并恪守本分时,才能在伦理性中体现人的伦理本质,真理才能显现。"人应当成为自由的,亦即法和伦理之人;人应借助于教育成为这样的人。在上述表象中,这种教育被规定为恶之克服,从而被纳入意识范畴。"②人只有借助于教育才能达到自由,而自由只有被纳入到伦理和法的环节,纳入代表普遍性共相的法和伦理中才能实现。这种纳入不是自动的或自然生成的,而是经过教育塑造出来的。伦理作为对人的自然本质的超越和提升,实现的重要中介就是教育。

(二)教育培养人的伦理能力

教育的目标之一就是培养主体的伦理意识。人作为一种独立的存在,要想实现自由的存在,就必须去除个体身上的某种或者某些特殊性即偶性,去除自然的质朴性,即精神所潜在的直接性和单一性,使它的行径合乎伦理的本性,并无限接近伦理的必然性,才能成为自我精神的主宰,实现实质意义上的自由,这种主宰自己的能力就是伦理的能力。个体要获得伦理的生命形式就不得不接受教育,认识到自己的自由只有在伦理

---

① [德]黑格尔:《法哲学原理》,范扬、张启泰译,商务印书馆1961年版,第194页。
② [德]黑格尔:《宗教哲学》(上),魏庆征译,中国社会出版社1999年版,第188—189页。

中才能生成。通过教育，使人们认识到道德和法律是自我理解自己人格的结果，是我认可的人格普遍存在方式，是自我思想的结果，也是自我自由的领域和界限。这种道德和法律不是外界强迫我服从的，不是一种我盲目顺从的外在异己之强加物，而是自我人格的本质所在，是自我的东西。如果失去道德和法律，人也就失去了现实的自由，人会沦为受外界奴役的自然物。

因此，教育就是一种精神解放的工作，教育的目的在于使那种普遍的必然性的伦理，从相对于主体来说是外在的东西逐渐成为相对于主体来说内在的东西，从而使普遍性的规定相对于主体来说具有合理性，并使主体自觉地将自身的特殊物与普遍物进行有机地融合与统一，从而形成一种相对于社会或者他人来说"有教养"的存在。可以说，教育是自然人向伦理人生成的必要中介。

（三）教育使伦理精神在伦理中获得定在

通过反复的伦理训练和练习，一种普遍性就会纳入到个体的内在成为一种简单的东西，伦理和道德成为习惯和风尚，在伦理的最高阶段，"国家直接存在于风俗习惯中，而间接存在于单个人的自我意识和他的知识和活动中"[①]。风尚是属于自由精神方面的规律，如同动物、树木、太阳都遵循着自己的规律一样。法和道德还没有达到叫做"风尚"的那种东西，即精神。在法中，特殊性还不是概念的特殊性，而只是自然意志的特殊性。同样，在道德的观点上，自我意识也还不是精神的意识，在那里问题只在于主体在他本身中的价值，就是说，主体按照善的东西比照恶的东西来规定自己，但他还具有任性的形式。反之，在这里，即在伦理的观点上，意志才是精神的意志，而且具有与自己相适应的实体性的内容。

四 教育培养人的承认思维

对承认肯定的"知"、对承认何以肯定的"知"、对承认何以可能的

---

① ［德］黑格尔：《法哲学原理》，范扬、张启泰译，商务印书馆1961年版，第288页。

"知"、对承认以何可能的"知"是需要教育和培养的。

（一）教育、承认与自由

黑格尔法哲学的核心理念是自由，而自由实现的前提就是主体间的互相承认，即相互把对方视为自由存在者，并且对于这种承认和自由的本质都有着深刻的认知。第一，承认人的自由本质。每个人都是平等自由的，在这一点上，谁也不例外，这是启蒙思想运动的最高成就。第二，了解人的自由本质。自由就是摆脱自己的任性，从他者返回自身并守在自己身边。第三，承认他人的自由本质。不仅自己是能动的、自由的，他人也是能动的、自由的，个体与他者都需要被平等地尊重。从而相互承认对方的自由，个体的自由就呈现出来，没有相互承认就不能实现自身的自由。而这种对承认和自由的本质的深刻认知需要经历长期的教育与培养，教育与培养形成的承认关系和承认思维使主体的感性思维逐渐跃升为理性思维，理性的反思逐渐使主体认识到自由的本质和承认关系的意义。因此，"相互承认是一种统一的反思，是精神意识活动的目的，在精神现象中起着核心作用。"[1] 承认思维推动意识活动不断进行反思，并推进人的意识阶段不断上升，使意识活动从感性意识发展为绝对知识，并离自由越来越近，作为意识反思的动力和催化剂，承认思维在精神现象各阶段的发展中起着重要作用。

（二）共识是相互承认的前提

"黑格尔的'承认'概念是指两个精神实体之间相互把对方作为同样的认知主体来对待，是两个主体对于各自的实质和相互构成的共同体实质拥有相同的理解。这种相互承认和共同体理解上的'共识'是构成共同体的基础，是共同体团结和稳定的根基。"[2] 恰好意识主体是有达成共识的能力的，"个人作为意识主体能够达到一种对于共同体本质的共

---

[1] Sybil S. C Anderson, *Hegel's Theory of Recognition: From Oppression to Ethical Liberal Modernity*, Continuum International Publishing Group, 2009, p. 108.

[2] Sybol S. C Anderson, *Hegel's Theory of Recognition: From Oppression to Ethical Liberal Modernity*, Continuum International Publishing Group, 2009, p. 105.

同理解，即共识"①，这就意味着，个人拥有达到共同善和共同正义的道德能力，而拥有这种共同道德意识和道德能力的道德人格是理性共同体形成的人格前提，有了这种共同的道德人格，才能对个体善、共同善、法权、道德、承认有正确的共识，才能实现共识中承认的东西。而这种承认共识的前提是双方对于人格本质和人格承认都具有同等的理性能力，同时也认识到了对方有这种道德能力，如果没有同样的道德理解力，就不可能达成共识，也就不会达到相互承认的人格共存境界。因此，通过教育形成正确自由观和承认共识，才能实现相互承认。

1. 法权共识是法权承认的前提

"从自我意识的权利方面说，法律必须普遍地为人知晓，然后才具有拘束力。"② "如果要对人发生拘束力，人本身就必须知道它。"③ 对法律的自觉关键在于对法律的自知，"只有在对于'法律'有自觉的国家里，才能有明白的行为发生。同时对于这些行为也才能有一种清晰的自觉，这种自觉才会产生保存这些行为的能力和需要"④。法律是人对于自我独立人格的一种自觉意识，使自己知道自己的行为和需要的界限。但个体单方面的"知"或者单方面的自觉只能形成一方对另一方的承认，难以形成我们理想中个体相互承认的局面，只有以法权共识为前提的双方共同的"知"，才能形成对主体人格和权利的相互承认。

"在法的普遍意义上，我们应该把个人视为平等的人。"⑤ 在平等承认共识形成的意义上，才能形成相互承认的关系。对权利的尊重就是承认思维的自然流露，例如所有权是人格存在的前提，法律对所有权的保护是人格尊严承认的表现，所有权也预先确定了普遍人格的承认，

---

① Sybol S. C Anderson, *Hegel's Theory of Recognition: From Oppression to Ethical Liberal Modernity*, Continuum International Publishing Group, 2009, p. 104.
② [德] 黑格尔：《法哲学原理》，范扬、张启泰译，商务印书馆1961年版，第255页。
③ [德] 黑格尔：《法哲学原理》，范扬、张启泰译，商务印书馆1961年版，第256页。
④ [德] 黑格尔：《历史哲学》，王造时译，上海书店出版社2006年版，第57页。
⑤ Sybol S. C Anderson, *Hegel's Theory of Recognition: From Oppression to Ethical Liberal Modernity*, Continuum International Publishing Group, 2009, p. 141.

因此，对人格尊严的承认也是对法的承认，因为法保护着个人尊严，对法的承认就是对所有权利主体的承认，相互承认的基本法则就是个体把自己和其他人当作权利主体来对待，每个人在法的意义上被承认为权利主体。对权利代表自由，而法和权利的尊重就是对自由的尊重，对自由的承认。

2. 真实良心共识是道德共识的前提

"只要拥有真正良心，人们就一定都会承认真实善的有效性，并愿意表明他们对于承认的理解。因此，真正的良心预先确定了主体间的相互承认。"① 什么是真实良心？② 在伦理中的人格阶段，真实良心就是承认他人拥有法权人格，同时承认他者拥有法权人格的权利和地位，承认共同善的存在。真实的良心能够认识真实的善，只有真实的善而非伪善才能实现真实的道德承认，这种真实的良心和真实的善需要达成共识③，没有共识性的真实良心，个体就会展现千姿百态的虚假良心，虚假的良心所体现出的伪善怎么能够达成理解和承认的共识呢？真正的伦理生活是相互承认的生活，相互承认思维就是一种法权共识，是主体相互将对方看作是平等的权利主体，是拥有同样良心的主体，同时把对方视为④拥有同样的理解法权和真实良心能力和同样愿意过良好伦理生活的主体，这种伦理生活也就预先设定了实际良知对于承认的理解⑤。

（三）承认共识的分类

"自由是在理性的我他关系体系中的一种自我意识自我反思的状态"⑥，理性的我他之间的关系是什么关系呢？就是相互承认的关系，在

---

① Sybol S. C Anderson, *Hegel's Theory of Recognition: From Oppression to Ethical Liberal Modernity*, Continuum International Publishing Group, 2009, p. 147.
② 良心变成真实的良心需要教育。
③ 通过教育达成共识。
④ 这种"视为"需要教育。
⑤ 这种理解需要教育。
⑥ Robert Pippin, *Hegel's Practial Philosophy: Rational Agency as Ethical Life*, Cambridge University Press, 2008, p. 39.

意识的不断反思中，承认观呈现出来，成为自由实现的条件，而保存于我他的自我意识中，形成相互承认思维的共识。而这种共识思维需要教育。从承认主体的教育来说，承认的共识分为个体间的相互承认的共识及个体对国家的相互承认的共识两个方面。

1. 个体相互承认的共识

"人们初次见面时，并不是相互承认，而往往是一方要求自己的自我意识被另一方承认，而不是自己去承认另一方；这就是纯粹自我意识。"① 这种片面的、单向的、非共识的承认会导致我与他的对立和斗争，斗争就会显现出暴力征服的性质，用暴力来驱使对方承认我的权威存在，其结果可想而知。实际上，"自我意识的满足一定会在另一个主体的自我意识中才能得到实现，这正是承认的必然性根源。"② 斗争的结果证明只有平等的承认才是真正的个体相处之道，而且这种相互承认还必须达成共识，间性主体的相互承认，是个体的自我意识同时也意识到了另一个主体的自我意识的存在，因而两个主体都意识到自己的独立与非独立性。即只有一方有承认思维而另一方不具备承认思维，是不能实现承认的互动的，只有个体都将对方承认为有独立自由人格的权利个体，同时承认只有依赖对方的承认才能实现个体自由和独立，这种相互承认的关系才能出现，普遍的自由才能在这种相互承认的共识中实现。

2. 个体与共同体相互承认的共识

受亚里士多德善理论的影响，一方面，黑格尔认为，每个人要把普遍善视为他自己的善。否则，个体就会因缺乏普遍性思维而丧失理性思维，就有可能作出伤害他人、伤害共同体的事情，其结果必然是受到惩罚而伤害自己，因此对普遍善的承认是实现个体善的前提。但是普遍善也并非绝对高于个体善，"黑格尔从来没有贬低个人的权利、思想。从来没有说过

---

① Sybol S. C Anderson, *Hegel's Theory of Recognition: From Oppression to Ethical Liberal Modernity*, Continuum International Publishing Group, 2009, p. 113.

② Sybol S. C Anderson, *Hegel's Theory of Recognition: From Oppression to Ethical Liberal Modernity*, Continuum International Publishing Group, 2009, p. 109.

诸如：普遍公共善优先于个人之善，或者个人必须停止为自己思考，或者个体根本不存在，只有超人的伦理实体才能存在"①。因此，那些评论黑格尔是集权主义者，是专制思想来源的说法是有待商榷的。另一方面，国家是普遍善的代表，国家须承认个体都是拥有独立人格尊严的平等的权利个体，"共同体必须保障个人自由，个人才能够把主观自由和客观自由协调起来"②。而法与国家的使命就在于促成个体善与整体善的相互承认，这是承认思想在法权体系中的正当表达。因此，黑格尔主张"我"与"我们"互相承认，在"我们"中，"我"既可以追求个人目的"我们"中一员，"我们"的普遍性要求成为"我"对自己的无障碍要求，"我们"是相互承认的个人集合体。

市民社会的承认体现为个体间的承认，国家中的承认体现为个体与集体的互相承认。在个体承认发展为个体与国家的承认的过程中，是由个体之间的相互承认推导出法权上的普遍承认，承认是从偶然承认到普遍承认，由特殊意义上的权利人格承认发展为普遍意义上的法权人格承认，是由市民社会的抽象法权人格发展为宪政意义上的现实法权人格的过程。总之，承认关系形成的要素包括主体与群体的存在、每个主体的承认思维，主体所处的政治、经济、文化环境等，其中主体的承认思维模式是最根本的要素，因为承认关系的形成有赖于主体承认思维的形成和承认行为的互动，而承认行为又是承认思维使然，因此，承认思维的形成与培养是承认关系形成的最重要要素。承认思维的形成和培养是主体在教化与教育中形成的，在家庭和社会中，教化的经验巩固教育的成果，教育的结果确认教育的经验，在教育与教化中，主体越来越成为具有普遍性思维的实体，原有的单调的抽象的灵魂变得丰满与完满。

总之，教育可以培养人的伦理"尺度"。"尺度是质和量的统一，因

---

① Robert Pippin, *Hegel's Practial Philosophy*: *Rational Agency as Ethical Life*, Cambridge University Press, 2008, p. 26.

② Sybol S. C Anderson, *Hegel's Theory of Recognition*: *From Oppression to Ethical Liberal Modernity*, Continuum International Publishing Group, 2009, p. 165.

而也同时是完成了的存在。"① 尺度是有质的定量。自由是人的本质性规定，人的欲望和幸福是人的"量"的存在和规定，道德、法律是人的存在的一种"度"，对伦理"尺度"的教育就是使被教育者认识到，为了达到人的"质"——自由，人在追求自己的欲望和幸福的时候应注意法律及道德的"度"，"度"是行为者的界限，如果行为者的行为超越了这个"度"，事物的"质"就会变异，即事物会异化或者变质，甚至走向"质"的反面，例如放纵感性和欲望就会超越道德及法律的"度"，就会破坏代表普遍性的"度"，并造成他人及自己的不自由。

第四节 自由是伦理教育的结果

黑格尔在《精神现象学》的序言中谈到"个体的教养"这一话题时指出，特殊的个体是不完全的精神，是一种具体的形态，每个个体都必须走过获得教养的历史道路，使之从蒙昧状态变为有自我意识的精神，获得意志自由。虽说意志的本性是自由的，但并不是先在是自由的，自由是意志潜在的力量，若要使自由变为现实，实现自在自为的自由意志则需要教育和教化。

一 伦理教育使主体认识自由

人的实质生命或者称为本质性存在是个人的主观意志与普遍意志的统一，体现为伦理性自由，个体在伦理中享受着这种自由，但其前提却必须是，"个体知道、相信并欲求普遍。这是精神的所有其他方面——比如正义、艺术、伦理及生活上的娱乐——的焦点和枢纽"②，即享有自由的前提是对自己和他人自由的"知"。

（一）认识自由是摆脱个体被奴役状态的前提

黑格尔指出，古代各民族——希腊人和罗马人——还没有提高到绝

---

① [德] 黑格尔：《小逻辑》，贺麟译，商务印书馆1980年版，第234页。
② [德] 黑格尔：《黑格尔历史哲学》，潘高峰译，九州出版社2011年版，第129—130页。

对自由的概念，因为他们还没有认识到，人作为人，作为这种普遍的自我，作为理性的自我意识，是有权自由的。相反地，他们认为人只有生来是一个自由人，才能是自由的。因此，自由在他们那里还有自然性的规定。所以在他们的国家里就有奴隶制。古希腊人的自然自由观并未反观到人自由的真理，而在罗马人那里就发生了奴隶试图使自己成为自由的和企图得到对其永恒人类权利承认的流血斗争。古罗马帝国在通过战争的手段实现的人的本质自由，因此，黑格尔称古代各民族人民并不存在对人的自由真理的本质的"知"。例如，"奴隶不知道他的本质、他的无限性、自由，他不知道自己是作为人的一种本质；他之所以不知道自己，是由于他不思考自己。通过思维把自己作为本质来把握，从而使自己摆脱偶然而不真的东西这种自我意识，就构成了法、道德和一切伦理的原则。"① 奴隶不反思自己的自由本质，没有认识到自己是自由的存在者，没有将自己视为自由人，即他没有达到对自己自由的"知"，因此一直处于被奴役状态。而人类的历史也正是通过民族独立，通过主奴斗争，通过国民教育获取自由真理的奋斗史。不仅是奴隶，任何一个个体如果没有达到对自己的自由本质的"知"，都将处于被奴役的状态，并且他不会认识到这并不是一个恰当的处境，无论他生活在任何社会。教育对人格塑造的首要任务就是使主体拥有关于"自由"的知识，即对自由的"知"。

（二）对自由本性的"知"是人有其"格"的前提

自由是人的本质，个体拥有自由本性就获得了人格的意义。因此，人格教育就是使人有"格"的教育，就是使人成为人的教育。人格的要义在于，我作为这个人，在一切方面②都完全是被规定了的和有限的，毕竟我全然是纯自我相联系。因此我是在有限中知道自己是某种无限的、普遍的、自由的东西。即我知道我是有限的个体和无限自由的对立统一

---

① [德]黑格尔：《法哲学原理》，范扬、张启泰译，商务印书馆1961年版，第35页。
② 指在内部任性冲动和情欲方面。

体,这是一个人内在的本来面目,"个人和民族如果没有达到这种对自己的纯思维和纯认识,就未具有人格"①。我正是了解了自己的对立统一本质,才能成为拥有人格的人,才使我能够拥有自由的能力,因此人格教育对人的自由实现意义重大。通过人格教育,我意识到自己是有意志的,我的意志是自由的,那么这样的一种自我意识就是道德、伦理和法的原则。也就是说要建立起道德、伦理和法,首先就必须要有自由意识。"由于法被制定为法律而被知道了,于是感觉和私见等一切偶然物,以及复仇、同情自私等形式都消失了。法就这样地初次达到了它的真实规定性,并获得了它的尊严。只有培养了对法的理解之后,法才有能力获得普遍性。"② 而反过来,伦理、道德和法才是真正的自由意志,是对自由意志的完全的自我意识。"不言而喻,自从法律、公共道德和宗教被公开表述和承认,就有了关于法、伦理和国家的真理。"③ 但是如果真理不能被理解,人们不理解真理为什么是真理,那么真理将无法实现。相反,"这种思维是从其自身出发,因而就要求知道在内心深处自己与真理是一致的"④。总而言之,自由的实现需要知道自由的真理,并且主体在内在思维中知道自己与真理符合。伦理教育使人认识人的真理,使主体认识到人的本质及普遍性的需要,使主体认识到只有在普遍性中才具有自我人格的生成,道德和法律是普遍性认识的结果,才能认识道德和法律规范并不是限制自我的藩篱,而是实现自我本质的保障。

(三)重视自由理念是主体获得自由"真知"的前提

黑格尔说:"如果关于理念的知,就是说关于人——人的本质、目的和对象是自由的这种知是思辨的;那么这个理念本身作为理念就是人的现实性,——不是他们因此而有现实性,而是他们是现实性。"⑤ 自由的理念

---

① [德] 黑格尔:《法哲学原理》,范扬、张启泰译,商务印书馆1961年版,第52页。
② [德] 黑格尔:《法哲学原理》,范扬、张启泰译,商务印书馆1961年版,第250—251页。
③ [德] 黑格尔:《法哲学原理》,范扬、张启泰译,商务印书馆1961年版,序言第3页。
④ [德] 黑格尔:《法哲学原理》,范扬、张启泰译,商务印书馆1961年版,序言第4页。
⑤ [德] 黑格尔:《精神哲学》,杨祖陶译,人民出版社2006年版,第311页。

本是现实的，它是人的现实性的反映，但是由于对这种现实性的无视、忽视或短视而使人不能获得对自由的"真知"。人只有知道自己的自由本质，并将自由作为自己的使命和目的才能得到真正的自由，但人并不是一开始就拥有对自由的"真知"，黑格尔说："没有任何理念像自由的理念那样普遍地为人所知，以致它是暧昧的、多义的、能够遭到、并因此而实际上遭到了各种最大的误解的，也没有任何熟悉的理念是那么少为人所了解的。"① 有时候"熟知"并非"真知"，大家都知道自由的概念，但又有多少人理解自由的真正含义以及如何实现自由呢？人们的自由理念是对自由的"真知"吗？它们所实现的自由现实是"真自由"吗？黑格尔指出，多数人都对自由概念有很大的误解，以至于在意识中形成了对自由的"假知"，这种"假知"将人引向了歧途，使人离自由的目标越来越远，使人越来越脱离人的本质，因此对自由"真知"的教育是必不可少的，只有知自由为何物并且努力实现自由人才是真正的人，才具有人的现实性。因此黑格尔说："意识是绝对自由的，因为它知道它的自由，而它对它的自由的这种知识，正是它的实体，它的目的，它的唯一内容。"② 黑格尔高度重视个体意识对自由本质的认识程度，认为个体意识关于自由的知识是个体意识的唯一目的和内容，因为如果主体没有对自由本质的"真知"，就不可能找到实现自由的道路。只有自由"真知"才能给予主体正确的目标和导向，主体才能走上"真自由"的康庄大道。

二 伦理教育培养主体自由能力

伦理教育的目标是通过培养普遍性的意识，使人成为伦理的人。普遍的自我意识即伦理意识是"知"自由的，不仅"知"自身的自由所在，更承认他人的自由所在。在理性能力的驱使下，这种相互承认在认同他人的过程中返回自身，并保存自己的独立性，这种承认能力正是家

---

① [德]黑格尔：《精神哲学》，杨祖陶译，人民出版社 2006 年版，第 310 页。
② 薛华：《黑格尔、哈贝马斯与自由意识》，中国法制出版社 2008 年版，第 253 页。

庭、市民社会、国家中个体性与普遍性统一的能力。教育通过个体普遍意识的培养，主体意识完成了实体意识的升华，上升为伦理精神。只有当主体变成实体时，主体才能达到对自己的认识，对自由的认识，即只有当主体把自身的知识作为实体时，它才有可能认识到自己真正是什么，并把自己作为义务，还能将自己的义务作为自己的自然和自己的知识去服从，进而达到自己的真理性，即自由。

可以说，伦理教育就是对自由的解蔽，实现自由的真理。"'真理'乃是存在者之解蔽，通过这种解蔽，一种敞开的状态才成其本质。"[1] 解蔽就是显露事情的真相，去除附着于主体上的虚假现象，而人的真相是自由，因此解蔽就是探寻人类的本质。人的本质是自由的存在者，自由就是一种自我真相的无遮蔽状态，是个体应然状态的一种外显，是对不自由的个体虚假遮蔽状态的一种否定，这种否定和解蔽可以通过教育予以实现，教育就是让被教育者认识人之存在"真理"。伦理教育可以释放人的第二天性产生伦理精神，精神有通过自我意识揭示自我本质和认识真理的能力，伦理精神利用精神之能动能力解蔽自由之面纱，使自由之真理显现出来。

三 伦理教育实现个体自由

教育是对自由的解放和拯救工作。黑格尔认为，自由总要过渡到设定某个事物，如果不希求某事物，就不是什么意志，但仅停留在主观性的特殊物上的自由仍是自在的自由，还不是真正的自由。只有从纯主观性的片面性中解放出来，把意志自身当作对象时，才能使自在的东西成为自为的东西，而承担解放任务的主体是教育。真正的教育不仅仅是将人从自然中解放出来，更是从人的纯粹内在中解放出来，不是将人培养成可以工作的工具，而是将人塑造成自由的存在者。

（一）有意识自由变成无意识自由

"只有当人们不再需要把自己提高到抽象公民的高度来赞同社会时，

---

[1] ［德］海德格尔：《路标》，孙周兴译，商务印书馆2000年版，第219页。

当他们能够在社会内部和通过社会作为现实的、肉体的个人而发展时，他们才能够在具体的意义上是自由的。只有当共同利益不再与他们相异化并且表现为国家的法律形式时，他们才能够是自由的。"① 当个体不再有意识地提示自己按照公民的权利义务去行为时；当个体深知公共利益也是个人利益时；当个体深入理解普遍性实现也是个体性实现时，个体就不再纠结。那么，如何实现"无意识""深知"和"深入理解"？如何将有形的追求变成无形的自现？黑格尔认为，伦理教育活动的开展能够培养公民的伦理意识、国家意识、承认意识、公民意识，这些意识能使一切特殊与普遍、实体与主体、权利与义务的对立都得到和解。

（二）灵魂被改造成自由的模样

黑格尔说："一个人越是受过教育，在他的行为举止中就越少出现某种仅仅是他特有的东西、因而某种偶然的东西。"② 因为他知道"自在自为的本质和目的自身就是直接的实在的确定性本身，就是自在存在和自为存在、普遍性和个体性的渗透或统一"③。遵照普遍性的宗旨生活，并不一定就应被看作是受奴役，相反，这种遵从不仅是主体自身人格尊严和价值认同的主观意欲，而且是实现主体特殊性的必要表达。因此，"遵从法律，缴纳赋税，在同业公会的背景下选举审议，作为有意识的社会公仆或代表而行动，战时服兵役等，黑格尔国家中的个体并不是在为异于其目的与价值的善劳作，而是帮忙实现他们主观忠于的作为整体的公共善。在这个意义上，个体在国家中享有主观自由，即它们是他们价值的习惯性肯定与表现。"④ 失去了国家就等于失去了自己，而某些牺牲与其说是一种牺牲不如说是他自由的实存，某些义务与其说是一种义务不如说是通过义务获得了权利。这种主观情

---

① 吴晓明、张亮：《当代学者视野中的马克思主义哲学：西方学者卷（补卷）》，北京师范大学出版社2011年版，第293页。
② ［德］黑格尔：《精神哲学》，杨祖陶译，人民出版社2006年版，第69页。
③ ［德］黑格尔：《精神现象学》（上），贺麟、王玖兴译，商务印书馆1962年版，第295页。
④ Alan Patten, *Hegel's Idea of Freedom*, Oxford University Press, 1999, p.192.

绪即是现代个体实现具体自由的主观条件与保障。例如，具有爱国心的国家公民在战时就有义务接受生命和财产牺牲，以保存这种实体性的个体性，即国家的独立和主权。此时，特殊性通过锻炼达到普遍性，主体成为真实且自为存在的单一性，拥有了无限的独立和自由，并不受束缚。因此，接受教育不是接受束缚，也不是接受限制，接受教育可以理解理性和普遍性的意义和价值，是将不自由的灵魂改造成自由的灵魂，是实现自由的必经阶段。

（三）完成了抽象自由—特殊化自由—普遍性自由的升华

教育是对野蛮消极无我的未开化意志的一种强制，这一工作反对情欲的直接性，反对行为的纯主观性，反对感觉的主观虚无性和偏好的任性，是将人从精神的直接性和单一性中解放出来，使精神获得合理性、普遍性和理智性。这一过程是曲折的自由意识的升华过程。具体来讲：家庭教育和学校初级教育使主体从茫然的任意中找到了欲望和意志的对象，此时主体了解自己的类别，了解自己希求的事物，这种意志是停留在主观性特殊物上的"自在的自由"。然后，通过学校高级教育及社会教育，主体从执着的万物诉求中回归自我，从特殊欲望中回归普遍理性，从世俗得失中回归伦理自由，使个体从充满特异性回归到具有普遍性的特异性。不经历这一"螺旋化""辩证性"的升华过程，怎么能享受到"自由"这一奢侈感受？教育作为灵魂建设工作功不可没。所以说，教育是一项能够解放人的工作。

（四）获得精神性的自由和解放

黑格尔说："从入学起就开始了一种按照普遍的秩序和大家共同的规则的生活；正是在学校精神必须被引导到摆脱自己的特异性、知道和愿望普遍的东西、接受现存的普遍的文化。灵魂的这种改造，而且只有这种改造才称为教育。"[①] 根据黑格尔的看法，人从自然天性中的解放有双重规定：从外在自然中的解放和纯粹内在自然中的解放。前者是基于对

---

① ［德］黑格尔：《精神哲学》，杨祖陶译，人民出版社2006年版，第69页。

外部自然的认识而拥有的改造能力，要做外在自然的主人。它是外在的解放，是知识、技能的传授，它将公民教育看作一种满足需要的手段，培养的是满足需要的工具。后者是基于对人自身自由本性的认识而拥有的改造自身的能力，做自身的主人，它是内在的解放，是一种精神由特殊性上升为普遍性的超越，它将公民教育看作一种人之成人的方式与途径，培养的是掌握工具的自由存在者。外在的解放只有在成为人的自由存在中的一个环节时，才能获得其真实意义。人能够称其为人，不是因为其自然性，而在于其精神、理性和自由。公民教育可以通过知识的传授、手段的掌握使人从外部自然界获得某种自由与解放，但这还只是一种外在形式上的解放。如果公民教育仅仅停留在这种手段性意义上，那么公民教育本身有可能成为催生人自身异化的东西：即人不再以人自身的解放为目的，人所追求的仅仅是对外部世界的支配权、享有权以及建立在此基础之上的对物质生活的享受与无休止追求，与之相伴随的则是人的贪婪欲望。如是，则不仅仅公民教育是一种手段，甚至人本身亦沦落为一种手段：人成为物自我消费的手段。因此，必须将公民教育由外在于自由的纯粹手段性的东西理解为自由所内在固有的东西，理解为人的自由解放。

总之，自由是一种客观的东西，自身潜在于作为精神存在者的人之内，而人并非一开始就知道自己的本质。不经历教育，就会持续对自由产生误解，认为自由是绝对的，是恣意妄为的，是任性任意的。持有这种观念的人，无法从人的本质和普遍意义上来思考自由。

而经历教育和教化，人类了解自己本质的过程就是人的生成和演进过程，我们获得普遍性的知识，认识到世界文化史的发展轮廓，同时实体赋予自己以自我意识并获得普遍精神，从而得到教化和教养。这个过程就是人的历史。黑格尔哲学的使命，就是要揭示自由的本质及其存在和实现，而揭示的方式就是教育。

第四章

黑格尔公民教育的体系

教育是使人合乎伦理的一门艺术,黑格尔以一种哲学的辩证思维方式展示了教育艺术的独特魅力,他从"人性善兼性恶"的人性论出发,认为教育就是要培养具有理性伦理精神的伦理公民,进而使公民相互认同和承认,最终实现自由和解放。这一教育目标的实现是一个艰难的蜕变过程,须经历家庭的"爱"与"规范",市民社会的"教育"和"惩罚",国家的"监督"和"引导",对个体进行理论教育、实践教育、宗教教育、艺术教育等全方面教育,使个体摆脱"市民性"实现"公民性",摆脱自然性实现理性,摆脱对立与矛盾实现承认与和谐,成为具有公民意识的伦理国家公民。

第一节 黑格尔公民教育的起点与目标

黑格尔"人性善兼性恶"的观点凸显了公民教育的必要性和可能性,正是基于这一人性特点,黑格尔提出公民教育的目标是培养相互承认的伦理公民。

一 黑格尔公民教育的起点

对于人性与教育的问题,古今中外的教育理论大都对人性的善恶有一个基本的假设，如中国的孟子主张性善，荀子主张性恶。在西方，霍布斯认为，在自然状态下，人与人之间的关系是人吃人的关系，主张人性本恶；洛克则认为，自然状态是和平的，人性本善；卢梭赞成自然主义的教育观，认为人性本善。不同的人性观会导致不同的教育观，性本善论者认为教育是人性的回归，性本恶论者认为教育是改造人性，人性无善无恶论者认为教育是向理想人性的引导，人有善有恶论者认为教育的目的是抑恶扬善。从教育方法上来看，性善论强调诱导，性恶论主张强学。[1]

对于人性的看法，黑格尔首先采用辩证的态度，他认为，直接意志的各种规定，从他们是内在的从而是肯定的来说，是善的，所以说人性本善。但是由于这些规定是自然规定，一般地与自由和精神的概念相对立，从而又是否定的，可以看出，在黑格尔眼中，人的本性是既善又恶的。黑格尔眼中的"善"与"恶"并非善良与邪恶的意思，在黑格尔眼中，人性本善指的是人的直接意志的各种表现都是自然的、本能的，尽管在理性的人看来是如此的任性和感性，但这种直接意志毕竟是人的本性的一个方面，这种本性因为源于自然而体现为"善"。同时，人的这种自然本性又与人的精神本性相矛盾，人的另一个本性是精神性，与人的精神本性相比，人的自然本性就显得粗俗、主观和非理性，黑格尔认为这是人性恶的表现。但人性中的精神趋善性又体现为人性善，这正符合黑格尔"正、反、合"的哲学逻辑，人作为精神存在一直在同自己的偶然性做斗争，人无论处于多么纷繁复杂的环境，有多少现实世界的诱惑，都在不断地奋争，消除特异性，成为自我的主人，使自己趋于无限，以接近普遍性，实现自由的本质。

"现实人性说明了教育从何处出发，是教育最直接的逻辑起点……原初或现实人性的缺陷说明了教育的必要性，人性可改造的变易性说明了教育的可能性。"[2] 也就是说，人性恶体现了教育的必要性，人性善体现了教育的可能性，为了消除人性恶，教育体现为灌输、约束和纪律。黑

---

[1] 陈超群：《中国教育哲学史》第1卷，山东教育出版社2000年版，第7页。
[2] 陈超群：《中国教育哲学史》第1卷，山东教育出版社2000年版，第6—7页。

格尔强调教育的重要性，把教育过程看作是使人从自然质朴性到实现人的自由的过程，为了实现人性善，教育将人类从消极的无我状态或者从恣意妄为的状态中过渡到理性的思维状态，正是通过这种教育工作，主观意志才在它自身中获得客观性，只有在这种客观性中它才有价值和能力成为理念的现实性。

二 黑格尔公民教育的目标

（一）黑格尔公民教育的直接目标：培养相互承认的伦理公民

黑格尔曾做过这样的想象，一个父亲问："要在伦理上教育孩子，用什么方法最好？"毕达哥拉斯学派的人曾答说："使他成为一个具有良好法律的国家的公民。"[1] 通过这样的描述我们可以看出，黑格尔认为教育的目标就是将个体培养成一个国家的公民，培养成什么样的国家公民呢？黑格尔认为教育给自然的人指出再生的道路，使人的原初天性转变为另一种天性，即精神的天性，也就是使这种精神的东西成为他的习惯。而伦理教育使人从自然原初天性中走出来，转变成精神的天性，精神天性通过在个体意识中的反思形成伦理精神。伦理教育就是促进精神的反思，并将代表普遍性意义的伦理精神培养成独立的人格，培养成人的性格和习惯。也就是说，教育要将个体培养成具有精神天性的伦理公民，此时的公民超越了家庭和市民社会，是家庭成员和市民身份的升华，作为伦理国家的个体，拥有独立的人格、承认的思维、普遍的权利及良好的品德。

（二）黑格尔公民教育的绝对目标：人类解放

人类的自由和解放几乎是所有思想家的理想，黑格尔的所有哲学思想及教育思想的最终目标也是人类的自由和解放。黑格尔说："教育的绝对规定就是解放以及达到更高解放的工作。"[2] 在黑格尔眼中，人的生成过程就是扬弃自然自在而实现自由状态的过程，人的解放就是经历教育和教化

---

[1] ［德］黑格尔：《法哲学原理》，范扬、张启泰译，商务印书馆1961年版，第196页。
[2] ［德］黑格尔：《法哲学原理》，范扬、张启泰译，商务印书馆1961年版，第230页。

的历程摆脱人的自然本性，将人从自在状态提升到自在自为的状态，使人真正成为人，成为一个普遍性的有伦理精神的自由人。因为人能够称其为人，不是因为其自然本性，而在于其精神、理性、普遍性。而且，人越是接受教育，就越能实现自身的自由和解放，同时人越是自由和解放，就越能理解教育的意义，因为公民教育的绝对目标就是人类解放。

人的解放分为从外在自然中的解放和从内在自然中的解放，而公民教育就是实现人从内而外获得解放的中介。首先，人类不断深入对自然的认识，并通过教育和教化逐渐掌握了认识自然和改造自然的能力，成为自然的主人，这是人的外在解放；然后，人类依赖精神的力量，经历教育和教化的过程，逐渐认识到自身的自由本性及自由本性实现的途径，从而拥有了改造自身的能力，即在对象中返回自身的能力，从而成为自己的主人，实现了人对内在自然的超脱和解放，实现了精神由特殊性上升为普遍性的超越，从而实现了个体的自由状态。此时个体实现了内在与外在的双重解放，并不断向人类的最终解放目标前进。

第二节 黑格尔公民教育的原则与内容

围绕伦理思维和承认思维的培养，黑格尔提出要坚持非自然教育、灌输教育、服从教育等教育原则，笔者围绕黑格尔伦理教育思想，总结了理论教育、宗教教育、劳动教育、审美教育、体育教育等伦理教育内容。

一 黑格尔公民教育的原则

（一）坚持伦理教育，反对浪漫主义教育

卢梭在著作《爱弥儿》中塑造了典型的浪漫主义教育成果——"爱弥儿"，他认为，乡野自然教育是符合人性自然发展的，对人的教育要符合人的自然发展状态，从造物主手里出来的都是好的，一旦到了人的手里，就全部变成坏的了。树木本来长得好好的，人类非要迫使树木长得奇形怪状，人类干扰气候干扰季节，毁坏所有东西的本来形貌，非要把天然的事物搞得歪歪扭扭。因此，他认为这种人为的干涉和干扰会歪曲动物、植物、人类的自然美好本性，对人的教育应当以自然教育为主，自然教育是指我们器官和才能本质上的自然发展，人为的教育和事物的教育要服务于自然教育，只有这三种教育都朝着相同的方向努力，才能取得良好的教育效果。

黑格尔反对《爱弥儿》中卢梭提出的浪漫主义教育理念。他认为，教育应坚持在共同的历史经验和传统中寻求必然性，反对脱离历史根基的教育设计。黑格尔指出，教育家（卢梭）想把人从一般生活中抽出，而在乡村教育，但这种实验已经失败，因为企图使人同世界的规律疏隔是不可能的。因此，人类不能脱离人类社会而过自然生活，那是不符合人的本质的，教育也不能脱离伦理生活教育的内容，人的欲望、需要、幸福、快乐都需要在伦理生活中实现，人的伦理生活能力需要通过伦理教育获得，理性、良心、承认都需要通过伦理教育培养。只有通过伦理教育培养人的自由能力，才能获得普遍的自由和解放，人是需要过理性生活的，这是人之高贵所在，也是人与动物的区别之处。而浪漫主义教育观却将人与社会对立，以想象的纯自然人形象生活于世，将伦理教育看作"外在的东西和腐蚀的东西"，割裂了人的社会传统之根，也割裂了社会共同的历史传统，是不符合人的本质的。黑格尔认为，"教育学是使人合乎伦理的一门艺术"，伦理教育的用意就在于用一种历史的、共同的伦理观念来克服浪漫主义对历史的否定。伦理教育才是人类自我完善的中介，在历史传统的共同观念框架中，在客观的伦理秩序基础上确定教育的目标和教育的内容，注重传统观念和伦理观念的历史延续性，将人培养成具有历史传统观念和伦理观念的伦理的人，从而避免坠入个人至上的原子化状态。同时，传统意味着每一项新的创造都必然蕴涵着活生生的连续性，"文明教化的过程便是继承与创新的统一"[①]，通过伦

---

① [美]克莱斯·瑞恩：《异中求同：人的自我完善》，张沛、张源译，北京大学出版社2001年版，第80页。

理教化，个体传承文明的同时，活力和创新能力得到发扬，人的自由和解放便指日可待。

（二）坚持理性灌输教育，反对游戏教育

游戏教育观是浪漫主义教育观的一种，游戏论的教育学认为稚气本身就具有自在的价值，对儿童可以采用游戏的方式进行教育，以游戏内容为教育的内容，在自然愉快的游戏氛围中，掌握游戏中涉及的教育内容，这不仅符合儿童心理发展特点，而且易于儿童接受。但黑格尔认为："把稚气给予儿童，并把认真的事物和教育本身在儿童面前都降为稚气的形式，但这种形式就连儿童自己也认为不很高明的。这种教育学乃是把自己感到还处在没有成熟的状态中的儿童，设想为已经成熟，并力求使他们满足于这种状态。但是这样来，它破坏了、玷辱了他们对更好东西的真实的、自发的要求。"[①] 游戏教育使儿童满足于游戏的认知和游戏的态度，而"认真的事物""好东西的真实的自发的要求"即理性的观念得不到树立，事物的真理得不到认知，未来社会生活的能力得不到锻炼，成长的欲望得不到激发，其结果是"它一方面使儿童对精神世界实体性的关系漠不关心和麻木不仁；另一方面使他们轻视人，因为人自己对儿童表现得像儿童那样稚气可鄙，最后，使他们产生自以为高明的那种虚无心和自负"[②]。此时，儿童安乐于游戏，对于真实的世界和世界的真理无从所知也无求知的欲望，同时，教育者对被教育者的迁就使得教育者变得与儿童一样幼稚，看起来稚气可鄙。

黑格尔始终是一位理性主义者，在他看来，这种抛开人的社会伦理本性的非理性教育是不能培养人的伦理能力和自由能力的，儿童无限的不满足和游戏的需求是需要通过纪律和规范来约束的，只有符合理性原则的教育才是真正的教育，只有通过理性的训练才能消除稚气，培养儿童对"认真的事物""好的东西"的认知和需求，教育者应立足于理性

[①] [德] 黑格尔：《法哲学原理》，范扬、张启泰译，商务印书馆1961年版，第215页。
[②] [德] 黑格尔：《法哲学原理》，范扬、张启泰译，商务印书馆1961年版，第215页。

训练，通过灌输的方式将普遍性原则和理性精神陶铸进儿童的思想中，使他们在劳动中、在学校教育中、在家庭生活和社会生活中反思特殊性和普遍性、感性需求和理性需求、个体和国家的辩证关系。只有如此，儿童才能成长和成熟，以独立的人格脱离家庭走向社会。

（三）坚持服从式教育，反对培养学生的个性

黑格尔一生致力于普遍性思考方式的研究，在黑格尔眼中，只有普遍性的东西才是必然的东西，只有普遍性的思考方式才是理性的思考方式。儿童的特性作为特殊性的代名词是需要被驯服的，黑格尔不止一次批评培育学生个性的观点，并斥之为是"空洞的无稽之谈"[1]，"孩子们的特性在家庭的范围内是被容忍的；……正是在学校精神必须被引导到摆脱自己的特异性，知道和愿望普遍的东西、接受现存的普遍的文化。灵魂的这种改造，而且只有这种改造才称为教育"[2]。特性表现的偶然性只是一个孩子的暂时性环节，教育就是通过对人的特性和任性进行改造，使其理解和服从普遍的伦理规则和传统文化，学会共同生活，这种灵魂上的改造是通过对普遍性的引导及对孩子特性的改造完成的。这种改造不是在乡野自然环境或者在玩乐游戏中完成的，而是要经历个体异化的教化过程，这一过程也不是自然发生的，而是通过家长和学校的灌输、纪律约束、惩罚的方式在培养服从感的基础上完成的。因此，管教与服从是消除儿童任性的最好方式，"这种固执和恶行的萌芽必须通过管教来打破和消灭"[3]。"管教，那是不能容许儿童陷入任性的，他必须服从，以便学会控制。服从是一切智慧的开端。"[4] 虽然管教使儿童的服从多少带有强制的方式，但只有如此才能最终使儿童从自在性上升到自为性，从幼稚上升为成熟和理性。同时，"这种服从感使他们产生长大成人的

---

[1] ［德］黑格尔：《精神哲学》，杨祖陶译，人民出版社2006年版，第69页。
[2] ［德］黑格尔：《精神哲学》，杨祖陶译，人民出版社2006年版，第69页。
[3] ［德］黑格尔：《精神哲学》，杨祖陶译，人民出版社2006年版，第81页。
[4] ［德］黑格尔：《精神哲学》，杨祖陶译，人民出版社2006年版，第80页。

渴望"①，儿童向往独立，希望通过提高自己的能力实现自身的独立自主，从而无须服从他人。因此，管教式服从教育在培养儿童理性的普遍性思维的同时，也使儿童产生了主动提升自己的欲望，更进一步促使儿童从幼稚上升为成熟和理性。

二 黑格尔公民教育的内容

黑格尔认为，体育教育和审美教育在意识向高阶发展的路上必不可少，宗教知识的传播、理性精神培养和实践习惯养成对于获得绝对知识也是非常重要的，在个体道德意识、公民意识、法权意识和人格精神的形成过程中都有着不可或缺的价值。

（一）黑格尔公民教育的分类

1. 理论教育

理论教育是劳动教育的前提。黑格尔所说的理论教育有两层含义，第一层含义是理智教育，第二层含义是理性教育。

（1）理智教育

"理论教育是在多种多样有兴趣的规定和对象上发展起来的，它不仅在于获得各种各样的观念和知识，而且在于使思想灵活敏捷，能从一个观念过渡到另一个观念，以及把握复杂的和普遍的关系等等。"② 在这里，黑格尔一方面强调理论教育要以兴趣为出发点开展知识教育，另一方面强调理论教育在知识教育的基础上要了解事物间的普遍关系，通过知识的积累和反复的思考，思维得到锻炼，知识范畴和精神范畴都得到提升。因此，黑格尔这里所指的理论教育内容主要包括文法、修辞、历史、哲学的教育以及科学知识的传授等，目的是培养人的良好心智及普遍性理念。

（2）理性教育

理性的目的既不是上述的质朴风俗，也不是在特殊发展过程中通过

---

① ［德］黑格尔：《法哲学原理》，范扬、张启泰译，商务印书馆1961年版，第214页。
② ［德］黑格尔：《法哲学原理》，范扬、张启泰译，商务印书馆1961年版，第238页。

教养而得到的享受本身。理论教育旨在培养人的理性思维方式，这一点与近代欧洲的自由教育思想是一致的。按照欧洲的自由教育传统，人的自由是应有之义，而不仅仅是传授知识。只有具有良好思维习惯的学生才更容易通过劳动教育来获得某种劳动技能，才知晓良好劳动态度的重要意义，才能感悟人的自由本质。理性的目的乃在于去除自然的质朴性，其中一部分是消极的无我性，另一部分是知识和意志的朴素性，即精神所潜在的直接性和单一性，而且首先使精神这个外在性获得适合于它的合理性，即普遍性的形式或理智性。精神的自由在这种外在性中就有了安定，正是这样，普遍性的形式才自为地在思想中达到实存，而这种形式对理念的实存是唯一可贵的要素。可以说，劳动能力仅让人获得了形式的普遍性，理性能力才使人获得了内容的普遍性。因此，必须通过教育也只有经过教育，人的理性才能得到发展，达到比较高级的具体理性水平。黑格尔认为，只有符合理性精神的教育才是真正的教育。因此，教育的崇高目标就是培养具有理性精神的人。

2. 实践教育

黑格尔说："单单为了要使自己的潜在性成为现实性，意识就必须行动，或者说，行动正是作为意识的精神的生成过程。"[1] 自我意识的发展、伦理精神的生成需要经历实践的反思和洗礼，劳动实践作为一种教育手段是伦理教育的重要手段，也是伦理教育的重要内容，即被教育者的理论教育需要与劳动实践教育相结合，教育者须将自己看作是实际发展过程中的参与者，学校也应为他们提供大量劳动和实践练习的机会。

（1）劳动实践教育

黑格尔虽然反对卢梭的浪漫主义教育理念，但也深受卢梭劳动教育观的影响。卢梭在《爱弥儿》中强调了劳动教育的作用，卢梭认为劳动教育有多重价值，劳动是一种教育手段，同时也是自由人的社会义务。教育的任务就在于培养这样的人，他不依赖任何人，他凭自己的劳动成

---

[1] [德]黑格尔：《精神现象学》（上），贺麟、王玖兴译，商务印书馆1962年版，第299页。

果而生活，珍视自己的自由并能保卫自己的自由，珍视自由的人，当然也能学会尊重别人建立在劳动基础上的自由。他痛斥游手好闲者，强调一个自由的人要学会必要的农业、手工业知识，掌握谋生的劳动技能。他还主张用劳动教育来消除轻视劳动的封建剥削阶级的偏见，培养儿童热爱和尊重劳动的观点，他赋予劳动教育以深远的教育意义，认为劳动教育使儿童的身体和双手得到锻炼，变得柔和灵巧，以便将来为人类创造财富。他认为，劳动教育可以大大促进儿童智力的发展，他认为如果不叫孩子去啃书，而是叫他们去干活，则他的手就会帮助他的心灵得到发展。他将变成一个哲学家。同时，劳动教育对培养学生的品德也有益，可使其做一个好公民。

黑格尔认为，"实践教育就在于养成做事的习惯和需要"[1]，"通过劳动的实践教育首先在于使做事的需要和一般的勤劳习惯自然地产生；其次，在于限制人的活动，即一方面使其活动适应物质的性质；另一方面，而且是主要的，使能适应别人的任性；最后，在于通过这种训练而产生客观活动的习惯和普遍有效的技能的习惯"[2]。"（技能）笨拙的人总是做出不是他本来所想的东西，因为他对自己的活儿做不了主。只有够得上称为熟练的工人，才能制造应被制造出的物件来，而且在他的主观活动中找不到任何违反目的的地方。"[3] 总结下来，就是通过让被教育者参与劳动实践，培养被教育者的劳动技能、工作习惯及交往能力，这其中，承认他者、适应社会是劳动教育最主要的功能，当然承认他者和适应社会不是劳动教育最主要的目的，劳动教育最主要的目的是通过承认他者并返回自身，"作为自己把握其自己的自我，就达到和完成了教化"[4]。劳动实践是如何承认他者并返回自身实现普遍性的呢？首先，在劳动实践和劳动产生的主体交往中发展出了知性和语言，同时，知性能力和语

---

[1] [德] 黑格尔：《法哲学原理》，范扬、张启泰译，商务印书馆1961年版，第239页。
[2] [德] 黑格尔：《法哲学原理》，范扬、张启泰译，商务印书馆1961年版，第238页。
[3] [德] 黑格尔：《法哲学原理》，范扬、张启泰译，商务印书馆1961年版，第239页。
[4] [德] 黑格尔：《精神现象学》（下），贺麟、王玖兴译，商务印书馆1979年版，第40页。

言能力在对劳动对象的加工、分解、评价的过程中也随之发展，这些知识和语言在相互协作和劳动交往中逐渐定型并日益规范。其次，个体的劳作通过语言说出的同时，被他者领会的普遍意识也通过劳动和交往继续传递，特殊的我通过我与他者的语言被"传染"成为"普遍的自我意识"主体，普遍意义的东西成为我在劳动中及劳动交往中需要遵守的规则，这种普遍遵守或者称为共识性遵守是我与他者劳动目的实现的条件。最后，通过劳动实践教育，个体意识之内的普遍物建立起来了，主体变成了实体。

（2）生活实践教育

苏格拉底作为一个思想家支持一切教学和教育同获得亲身经验结合起来的观点，黑格尔非常赞同苏格拉底的观点，之后也经常探讨苏格拉底式教育教学方法的特征，认为开展教育活动应以古希腊和古罗马人为榜样，以生活教育为出发点培养学生思考，黑格尔把这一点视为在学生身上形成独立的智慧和道德力量的保证。苏格拉底并不企图把学生培养成与自己相同的人，他认为每个人生活的环境、家庭、劳动及风俗习惯都是不同的，我们不应让学生脱离他们的环境、事业、生活方式及其人民的习惯。苏格拉底善于在公共场所演讲，并激励受众积极地投入社会生活，同时，苏格拉底深刻认识到每个学生生活背景的独特性，建议每一位教师都要注意到学生的独特性，并有充分的理由和必要性成为富有同情心的学生们的朋友，共同探讨和解决实践和生活中的问题。

黑格尔认为，苏格拉底的生活实践教育观就是引导学生从习以为常的熟悉的事物出发，通过生活反思，意识到自己的知识和经验的不足，对事物的实质和生活的本质有一个科学的可靠的理解，从而认识真理并走向真理。年轻的黑格尔在思考当代教育同古典教育制度相比而衰落的原因时指出，我们从小就背诵大量的通用话语和思想符号，它们被安静地储存于我们的头脑里，既不活动也不被使用。只是后来通过逐步获得的经验，我们才熟悉了这些宝物，并且对一些话语加以思考，这种话语对我们来说，几乎成了我们用以构成自身思想的形式。这些形式业已具有一定的范围和界限，并且成了我们据以习惯地接受一切的种种关系。他建议用研究生活来取代不切实际的书本学习，把一切教学和教育同获得亲身经验结合起来。

3. 习惯教育

习惯是一种自我规定的自然显现。什么是习惯呢？"灵魂使自己这样地成为抽象普遍的存在，并且把种种感觉的（同时意识的）特殊东西归结为它身上的一种单纯存在着的规定，这就是习惯。"① 习惯作为一种感觉的规定被贯彻到个体存在中是需要经历不断重复和反复训练的。这里，黑格尔所说的"习惯"是已经被贯彻了普遍性的感觉，并由于这种感觉的单纯性而显示了习惯的自然性，他认为，人的习惯是不自由的，又是自由的，因为感受的自然规定性通过习惯降低为他的单纯存在，他不再在差别中，并因而不再对感受的自然规定性感兴趣。"自然性"在黑格尔眼中一般是不自由的体现，但又由于习惯是普遍性的单纯存在，而不是对感性习惯的习惯，因此习惯又是人的自由的表现。因此，习惯是自由与不自由的结合体，是人的自然特殊性与普遍规则的结合体，因此，伦理习惯就是需要训练和培养的正当的习惯，通过反复的伦理训练和练习，一种普遍性就会纳入到自己的内在成为一种简单的东西，也就是使这种普遍性的东西成为他的习惯。在习惯中，自然意志和主观意志之间的对立消失了，主体内部的斗争平息了，于是习惯成为伦理的一部分。

4. 信仰教育

一方面宗教将自身作为教育的手段，另一方面通过信仰教育传播宗教知识。宗教以实现自身为目的，是目的和手段的统一。黑格尔一方面赞同宗教信仰教育，另一方面又反对教会教育活动，尤其是教会教育活动引发的宗教狂热。黑格尔在自己的早期著作中激烈地批评了作为政治和教育制度的教会，通过反教权主义的言论鲜明地揭露了缺乏德行的教

---

① ［德］黑格尔：《精神哲学》，杨祖陶译，人民出版社2006年版，第188页。

会教育对人的智力和道德成长带来的危害。他认为，教会是为了信仰而进行教育的，也就是说，不是理智和理性通过自身的发展导向形成一定的原则，导向以自己所拥有的原则来判断呈现在面前的一切，而是铭记在记忆和想象中的观念和言论出现在这一切之前，并且充满各种恐惧和出现在这样一个神秘的、不可接近的异常世界中，以致在这种威严面前，理智和理性原则也不得不保持一点沉默，人们使用这些原则时顾虑重重，而外部的一些原则却在某种程度上凌驾于理智和理性之上。因此，宗教的问题在于不承认人的理性能力，如果理性不为宗教体系所承认和理解，那么，宗教体系就不是别的，而是对人的鄙视体系。

黑格尔虽然批判当时的教会教育，但这丝毫不意味着他怀疑宗教信仰教育的必要性。黑格尔虽然反对教会教育，但肯定宗教对民众的教育意义，支持在世俗教育中开展信仰教育。他认为宗教能意识到不变的东西、最高的自由和满足，能教育民众明白服从伦理的法则，因此，开展宗教信仰教育是有必要的，但需要通过世俗教育而不是宗教活动的形式开展信仰教育。

5. 审美教育

诗人让·保罗说："人类不借助对精神的高度培养就无法达到自由，而不凭借自由又无法达到对精神高度的培养。"[1] 黑格尔很尊重这位诗人，并提议在海德堡大学授予其荣誉博士学位，黑格尔崇尚艺术、哲学和宗教教育，认为审美教育正是对人的精神的高度培养。

（1）审美教育的必要性

黑格尔审美教育的讨论起源于对雅典自由社会的向往，黑格尔一直将雅典社会作为建构社会的典范，将雅典人作为教育的典范。雅典那时有一种活泼的自由，以及在礼节、风俗和精神、文化上活泼的平等，至于财产方面的不平等虽然不能避免，可是并没有趋于极端。在不违背这种平等和自由的范围内，一切性格和才能上的不同以及一切特质上的差

---

[1] ［德］克劳斯·费维克：《黑格尔的艺术哲学》，徐贤樑译，商务印书馆2018年版，第6页。

异都取得最无拘束的发展,都在它的环境里取得最丰富的刺激,并发扬光大。雅典之自由社会是如何构建的呢?黑格尔认为,雅典之自由活泼与雅典的审美教育有关。"因为雅典生活中主要的元素,便是个别的独立性和'美的精神'所鼓动的一种教化。伯里克里斯发起了那些永久不朽的雕刻品,它们的残余虽然不多,已经使得后世为之惊叹不已;在这群人民之前,表演了伊士奇勒斯和索福克丽斯的名剧;稍后更有幼里庇底斯的名剧……除以上所列举的以外,还有修昔底德、苏格拉底、柏拉图和亚里斯多芬……"①

黑格尔认为,学习期间的目标不在于"纯粹的实用性"和在"公共生活中成为焦点",而是全面的精神教养。因此,"美的世界"必须在课程中得到合适的位置。"美的世界"的核心是对古希腊文化的接受,对较高级的学习来说,古希腊人的文献被热情洋溢地推荐为现代教育的基础,这些文献必定是精神的沐浴和世俗的洗礼,为灵魂提供了鉴赏和科学所需的最初的、永不消逝的音调和色彩。因此,黑格尔建议将长期在教育大纲中缺席的美学纳入课程安排之内,在教学活动中也相应地坚持文艺作品在教育和教化过程中的特殊运用。

(2) 审美教育与人的自由的实现

第一,艺术与审美。

艺术是图像化的普遍性和普遍的图示,作为绝对的感性显现和感性的绝对化,它被视为自由的存在处于最高形式之中的表达,意味着对客观精神有限性的超越,尽管只是在一种特殊的媒介中。但艺术用感性形式表现了最高的东西,因此,它更接近自然现象,更接近感觉和情感。所以说,艺术是自由的自我意识的重要组成部分,艺术作品是第一个弥补分裂的媒介,使感性和精神、使自然和把握事物的思想所具有的无限自由重归和解。随后黑格尔补充道:"艺术是对更高的由精神所产生的现实性的有限显现。因此,艺术不仅不是空洞的显现,而且比日常现实

---

① [德] 黑格尔:《历史哲学》,王造时译,上海书店出版社2006年版,第268—269页。

世界反而是更高的实在、更真实的客观存在。"①

对意识而言，真理在感性的形象中呈现，艺术包含了对真实的图像化说明，概念应当通过穿透感性的媒介而在其普遍性中变得能被理解，概念的统一性借助个别现象显现，这就是美的本质。作为理念的自然形态的标示，这便是美的形态，在其自身中除了表现美以外别无他物。例如，"人类的五官之一里具有'声音'这个元素。它承受并且要求一个除掉单纯感官的'现在'之外更加广泛的内容。我们看到歌怎样和'舞'相联合，怎样被'舞'所节制。但是后来'歌'使自身独立，需要乐器为伴；于是它不再像鸟唱的那样没有内容的歌，虽然表示感情，终究是缺乏客观的内容；相反地，它需要想象和'精神'所创造的一种内容，而这个内容更进而形成为一种客观的艺术作品。"② 正如席勒所说："不首先使人变成审美的人，就没有别的方式使感性的人合乎理性。"③ 黑格尔将人的大厦比作一个大教堂，大教堂代表了在他者中保持自身存在的最高领域。"一座'理性的神庙'，与在帕多瓦的庄严宏伟的法理宫类似，内在其中和环绕其间、以自由为本质的各种各样富于生命力的活动得到了统一：法、市场、艺术、宗教和理智。这一大教堂的基座，其实体性的维度之一便是美学，便是美。"④

第二，审美教育实现人的自由。

艺术审美意味着对自由的思考呈现在感性的可直观的形式中，并使之能被认识以及承认。众所周知，黑格尔把自由理解为在他者中保持自身，他认为，自由是精神最高的规定，主体在对立面中发现自身，自由将合乎理性之物作为自己的内容：比如处在行动中的伦理共同体，在思想中的真理。美的艺术承担着和哲学同样的任务：把精神中的不自由纯

---

① ［德］克劳斯·费维克：《黑格尔的艺术哲学》，徐贤樑译，商务印书馆2018年版，第10—11页。
② ［德］黑格尔：《历史哲学》，王造时译，上海书店出版社2006年版，第227页。
③ ［美］沃·考夫曼：《黑格尔——一种新解说》，张翼星译，北京大学出版社1989年版，第24页。
④ ［德］克劳斯·费维克：《黑格尔的艺术哲学》，徐贤樑译，商务印书馆2018年版，第8页。

粹化。它明确包含着解放的层级，即不断提升自由的程度，由较低阶段向上通向哲学洞见的最高阶段，这一绝对知识的展开之路有着决定性的目标，不断向上提升，克服不自由的状态，并借助直观、表象和思维从而使世界成为自己的。正如席勒所说："人在他的物质条件下只是承受自然的支配；在审美状态中，他摆脱了这种支配；在道德状态中，他控制了这种支配。"① 艺术品能为主体所创制、所直观，如果艺术作品能表达绝对与感受，那主体就在艺术作品中找到了"满足和解放"，而直观与意识既维护了自由的精神，也达到了自由的精神。具体表现为：每个人在任何一件艺术作品之中都能体会到自由，在艺术品中，被赢得的实体性充分展现，以图示化呈现出来的绝对在表象世界里找到其丰富的反馈。

第三，审美教育通过绝对精神使客观精神显现。

公民在得到了充分的教化后作出的决断，能顺理成章地预先展示出绝对精神在客观精神各个领域之中所显现出的诸种形式，来自科学、艺术、宗教和哲学的理智的最高形式也就呈现在市民阶级的意识中。客观精神显现后的结果是：首先是知识的部分进入其整体性中，只有那些通过对一切有着广泛了解、掌握全部的信息、拥有健全的知识、判断能力和富于教养的公民才能够自主行事。国家的目标，正如上文所言，是在知识和教育中使国家得到巩固。因此国家知道它希求什么，知道它在普遍性中作为被思考的对象，因此，它能按照那已被意识到的目的和认识了的基本原理，并且根据规律来行动和运作。《法哲学原理》构想出一整套逐渐提升的方案，从教育的领域迈向自由：从形式性的法权意识上升到道德教化，通过理性能力和实践能力的培养逐渐通向公民教育。诚然，在以上所有阶段中，绝对精神的诸种形式——艺术、宗教、哲学并未得到专题化的讨论。但美学的、宗教的和绝对知识的教育对包罗万象

---

① ［美］沃·考夫曼：《黑格尔——一种新解说》，张翼星译，北京大学出版社1989年版，第25页。

的现代教育概念而言有着决定性的意义。可以看出，伦理的意识和审美的意识不是两类不同的意识，而是同一自我意识的两个方面，是同一种念头，是自由的思维和自由的意愿这两个方面。这涉及人的自我意识和自我规定得以实体化的方式。就这一点而言，（伦理意识）精神的本质在自由之中存在，在理智性和制度性的自我立法之中存在，同样也能在伦理共同体和艺术的真实的诸形态中达到自身在他者中存在。在国家中所呈现的是内在性和外在性全部范围的精神现实性，审美意识在艺术中感受自由，艺术作品是自由之思想的图示化，存在于正在创造和正在接受的主体的直观和表象的形式之中。

总之，伦理教育和审美教育都是为了实现自由，只是二者的表现形式不同，审美教育与伦理教育一样有着实现人类自由的意义，又由于"有些人没有认识到，他们十分恰当地找到美的本质的那个自由，并不是不受法则制约，而是各种法则的和谐，并不是任意，而是最高的内在必然性；另外一些人没有认识到，他们正好恰当地作为美的要求的那个确定性，并不在于排除某些实在，而在于绝对地包括一切实在，因此它不是有限性，而是无限性"[1]。因此，正如黑格尔所说，审美教育应当列入学校的教学大纲中。

6. 体育教育

黑格尔在《历史哲学》中提到："荷马史诗中的游艺，不外角力、斗拳、奔跑、骑马、赛车、掷铁饼、掷标枪和拉弓射箭。这些练习又和跳舞、唱歌相连，表现了社会欢乐的享受，而这些艺术也同样开放出美丽的花朵。赫斐斯塔斯在阿溪里斯的盾牌上绘出的画景中，有美貌的青年男女，用'训练有素的脚步'飞奔而前，就像陶器匠转动他的车轮一样。……假如我们看看这些游戏内在的本质，我们就会注意到'游戏'同正经的事务、依赖和必需是怎样处于反对的地位。这种有力、赛跑和

---

[1] [美]沃·考夫曼：《黑格尔——一种新解说》，张翼星译，北京大学出版社1989年版，第27—28页。

竞争不是什么正经事情；既没有防卫的义务，也没有战争的需要。正经事物乃是为某种需要而起的劳动。我或者'自然'必须有一个屈服；假如这一个要继续生存，那一个必须打倒。但是和这一种正经相反，游戏表示着更高等的正经，因为在游戏中间，'自然'当被当作加工制造为'精神'，而且当这些竞技举行的时候，主体虽然没有进展到思想最高级的正经，然而从这种身体的练习里，人类显示了他的自由，他把他的身体变化成为'精神'的一个器官。"①

黑格尔认为荷马史诗中的体育项目和游艺项目体现了力与美的结合，使人感受到了幸福和欢乐，这些体育项目看起来是"不正经"的事情，但实际上，体育运动和体育精神中同样体现着自由的力量，因为体育运动是对人的自然肉体和自然器官的锻炼和练习，形成良好的身体素质，人身体的自然力也能很好地发挥，而这一力量可以转化为精神的力量，此时身体成为精神的内在动力和外在器官，身体力量的自由发展意味着精神力量的自由发展。而人的自由体现为人的精神的自由，体育教育正是促进人身体力量的发展从而促进了人的精神的自由，而且是在游艺、活动和美中促进了人的自由和解放，这种教育使人感到幸福和快乐，又体现了更深层次的自由。

(二) 具体公民教育内容

1. 道德

在道德中成为问题的是人的独特利益，而这一独特利益之所以具有高度价值，正因为人知道它自身是绝对的东西，并且是自我规定的。

(1) 培养对他人福利的承认

黑格尔说："道德的概念是意志对它本身的内部关系。然而这里不止有一个意志，反之，客观化同时包含着单个意志的扬弃，因此正由于片面性的规定消失了，所以建立起两个意志和它们相互间的肯定关

---

① [德] 黑格尔：《历史哲学》，王造时译，上海书店出版社2006年版，第227页。

系。"① 因此，道德虽然是主体主观的自我意识，但道德意识的目标、价值、内容、手段则不是自我相关就可以实现的，"在道德领域中，他人的幸福也被牵涉到而成为问题"②。道德一般被理解为道德义务，道德义务不是对自身的义务，而是对他者的义务，主体之间互相负有道德义务才能实现道德的目的，如果只有一方履行自己的道德义务，另一方只享受道德权利，那么是无法实现道德的目的的，在这一点上与形式法不同，"在讨论形式法时，我们已经说过，这种法单以禁令为其内容，因之严格意义的法的行为，对他人的意志说，只具有否定规定。反之，在道德领域中，我的意志的规定在对他人意志的关系上是肯定的，就是说，自在地存在的意志是作为内在的东西而存在于主观意志所实现的东西中"③。也就是说，在道德领域，只有双方履行自己的道德义务，并肯定他人的福利，才能实现双方的道德福利。作为"内在的东西"存在于个体的主观意志中须经过道德的教化过程，通过道德教化使主体认识道德的本质，并在行为中"行法之所是，并关怀福利——不仅自己的福利，而且普遍性质的福利，即他人的福利"④。

（2）培养良善情感

一是将主观意志培养成"善"。

黑格尔认为，道德行为的构成要素有三：第一，是行为须与我的故意相一致，不是我无意间的行为，而是我的意志行为。第二，行为的意图是指行为在自我相关中的相对价值，即行为体现我的目的和价值。第三，行为不仅具有自我相关，而且行为具有普遍价值，即"善"，"善"就是被提升为意志的概念的那种意图。可以看出，"善"是一种意图，主观意志若想成为"善"的意志，只有自我目的和自我需求是不行的，主观意志还须将普遍性价值贯彻到我的意图中，才能称作"善"。因此，

---

① ［德］黑格尔：《法哲学原理》，范扬、张启泰译，商务印书馆1961年版，第133页。
② ［德］黑格尔：《法哲学原理》，范扬、张启泰译，商务印书馆1961年版，第133页。
③ ［德］黑格尔：《法哲学原理》，范扬、张启泰译，商务印书馆1961年版，第133页。
④ ［德］黑格尔：《法哲学原理》，范扬、张启泰译，商务印书馆1961年版，第156页。

黑格尔说："这一内容作为内部的东西而同时被提升为它的普遍性，被提升为自在自为地存在的客观性，就是意志的绝对目的，即善。"① 道德教育若想培养良善情感，就须将普遍意志渗透在意图中，形成我意欲"普遍"的意识。

二是克服"善"与"幸福"矛盾的错误观念。

需要、倾向、热情、私见、幻想等确定的内容作为自然的主观定在，作为抽象和形式的自由表现为福利或幸福，福利和幸福是可以追求的，因为"人有权把他的需要作为他的目的。生活不是什么可鄙的事"②。福利和善也不是对立的，幸福是善的一部分，若想实现善的目的，"只有把现有的东西提升为某种自己创造的东西——这种区分并不含有两者极不相容的意义——才会产生善的最高境界"，"现有的东西"即是我的需要、倾向、热情、私见、幻想等，"创造的东西"即是我将普遍性渗透进意图后的主观意志，幸福与善实质上是可以实现统一的。因此认为"要实现道德义务就须与自己的需要做斗争"是错误的思想，这种观点"以为道德只是在同自我满足作持续不断的敌对斗争，只是要求：'义务命令你去做的事，你就深恶痛绝地去做'"③。这种思想没有看到善与福利的统一性，而将道德义务同人的福利对立起来，是不能实现善的目的及幸福的福利的，需要通过道德教育对主体的错误主观意识进行修正，因为道德教育可以通过思维进行反思，并利用人的精神力量将"现有的东西提升为某种自己创造的东西"，只有经过自己的创造，义务和福利才能和解，义务和福利和解之后才能达到善的最高境界，因此，道德教育的中介作用是必不可少的。

三是克服主观为善客观为恶的"以恶为善"思想。

"圣克利斯宾偷了皮替穷人制鞋"④，其行为表现为道德，但又是不

---

① ［德］黑格尔：《法哲学原理》，范扬、张启泰译，商务印书馆1961年版，第135页。
② ［德］黑格尔：《法哲学原理》，范扬、张启泰译，商务印书馆1961年版，第144页。
③ ［德］黑格尔：《法哲学原理》，范扬、张启泰译，商务印书馆1961年版，第146页。
④ ［德］黑格尔：《法哲学原理》，范扬、张启泰译，商务印书馆1961年版，第148页。

法的，因此也是"不能容忍的"，圣克利斯宾看起来貌似使一些穷人得到了福利，但是偷盗行为本质是对"法"的侵害，"法"是普遍利益的代表，"因为在市民社会中所有权和人格都得到法律上的承认，并具有法律上效力，所以犯罪不再只是侵犯了主观的无限的东西，而且侵犯了普遍事物，这一普遍事物自身是具有固定而坚强的实存的"①。对社会成员中一人的侵害就是对全体的侵害，牺牲全体利益来满足一部分穷人的部分利益是不划算的，也是不正当的，"把私权和私人福利作为与国家这一普遍物相对抗的、自在自为的东西，是抽象思维所常犯的错误之一"②。圣克利斯宾的"善"的意图表现为不纯粹，他没有认识到"善"的真正的普遍性意图，以为目的的"善"就是内容的"善"，而"特定的个人的良心是否符合良心的这一理念，或良心所认为或称为善的东西是否确实是善的，只有根据它所企求实现的那善的东西的内容来认识"③。在实际上，内容的"善"及结果的"善"是实现善的必要条件，而这一认识高度需要经过道德教育和实践训练。道德教育将善的真理，即善的意图、善的要素、善的环节、善的内容及他们之间关系和规律清晰地展现在主体面前，使主体意识到不能以对"法"的伤害为代价实现自己的善的意图，不能以主观私见作为评价善恶的标准，不能"把内部灵感和心情，即特殊性的形式本身，变成准则，以衡量什么是合法的、合理的和卓越的"④。通过道德教育，主体认识到，对于不法行为要注意其所谓道德意图的本质，不能以坏人也具有好心肠为借口放纵自己和他人的恶。

四是将"善"培养成"良心"。

"善"是被进一步规定了的理念，也就是意志概念和特殊意志的统一。在这一理念中，福利不是作为单个特殊意志的定在，而只是作为普

---

① [德]黑格尔：《法哲学原理》，范扬、张启泰译，商务印书馆1961年版，第259页。
② [德]黑格尔：《法哲学原理》，范扬、张启泰译，商务印书馆1961年版，第148页。
③ [德]黑格尔：《法哲学原理》，范扬、张启泰译，商务印书馆1961年版，第160页。
④ [德]黑格尔：《法哲学原理》，范扬、张启泰译，商务印书馆1961年版，第148页。

遍福利，本质上作为自在的普遍的自由的东西，才具有独立有效性。"意志不是本来就是善的，只有通过自己的劳动才能变成它的本来面貌。"① 这种劳动方式之一就是学习如何为善。"善的发展包括三个阶段：（1）善对我作为一个希求者说来，是特殊意志，而这是我应该知道的；（2）我应该自己说出什么是善的，并发展善的特殊规定；（3）最后，规定善本身，即把作为无限的自为地存在的主观性的善，予以特殊化。这种内部的规定活动就是良心。"② 即"意欲善""了解善""表达善"三个阶段，因为主体对善的三个阶段的完成情况不同，表现为以下几种情况：第一，"意欲善"，但没有做到"了解善"，那么无论主体怎样"表达善"，都无法实现善，即主观为善、客观为恶的"以恶为善"阶段；第二，"表达善"，而没有达到"意欲善"和"了解善"，即"伪善"，也不能实现善的目的；第三，只是"意欲善"和"了解善"并不能真正实现善，只有在"表达善"的特殊化环节表现为"良心"，才完成了最高阶段的"善"即"真善"。

五是将"良心"培养成"真实良心"。

与"真善"相对的是"伪善"，与"真实良心"相对的是"虚假良心"，道德教育的目的之一就是克服"伪善"和"虚假良心"的思想源头。黑格尔非常看重良心的地位，良心是对善的自我确信，"当它达到了在自身中被反思着的普遍性时，就是它内部的绝对自我确信，是特殊性的设定者，规定者和决定者，也就是他的良心"③。善由于其主观性而成为形式上的法，"凡是我的判断不合乎理性的东西，我一概不给予承认"④，因此主体对善的主观判断可能是符合真理的，也可能是纯粹私见或错误，因此，"在反思的领域中，伴随着主观普

---

① ［德］黑格尔：《法哲学原理》，范扬、张启泰译，商务印书馆1961年版，第152页。
② ［德］黑格尔：《法哲学原理》，范扬、张启泰译，商务印书馆1961年版，第152页。
③ ［德］黑格尔：《法哲学原理》，范扬、张启泰译，商务印书馆1961年版，第159页。
④ ［德］黑格尔：《法哲学原理》，范扬、张启泰译，商务印书馆1961年版，第153页。

遍性的对立,这种主观普遍性时而是恶,时而是良心"①。因此,主体有必要在思想上明晰"真善"和"伪善"的区分。什么是"伪善"?"伪善"具有一种善的虚假形式,表现为"对他人把恶主张为善,把自己的外表上一般地装成好像是善的、好心肠的、虔敬的"②,此时,他认为自己的本性是绝对道德的,但他实际上并不能摆脱欲望的纠缠,他又不能相信自己的本性是恶的,于是就把罪恶的欲望打扮成善的。所以"伪善"是道德意识和个人欲望相结合的产物。高层次的"伪善"就是:有"意欲善"的情感,但不了解善的本质,他认为自己动机是善的,就可以什么事情都干,为了达到个体的目的,不择手段,甚至丧尽天良,这是更严重的"伪善",这种将恶曲解为善的恶将带来更严重的恶的结果,因此,对主体进行"真实良心"的教育是十分必要的。

2. 公民意识

公民意识③是伦理思维的一种形式,即自我意识的特殊性与伦理实体普遍性的和解。因此公民教育是伦理教育的形式之一。公民教育就是对公民的爱国情感、政治参与意识、权利义务观念等进行培养和训练,将人抽象到公民的高度,培养具有公民思维和公民理念的公民。

(1) 通过爱国主义教育培养爱国情感

黑格尔认为,一般的看法常以为国家由于权力才能维持,其实"需要秩序"的基本感情是唯一维护国家的东西,而这种感情乃是每个人都有的。培养公民爱国主义情感需要具备两个条件:一是"正义性"国家的观念;二是公民具有爱国主义情绪。"国家必须被表述为一个合乎理性的法律体系并且它的公民必须为德性情绪所推动,不管国家是民主共和的还是君主专制的。"④

---

① [德]黑格尔:《法哲学原理》,范扬、张启泰译,商务印书馆1961年版,第135页。
② [德]黑格尔:《法哲学原理》,范扬、张启泰译,商务印书馆1961年版,第169页。
③ 黑格尔认为公民意识是法的意识和国家的意识,尤其重点强调国家的意识。
④ Alan Patten, *Hegel's Idea of Freedom*, Oxford University Press, 1999, p. 188.

一是拥有正义国家的肯定性观念。

"如果把这种爱国情绪看做这样的东西：它可以自行开端，并且可以从主观观念和主观思想中产生出来，那么它就会同意见混淆起来"，这种主观国家观缺乏真理性和客观性，爱国情绪需要在客观性的国家定在中给自己一个理由。善的根源是爱的前提，热爱国家的前提一定是善的国家的存在，"所有教育的目的都是确保个人不仅仅是纯然主观的，而更要在国家之中获得客观存在"。① 爱国主义教育就是要唤醒整个民族的自我意识和个体的自我意识，使个体内在地对国家及参与其中的社会制度和公共建制有客观的判断，通过反思和判断，如果国家能够合乎理性地处理好个体特殊性与公共普遍性的关系，我们就认为这个国家作为整体是自在自为地存在着的，是正义的、客观的、善的，是配享有个体对国家的信任和忠诚等一切爱国情感的。真理的东西除客观为真外，还要"在人的心、意向、良心、理解等等里面拥有对它们的赞同、承认，甚至赞同和承认的理由"②。因此，爱国情感的基础在于自在自为的合乎理性的国家机体以及它在意识中的现存，即意识能对国家进行客观的、肯定性的判断，国家如果不能处理好主体与实体的关系、普遍与特殊的关系、主观与客观的关系，就失去了自身的正义性，那么国家的存在就不具备合理性和真理性，即使它达到了实存也不配享有公民的爱国心。因此，爱国情绪是以自在自为的合理性国家为实体性根据的。对于生活于国家的公民来说，我们应天然地无条件地爱自己的国家，但是作为政治情绪的爱国精神，则不能无条件地植根于我们每个人的心中，它是人们在日常生活中根据自己的经验体悟形成的特殊感情，取决于国家制度自身的合理性，只有正义的国家才是我们应该追求的目标。而正义国家的条件是，现代伦理国家中的社会秩序与政治制度本身必须自在地就是客观善的、合乎理性的、组织良好的有机体，即使社会成员对此还没有

---

① ［德］黑格尔：《黑格尔历史哲学》，潘高峰译，九州出版社2011年版，第130页。
② ［德］黑格尔：《精神哲学》，杨祖陶译，人民出版社2006年版，第324页。

认识。

二是公民的爱国主义情绪。

正义国家怀抱里的个体特殊性必定得到满足,个体在有机整体中充盈起来,热爱国家、保护国家、回报国家的情绪自然会油然而生,但爱国主义情感若想成为意志,还需要成为自在自为的习惯,"爱国心往往只是指作为非常的牺牲和行动的那种志愿而言。但是本质上它是一种情绪,这种情绪在通常情况下和日常生活关系中,惯于把共同体看做实体性的基础和目的"①。为了使大公无私、奉公守法及温和敦厚成为一种习惯,就需要进行直接的伦理教育和思想教育。爱国主义教育,首先是使个体充分了解正义国家的本质,了解社会生活、政治生活、国家生活的真实面目,看到国家生活中每一个肯定的东西和肯定的方面。

其次,通过否定非理性的国家观,使个体认识到个体与国家相互承认的意义和价值,使个体了解个人与国家的理性关系实质及国家普遍性的价值,实现特殊自我意识与普遍伦理实体的和解,这种体验和情绪必然转化为对普遍性的尊重和爱,对普遍性的尊重和爱必然转化成对国家的尊重和爱,个体在为国家最高利益服务的过程中,主观的任性会更加服从普遍的利益和观点。最后,爱国主义教育在人们的习惯中反思到我们的实存所依赖的东西,就像当有人夜里在街上安全地行走时,他不会想到可能变成别的样子,因为安全的习惯已经成为第二本性,一般情况下,个体不会反思我们习以为常的国家行为及国家普遍性带来的自由和安全,此时象征普遍性的良好国家秩序表象隐含的真理需要被揭示,爱国主义教育正是这样一个解蔽的工作,通过教育的解蔽,作为实践态度的意志就不断地接近作为理论态度的精神——爱国主义精神,并逐渐形成习惯。

(2) 通过公民参与培养政治情绪

亚里士多德说,人天生是政治的动物,"理想性中的必然性就是理念

---

① [德]黑格尔:《法哲学原理》,范扬、张启泰译,商务印书馆1961年版,第304页。

内部自身的发展；作为主观的实体性，这种必然性是政治情绪"①，政治情绪在个体中要么是自在的，要么是自为的，但政治情绪若想在个体中、在理念内部发展并实现自在自为，需要对个体进行国家教育、政治教育、法律教育，通过教育使主体有能力作为现代伦理国家中的成员参与到国家建设和发展中。个人之所以有权处理国家事务，并不是由于他们天生的关系，而是由于他们的客观特质。这些客观特质的获得必须受过教育和特殊职能的训练，通过公民教育的中介作用，主体就能有意识地对自身以及他所隶属的国家有内在认同，形成政治情绪或者说爱国心。黑格尔认为现代个体通过参与这样一个组织良好的国家之中，通过参与选举、法庭审理等国家生活，能够认识到国家法治、政治组织、政治制度的意义，这种对于普遍性持存的讨论和关心必然会加深个体对于普遍性的理解，加深对个体与国家相互承认关系的理解，对个体特殊性与国家普遍性的关系有一个正确的认识。同时，这种政治参与形成了良好国家制度和政治制度使主体更加热爱国家，并为自己作为一个国家的公民而感到骄傲和欣慰，因此，主体通过参与到国家政治生活，对政治参与进行反思，就会养成政治德行或者爱国情感等主观情绪，这种情绪把国家及其规定，即诸种社会秩序与政治建制看作并接受为个人普遍性实体本质的具体实现。此时，"单个人的自我意识由于它具有政治情绪而在国家中，即在它自己的实质中，在它自己活动的目的和成果中，获得了自己的实体性的自由"②。

(3) 培养民族精神

民族精神"把自己建筑在一个客观的世界里，它生存和持续在一种特殊方式的信仰、风俗、宪法和政治法律里——它的全部制度的范围里——和作成它的历史的许多事变和行动里"③。民族精神渗透在我们的制度、法律、风俗和文化中，在伦理实体中体现它的定在，"他把这种

---

① [德] 黑格尔：《法哲学原理》，范扬、张启泰译，商务印书馆1961年版，第303页。
② [德] 黑格尔：《法哲学原理》，范扬、张启泰译，商务印书馆1961年版，第288页。
③ [德] 黑格尔：《历史哲学》，王造时译，上海书店出版社2006年版，第68页。

实体的生存分摊给了他自己；它变成了他的品性和能力，使他能够在世界上有着一个确定的地位——成为一个聊胜于无的东西。因为他发现他所归属的那个民族生存是一个已经成立的坚定的世界——客观地出现在他的眼前——他自己应该同它合并为一"①。民族精神是一个民族生存和发展的重要力量，民族精神本身就具有继承性，作为一个民族的文化，它可以代际相传发展下去，但由于民族精神承载着一个民族千百年来的大量智慧积累和精神沉淀，如果不通过教育活动让学生了解本民族的民族精神，那么民族精神很难为多数人所熟知和领悟。只有通过民族文化的熏陶和民族精神教育，才能让伟大的民族精神深入骨髓和基因，成为我们的民族性格和气质，此时，我与民族合一，我与国家合一，我知道并坚定我与民族和国家是合一的，同时，我也知道我为什么与民族和国家是合一的，这正是符合伦理普遍性的要求。因此，我愈发趋于普遍性，用普遍性的精神保护我与民族的统一，即更加促进了我与民族精神的统一。因此，通过教育，民族精神成为我的内在需要，我之个体变成了承载民族精神的实体。

3. 法权意识

黑格尔认为，"需要跟为满足需要的劳动之间相互关系中的关联性，最初是在自身中的反思，即在无限的人格、（抽象的）法中的反思。但是，正是这种关联性的领域，即教养的领域，才给予法以定在；这种定在就是被普遍承认的、被认识的和被希求的东西"②。在这里，黑格尔指出，主体在劳动教养和劳动教养产生的关系中反思自己，从而认识到了抽象法的本质和价值，认识到无限的人格和抽象法精神不仅代表了普遍性，而且正是主体希求的东西。实际上除了对抽象法的本质性认识，黑格尔还认为，通过法律教育，培养法权精神，也可以了解法的精神、法的理念、法的意义和法的价值。

---

① ［德］黑格尔：《历史哲学》，王造时译，上海书店出版社2006年版，第68页。
② ［德］黑格尔：《法哲学原理》，范扬、张启泰译，商务印书馆1961年版，第247页。

(1) 培养法的知识

法律客观实在性的实现有两个条件，"一方面对意识而存在，总之是被知道的；另一方面具有现实性所拥有的力量，并具有效力，从而也是被知道为普遍有效的东西"①。也就是说，法律要想发挥效力，第一个条件是法律需要被公众所知道和了解，只有如此才有守法、尊法、敬法、信法和崇法的可能性，"从自我意识的权利方面说，法律必须普遍地为人知晓，然后它才有拘束力。像暴君狄奥尼希阿斯那样的做法，把法律挂得老高，结果没有一个公民能读到它们，或者把法律埋葬在洋洋大观和精深渊博的册籍中，……无论是前一种或后一种情形，都是同样不公正的"②。因此，将法律束之高阁，就失去了法律存在之意义，也达不到法律制定之目标，通过传播、教育、普法活动等手段让公民学习和知晓法律是实现"法"的国家秩序的最根本前提。同时法律常识与道德常识的获取方式不同，尤其在法治传统不甚深厚的国家，法律常识往往不像道德常识那样可以在公民成长的过程中通过风俗习惯、祖辈的言传身教而获得，法律的庞杂性、时代性、深刻性及专业性使法律知识往往需要通过专业的培养和训练才能获得，因此专业的法学教育、普法活动及法治宣传是培养公民法治思维的重要方式，而其中法学教育是最根本的途径。而"对法律具有特殊知识的法学家等级，往往主张这种知识是它的独占品"③，是十分错误的观念，每个公民都有权利接受法律教育，因为"每个人无须都成为鞋匠才知道鞋子对他是否合穿，同样，他也无须是个行家才能认识有关普遍利益的问题"④。即每个人都有成为普遍性个体的权利，每个人都有能力通过接受法律教育成为一个普遍性的公民，在黑格尔心中，成为一个普遍性公民是公民的最高目标，是实现个体自由的必要条件。因此，黑格尔说："法与自由有关，是对人最神圣可贵的

---

① ［德］黑格尔：《法哲学原理》，范扬、张启泰译，商务印书馆1961年版，第248页。
② ［德］黑格尔：《法哲学原理》，范扬、张启泰译，商务印书馆1961年版，第255页。
③ ［德］黑格尔：《法哲学原理》，范扬、张启泰译，商务印书馆1961年版，第255页。
④ ［德］黑格尔：《法哲学原理》，范扬、张启泰译，商务印书馆1961年版，第255—256页。

东西，如果要对人发生拘束力，人本身就必须知道它。"① 同时，法律若要发挥效力，第二个条件是法律本身具有权威性合法性，如果一个国家法律被制定出来形同虚设，在专制政府的压制下成为摆设，或者沦为奴隶主统治奴隶、贵族统治平民的手段，那么它就不是普遍有效的，而只是部分有效的，因此，法律的绝对权威是法律发生效力的第二个重要条件。此时，"法被制定为法律而被知道了，于是感觉和私见等一切偶然物，以及复仇、同情自私等形式都消失了。法就这样地初次达到了它的真实规定性，并获得了它的尊严"②。

（2）培养法的精神

黑格尔说："想要进行立法，不宜只看到一个环节，即把某物表达为对一切人有效的行为规则，而且要看到比这更重要的、内在而本质的环节，即认识它的被规定了的普遍性中的内容。甚至习惯法也包含这一环节，即作为思想而存在、而被知道。"③ 立法时，尚且需要理解法律中蕴含的普遍性内容，那么法律被制定出来，如果只具有法律知识而没有法治思维，不理解法律的内容及法律的原则和理念，那么一个知识渊博的法官很有可能是一个徇私枉法、贪赃枉法、知法犯法的法官；一个律师很有可能是一个规避法律、袒护有罪当事人的律师；一个公民很有可能是一个滥用权利、回避责任的公民，这样的法官、律师和公民虽然知法，但却不知法律的精神，法律的精神是"法"的精神的一种体现，"法"的精神是自由的、普遍的、和谐的精神，"只有培养了对法的理解之后，法才有能力获得普遍性"④。上述法官、律师和公民之所以有上述违法行为，乃是因为没有理解法律表象背后的普遍性意义，没有理解普遍性意义的需要才是法律产生的原因。因此，如果没有法律教育对"法"的意义的深层次阐释，很多公民很难理解法律条文背后的精神，通过法律教

---

① ［德］黑格尔：《法哲学原理》，范扬、张启泰译，商务印书馆1961年版，第256页。
② ［德］黑格尔：《法哲学原理》，范扬、张启泰译，商务印书馆1961年版，第250—251页。
③ ［德］黑格尔：《法哲学原理》，范扬、张启泰译，商务印书馆1961年版，第249页。
④ ［德］黑格尔：《法哲学原理》，范扬、张启泰译，商务印书馆1961年版，第251页。

育，对公民的普遍性与特殊性的关系的阐释，公民了解到"为了具有法的思想，必须学会思维而不再停留在单纯感性的东西中。必须予对象以普遍性的形式，同样，也必须按照某种普遍物来指导意志"①。此时才能理解法律背后的普遍性精神。

4. 人格：对自己的纯思维和纯认识

黑格尔认为人格是自在自为存在的精神，是以自身即抽象的而且自由的自我为其对象和目的，从而它是人②。因此，人格教育是成为人的教育。怎样成为真正的人呢？黑格尔认为，培养人具有人格的特征，从而使人具有人格，才能成为真正的自由的自在自为的人，即"格"人使之被"格"为人，这是人作为人最高贵的事。人格的具体要求是什么呢？黑格尔说："人格的要义在于，我作为这个人，在一切方面（在内部任性、冲动和情欲方面，以及在直接外部的定在方面）都完全是被规定了的和有限的，毕竟我全然是纯自我相联系；因此我是在有限性中知道自己是某种无限的、普遍的、自由的东西。"③ 因此，一方面我通过人格教育及自我意识的反思，个体能够扬弃冲动、情欲等特殊性的东西，将"个人理解他自己为一个人格，这便是承认他自己在个体的生存中具有普遍性——能够从一切特殊性里演绎出抽象观念，并且能够排除一切特殊性，所以也就是理解他自己在本身中是无限的"④。即从外物相关的特殊性中通过理性反思抽象回自身，寻回人类的理性本质。在反思中，自我意识超越了原始的、直接的、自然的、无反省的状态，成为精神的、理性的、普遍的更高级的有机生命体。

另一方面，通过教育从外部对象中返回自身，培养人的自我相关性，自我相关性即"在人格中认识是以它本身为对象的认识，这种对象通

---

① ［德］黑格尔：《法哲学原理》，范扬、张启泰译，商务印书馆1961年版，第248页。
② ［德］黑格尔：《法哲学原理》，范扬、张启泰译，商务印书馆1961年版，第52页。
③ ［德］黑格尔：《法哲学原理》，范扬、张启泰译，商务印书馆1961年版，第51页。
④ ［德］黑格尔：《历史哲学》，王造时译，上海书店出版社2006年版，第65页。

思维被提升为简单无限性,因而是与自己纯粹同一的对象"①。也就是主体形成了对自身的纯思维和纯认识,无须他物,自我相关,就可以实现自由,"个人和民族如果没有达到这种对自己的纯思维和纯认识,就未具有人格"②。因此,这种纯思维和纯认识是主体具有人格的前提,培养主体人格就是要培养主体的纯思维和纯认识,即通过人格的培养,使主体扬弃内部冲动和外部对象返回自身,成为自我规定的又是无限自由的主体,主体知道自己是如何具有人格的,也知道为什么要成为具有人格的主体,因此黑格尔说:"人实质上不同于主体,因为主体只是人格的可能性,所有的生物一般说来都是主体。所以人是意识到这种主体性的主体,因为在人里面我完全意识到我自己,人就是意识到它的纯自为存在的那种自由的单一性。作为这样一个人,我知道自己在我自身中是自由的,而且能从一切中抽象出来的,因为在我的面前除了纯人格以外什么都不存在。"③ 因此,人格培养就是将人培养成具有纯人格的主体,在纯人格中,世界万物为我所容,我乃独立之纯思维个体,真正的人。

第三节 黑格尔公民教育实现的路径与方法

"教育学是使人符合伦理的一门艺术",既然是一门艺术,就应考虑艺术之实现方法,黑格尔将公民教育的路径分为家庭教育、社会教育和国家教育,并强调了灌输教育、情感教育、规范教育等教育方法的应用原因和应用情形。可以说,黑格尔是实质意义上的教育哲学家。

一 黑格尔公民教育的路径

黑格尔将伦理分为家庭、市民社会和国家,伦理的这三种形式都是公

---

① [德] 黑格尔:《法哲学原理》,范扬、张启泰译,商务印书馆1961年版,第52页。
② [德] 黑格尔:《法哲学原理》,范扬、张启泰译,商务印书馆1961年版,第52页。
③ [德] 黑格尔:《法哲学原理》,范扬、张启泰译,商务印书馆1961年版,第52页。

民教育的主体，都有公民教育的责任和义务，在家庭中表现为对子女的教育，在市民社会中表现为监督和支持教育，在国家中表现为官员教育等。

（一）家庭教育

1. 子女有受教育的权利

在家庭中，子女是父母爱的客观定在，父母有抚养和教育子女的义务，"子女有被扶养和受教育的权利，其费用由家庭共同财产来负担"[①]。子女渴望获得独立人格的愿望促使他渴望学习各种技能，"儿童所以感到有受教育的必要，乃是出于他们对自己现状不满的感觉，也就是出于他们要进入所期望的较高阶段即成年人世界的冲动和出于他们长大成人的欲望"[②]。虽然在被教育的过程中要接受各种约束和管教，但子女长大成人的愿望促使其努力克服各种困难和诱惑，用精神和理性激励自己一直朝着普遍性迈进。黑格尔认为，这种提高技能的机会和受教育的权利是不能被剥夺的，父母有责任让自己的子女接受教育，并用家庭共同财产承担教育经费，这是父母爱的间接表达，也是父母义不容辞的事务。同时，父母有要求子女为自己服务的权利，子女作为家庭成员要承担一部分家庭事务，为家庭服务。但是，首先，这些服务"仅以一般性的照顾家庭为基础，并以此为限"[③]。因为子女的劳动能力有限，如果让子女承担超过其身体和年龄限度的劳动，必定会损害儿童的身心健康。其次，父母对子女"所要求于子女的服务，只能具有教育的目的，并与教育有关"[④]。也就是说，父母虽然有权利要求子女劳动并为自己服务，但劳动的目的和内容以教育子女为限，那些无实质性意义的重复性工作是没有必要让子女去做的，父母让子女从事家务劳动的唯一目的就是培养其在家庭生活中的各方面技能，而不是减轻父母负担等其他目的。最后，黑格尔反对将子女降低为"奴隶"的地位的观点，他认为"子女是自在地自由着的，而他们的生命则是仅仅体

---

① ［德］黑格尔：《法哲学原理》，范扬、张启泰译，商务印书馆1961年版，第213页。
② ［德］黑格尔：《法哲学原理》，范扬、张启泰译，商务印书馆1961年版，第215页。
③ ［德］黑格尔：《法哲学原理》，范扬、张启泰译，商务印书馆1961年版，第213页。
④ ［德］黑格尔：《法哲学原理》，范扬、张启泰译，商务印书馆1961年版，第213—214页。

现这种自由的直接定在。因此他们不是物体,既不属于别人,也不属于父母"①。虽然子女仅仅是一种自在的存在,还不是自在自为的定在,还没有完全独立的人格,但他毕竟是自在地自由的,有潜在的自在自为的自由,"奴隶"最终会走向独立和被承认,子女接受教育提高自己的普遍性也最终走向独立和被承认,因此,儿童不是任何人的附属品和工具,更不是父母的附庸,那种轻视儿童、奴役儿童、贱待儿童的思想都是错误的。可以看出,虽然黑格尔认为管教、灌输、纪律约束的服从式教育是教育的最主要方式,但这种服从式教育不能以牺牲子女的身心健康和受教育时间为代价,父母应当在爱、尊重和承认子女的基础上抚养和教育子女,这不仅是子女的权利,也是父母的责任和义务。

2. 家庭教育的内容是陶铸普遍性

在黑格尔眼中,一切教育、一切生活、一切哲学都是为了趋附普遍性,普遍性是人实现自由的条件,是包容一切真理、幸福、自由的大全,当然在家庭生活中也不例外。家庭教育的内容也是将普遍性思想陶铸进子女的思想中,使子女在踏进社会之前具备基本普遍性的思维和普遍性的能力,即伦理能力。首先,在家庭中,"父母构成普遍的和本质的东西"②,父母经过自身父母的教育及人生教化的异化过程,已经成为普遍性的父母,在普遍性思维的指引下,父母一方面用普遍性行为为子女作出示范,另一方面将父母的普遍性观点通过爱的表达、直接灌输、规范约束等方式传递给子女。因此,父母具备普遍性思维是子女具备普遍性思维的前提,父母的普遍性程度也决定了子女的普遍性程度。其次,"从家庭关系说,对他们所施教育的肯定的目的在于,灌输伦理原则,而这些原则是采取直接的、还没有对立面的感觉的那种形式的,这样,他们的心情就有了伦理生活的基础,而在爱、信任和服从中度

---

① [德]黑格尔:《法哲学原理》,范扬、张启泰译,商务印书馆1961年版,第214页。
② [德]黑格尔:《法哲学原理》,范扬、张启泰译,商务印书馆1961年版,第214页。

过它的生活的第一个阶段。"① 这种直接性的普遍性伦理原则的灌输在爱和信任中直接起作用，使子女在幼年时，心灵中就种下了伦理原则的种子，并在不断成长的过程中，在父母的指导下，逐渐承认社会风俗、普遍性原则、道德和法律，"超脱原来所处的自然直接性，而达到独立性和自由的人格，从而达到脱离家庭的自然统一体的能力"②。因此，家庭教育的主要内容就是培养子女的伦理能力，而家庭中爱与信任的氛围，父母子女的亲密关系，父母的示范作用，使得家庭教育相对于市民社会教育和国家教育来说对子女未来的成长和发展有更深远的影响力。

（二）市民社会教育

1. 市民社会有监督教育的权利和义务

上文提到，家庭作为小型的伦理实体对子女有教育的义务和责任，但家庭作为社会中的个体是否履行自己的义务和责任，需要市民社会的监督，"市民社会在它是普通家庭的这种性质中，具有监督和影响教育的义务和权利，以防止父母的任性和偶然性……市民社会可以尽可能地举办公共教育机关"③。也就是说，市民社会一方面通过监督父母教育子女保障儿童的受教育权，另一方面应在条件允许的情况下兴办学校，保障儿童的受教育权。因此，黑格尔认为，教育儿童不仅是家庭的责任，也是市民社会的责任，这为社会力量办学提供了理论依据。同时，在市民社会中的同业公会作为公会会员的"第二个家庭"也有教育会员的权利，"关心所属成员，以防止特殊偶然性，并负责给予教育培养，获得必要的能力"④。因此，同业公会作为"第二个家长"，为了成员技能的提高及进一步进化特殊性，为了同业公会的繁荣与发展，有权利也有责任给予会员培训的机会。但又由于"同业公会的普

---

① [德] 黑格尔：《法哲学原理》，范扬、张启泰译，商务印书馆1961年版，第214页。
② [德] 黑格尔：《法哲学原理》，范扬、张启泰译，商务印书馆1961年版，第214页。
③ [德] 黑格尔：《法哲学原理》，范扬、张启泰译，商务印书馆1961年版，第275页。
④ [德] 黑格尔：《法哲学原理》，范扬、张启泰译，商务印书馆1961年版，第283页。

遍目的是完全具体的，其所具有的范围不超过产业和它独特的业务和利益所含有的目的"①，在公会具体的、特殊的、独特的目的下开展的教育和培训需要具有普遍性的公共权力的监督，这是黑格尔整体主义观点在教育领域的延伸，一切特殊的、独特的、个别的事物都应置于整体观念下思考，具体的同业公会也应把握伦理中的普遍性和必然性。可以看出，通过监督父母、举办公共教育机构和同业公会培训，经历市民社会普遍性的进一步陶养，儿童从家庭中的自在状态发展为市民社会中的自为状态，市民社会是使人发展为自在自为的自由状态的一个重要环节。

2. 市民社会中的学校教育

黑格尔认为，人文的教育最好通过异化儿童的精神来达到，即让儿童通过学习古代历史及其语言来异化已经获得的观念。古代文明完全是异在的，足以把儿童从其自然状态中分离出来，足以使之更能走进自己的语言和世界，当他返回时，他就扩展了，转化了。因此，黑格尔十分重视传统文化对儿童的教育作用，儿童通过反思古代文明，对比当代文明，从自然状态进入理性思考状态，并结合自己生活的时代和经历反思自身，当人从对象性思考转变成对自身的思考时，才有了实现自由的可能性。经过反思和异化的儿童思维已经具备了理性的特质，为将来的伦理生活做好了准备。而且，黑格尔在1811年9月2日的讲话中，将现代学校的"伦理状况"与两个不可放弃的前提联系起来：其一，学校按照学生在学校取得的成就把学生从家庭中解放出来而投入一种学校以外所要选择的现实世界的生活方式中；其二，国家和社会必须认可，决不让学校对个人所作出的判断直接影响学生的未来生活及其在政治体制中的地位。也就是说，一方面，为了更好进入伦理生活，学校应该按照学生的特长和优势来帮助学生选择未来的职业生活，每个人都不是全能的神，每朵花的香气和姿态不同，每个人的特点和兴趣也不同，学校应引导学

---

① ［德］黑格尔：《法哲学原理》，范扬、张启泰译，商务印书馆1961年版，第283页。

生根据自己的兴趣和优势做好职业生涯规划，这样才能促使学生在未来的岗位上取得更大的成就。另一方面，学校对学生的不当评价可能会影响学生的未来。黑格尔认为，学校对学生的评价应当客观公正，即使学生在学校期间有不当行为，也并不能代表其永恒的品质，学生是成长发展的个体，学校及社会应当用发展的眼光看待学生，国家与社会应以认可的态度迎接每一位毕业生。

（三）国家教育

1. 国家有责任对政府官吏进行教育

国家职能的行使同负责运用和实现它们的个人发生联系，也就是说和国家工作人员发生联系，但是和国家职能的行使发生联系的"并不是这些人的个人人格，而只是这些人的普遍的和客观的特质"①。这是由工作内容的公共性质决定的，国家工作人员的普遍性特质是良好行使国家职能的关键。黑格尔说："官吏的态度和教养是法律和政府的决定接触到单一性和在现实中发生效力的一个点。公民的满意和对政府的信任以及政府计划的实施或削弱破坏，都依存于这一个点，这意思是说，感情和情绪容易把实施的方式和方法提高到等于应实施的内容本身，尽管这种内容本身可能是课税。"② 也就是说，国家官吏作为"中间等级"，"是国家在法制和知识方面的主要支柱"③，其素质直接决定着国家的政策和制度执行的力度。在普通公民眼中，官吏是国家意识的代表，官吏的态度就是国家的态度，官吏的行为就是国家的行为，官吏对公民的态度及公民对官吏的情绪影响着公务的执行结果。因此，"国家的意识和最高度的教养都表现在国家官吏所隶属的中间等级中"④。国家有必要对国家官吏进行教育，一方面是训练他们的公务技能，因为"个人之所以有权处理国家事务，并不是由于他们天生的关系，而是由于他们的客观特质。

---

① ［德］黑格尔：《法哲学原理》，范扬、张启泰译，商务印书馆1961年版，第333页。
② ［德］黑格尔：《法哲学原理》，范扬、张启泰译，商务印书馆1961年版，第356页。
③ ［德］黑格尔：《法哲学原理》，范扬、张启泰译，商务印书馆1961年版，第357页。
④ ［德］黑格尔：《法哲学原理》，范扬、张启泰译，商务印书馆1961年版，第357页。

能力、才干、品质都属于一个人的特殊性。他必须受过教育和特殊职能的训练"①。这种公务技能及客观特质是普通公民成为国家官吏的必要条件。另一方面，通过伦理教育和思想教育培养官吏大公无私、奉公守法及温和敦厚的习惯，防止官员淹没在繁多的机械性业务中而成为麻木的机器人，使官员始终以伦理性思维方式处理公务和对待普通公民，进一步发扬大公无私等官德在国家事务中的作用，发挥官吏在普通公民中的模范作用。

2. 政府政务公开是一种教育公民的手段

黑格尔非常重视国家制度对公民的教育作用，尤其是政务公开的教育作用。他认为合理的制度比空洞的说教更有教育意义，黑格尔指出，"议事记录的公布使这些才能获得巨大的发展机会和高度荣誉的表现场所，同时也是对单个人和群众自恃自负的又一种治疗手段，而且还是对他们的一种——可以说是最重要的一种——教育手段"②。议事记录的公开使普通公民了解公共事务的实际情况，纠正某些公民对公共事务的错误观念和错误态度，为公民参与公共政治提供事实和理论依据，增强公民对政府和国家的信任情感和爱国情感，是政治参与教育和爱国主义教育的重要方式。另一方面，黑格尔认为，等级会议公开也是一种国家事务教育的方式，"等级会议的公开是一个巨大的场面，对公民说来具有卓越的教育意义……部长们当然是厌恶这种会议的，他们必须运用机智和辩才来应付在这里对他们所进行的攻击。但会议的公开毕竟是在一般国家事务方面教育大众的最重要手段"③。等级会议不仅是不同阶层之间的等级碰撞，而且是面向真理或人民共同利益的不同认识的交锋与融合，各个等级的融合形成了伦理社会，等级会议就是伦理社会中各个阶层利益关系的协调和平衡，各等级公民在等级会议的公开及参与中，了解各

---

① [德] 黑格尔：《法哲学原理》，范扬、张启泰译，商务印书馆1961年版，第334页。
② [德] 黑格尔：《法哲学原理》，范扬、张启泰译，商务印书馆1961年版，第375页。
③ [德] 黑格尔：《法哲学原理》，范扬、张启泰译，商务印书馆1961年版，第375—376页。

等级的积极意义和消极意义，思考本等级在伦理中的生存和生活方式，思考理性伦理社会的共同建构。总之，等级会议的公开是提高公民普遍性的重要手段，是培养公民伦理思维的重要方式。

3. 国家应提供良好的教育环境

"所有教育的目的都是确保个人不仅仅是纯然主观的，而是要在国家之中获得客观存在。"① 为了使公民在国家中获得定在，为了将公民教育成为符合伦理的人，国家须为公民营造良好的国家环境和教育环境，教育环境是实现教育目标的重要因素。第一，国家对公民特殊利益的谋求和满足是形成爱国主义情感的国家理念基础，"这就是市民爱国心的秘密之所在：他们知道国家是他们自己的实体，因为国家维护他们的特殊领域——它们的合法性、威信和福利"②。国家作为地上的精神代表着普遍性和必然性，但这种普遍性和必然性中同时包含特殊性，国家对公民特殊利益的照顾使公民看到未来国家的发展及未来个体幸福，使公民的爱国情感油然而生，这种隐性的爱国主义教育正是发挥了环境教育的作用。相反，如果国家不能实现公民普遍性和特殊性的统一，不能兼顾公民的特殊需求，公民的爱国主义情感将土崩瓦解，普遍性伦理思维将无法形成，国家将面临无法想象的崩溃局面，正如黑格尔所说："人们常说，国家的目的在谋公民的幸福。这当然是正确的。如果一切对他们说来不妙，他们的主观目的得不到满足，又如果他们看不到国家本身是这种满足的中介，那么国家就会站不住脚的。"③

二 黑格尔公民教育的方式

鉴于伦理教育和承认教育的目标，黑格尔认为可以采用灌输教育、情感教育、规范教育等多种教育方式使伦理精神和承认意识成为普遍，

---

① [德]黑格尔：《黑格尔历史哲学》，潘高峰译，九州出版社2011年版，第130页。
② [德]黑格尔：《法哲学原理》，范扬、张启泰译，商务印书馆1961年版，第351页。
③ [德]黑格尔：《法哲学原理》，范扬、张启泰译，商务印书馆1961年版，第302页。

使个体趋于普遍成为实体,并充满激情地展开自己自由幸福的生活画卷。

(一) 灌输教育

"从家庭关系说,对他们所施教育的肯定的目的在于,灌输伦理原则,而这些原则是采取直接的、还没有对立面的感觉的那种形式的,这样,他们的心情就有了伦理生活的基础,而在爱、信任和服从中度过他的生活的第一个阶段。"[①] 黑格尔认为,正面教育的基本方式是灌输,灌输是将正确的普遍性伦理原则用直接给予的方式灌入儿童的头脑中,一方面是由于伦理原则的理性思维方式是儿童天生不具备的,用苏格拉底"助产婆"式的教育方式无法构建儿童的伦理思维方式,灌输是使儿童的理性伦理思维从无到有的过程;另一方面是由家庭中父母与子女的亲密关系决定的,"作为一个孩子,人必然有一个时期处于为父母所爱和信任的环境中"[②],子女可以在没有对立面的爱的感受中接受父母灌输的教诲,并在对父母教诲的服从中训练伦理思维,养成伦理思维的习惯,具备伦理生活的能力。

(二) 情感教育

黑格尔认为,子女是夫妻之间爱的客观化。黑格尔认为:"在实体上婚姻的统一只是属于真挚和情绪方面的,但在实存上它分为两个主体。在子女身上这种统一本身才成为自为地存在的实存和对象;父母把这种对象即子女作为他们的爱、他们的实体性的定在而加以爱护。"[③] 因此,子女是父母爱的统一的客观定在,因为"在夫妻之间爱的关系还不是客观的……这种客观性父母只有在他们的子女身上才能获得,他们在子女身上才能见到他们结合的整体"[④]。在子女身上,母亲爱她的丈夫,而父亲爱他的妻子,双方都在子女身上将他们的爱客观化了。因此,父母对子女的爱是夫妻之间爱的延伸,是夫妻之间爱的整体表

---

① [德] 黑格尔:《法哲学原理》,范扬、张启泰译,商务印书馆1961年版,第214页。
② [德] 黑格尔:《法哲学原理》,范扬、张启泰译,商务印书馆1961年版,第215页。
③ [德] 黑格尔:《法哲学原理》,范扬、张启泰译,商务印书馆1961年版,第212页。
④ [德] 黑格尔:《法哲学原理》,范扬、张启泰译,商务印书馆1961年版,第213页。

达,这种天然的爱护本能使爱成为父母子女关系的第一情感,基于爱的本能及爱的表达,父母天然地存在着教育子女的欲望及责任,与学校教育相比,这种血缘关系及本能的爱的关系使情感教育成为家庭教育的重要方式,父母在对子女灌输伦理原则的过程中自然带入爱的情感,使子女在父母的爱中直接地接受了伦理原则。同时,黑格尔认为母亲对子女的教育意义尤为突出,因为在一般的家庭生活中,母亲对子女的照顾和关怀更多,与子女的关系也更为亲密,是家庭中感性的代表,因此母亲对子女的教育更突出感性教育的特点,因此黑格尔说:"在他幼年时代,母亲的教育尤其重要,因为伦理必须作为一种感觉在儿童心灵中培植起来。"[1]

(三) 规范教育

父母矫正子女任性的权利,也是受到教育子女这一目的所规定的。在理性的伦理思维建立之前,儿童往往表现为欲望至上或感觉至上,这种感性思维方式是必须被规制的,"如果不培养子女的服从感……他们就会变成唐突孟浪,傲慢无礼"[2]。黑格尔对幼年时期的儿童任性和无礼做了很多的描述,黑格尔认为,无论是在家庭教育还是在学校教育中,单靠"善"即正面的灌输和宣扬是不够的,由于儿童还没有完全形成理性思维,儿童直接的意志不是依据理性的观念来行动,而是根据儿童的恣性任意而行动,"如果对子女提出理由,那就等于听凭他们决定是否要接受这些理由,这样,一切都以他们的偏好为依据了"[3]。儿童的非理性偏好需要规则和规范的约束才能提升,因此,黑格尔说,"教育的一个主要环节是纪律,它的含义就在于破除子女的自我意志,以清除纯粹感性的和本性的东西。"[4] 纪律约束是教育儿童必不可少的手段,惩罚也是教育儿童必不可少的手段,"惩罚的目的不是为了公正本身,而是带

---

[1] [德] 黑格尔:《法哲学原理》,范扬、张启泰译,商务印书馆1961年版,第215页。
[2] [德] 黑格尔:《法哲学原理》,范扬、张启泰译,商务印书馆1961年版,第214页。
[3] [德] 黑格尔:《法哲学原理》,范扬、张启泰译,商务印书馆1961年版,第214页。
[4] [德] 黑格尔:《法哲学原理》,范扬、张启泰译,商务印书馆1961年版,第214页。

有主观的、道德的性质,就是说,对还在受本性迷乱的自由予以警戒,并把普遍物陶铸到他们的意识和意志中去"①。纪律与惩罚都是规范教育的方式,是对儿童的天然本性的必要性雕琢,尽管这种教育方式在形式上是违反儿童意愿的,但其本质上是符合儿童成长和发展规律的,是学校和父母对孩子的爱的另一种表达,是将普遍物陶铸进儿童意识的必要手段。

(四)教化

教化是黑格尔教育哲学理论的重要概念,教化就是个体经过自我异化从而获得普遍性的过程,黑格尔在纽伦堡文理中学担任校长期间,发展了一种与过去的德国模式及启蒙的教育模式相对立的新的教育哲学。在他看来,教育是一种辩证法,也就是一种异化与复归的辩证法,其中个体精神不断地超出过去的自己,迈向普遍性。教化作为一种教育方式,是在正式的学校教育中和正式的学校教育以外的经历及对经历的理性反思中实现的。市民社会的每个人通过教养和劳动都能享受并促进"在一切人相互依赖全面交织中所含有的必然性"这一"普遍而持久的财富",教化把社会交往形成的相对稳定的规范内化到主体的行为习惯中,事实上教化对主观自由加以知性的训诫和限制,使之在合法的基础上表达并发展,在主体中把公共规范再生产出来,维护并促进一切人的互相依赖、相互承认和普遍交往。通过教化,主体成为包含着"我的意志和他人意志的同一"的道德主体。经历教化,对象的他者性被个体通过与之斗争而获得克服,通过获得对于它的理性的理解,精神与之得到和解。对象不再是以其直接形式而存在,而是借助精神所产生的普遍概念被理解,从而在对象中认识到自己。这种与对象的新关系,黑格尔称之为"在他者中与自我存在",普遍物被建构起来,教化不再是内在于个体的形式的展开,而是一个无尽的自我异化的过程。教化不仅是迈向普遍性的手段,同时更是一种无尽的否定

---

① [德]黑格尔:《法哲学原理》,范扬、张启泰译,商务印书馆1961年版,第213页。

之否定的螺旋上升的过程,因为它必须面对自己天真的确定性,从而超越自身,经历成长。

三 黑格尔公民教育的教化过程

黑格尔在《精神现象学》的序言里指出,个体在其发展中,必须"走过普遍精神所走过的那些发展阶段,但这些阶段是作为精神所蜕掉的外壳,是作为一条已经开辟和铺平了的道路上的段落而被个体走过的"①。在黑格尔看来,人之所以为人,就在于人能够脱离直接性和本能性,迈向普遍性。为此,人需要教化。

(一) 教育是使人趋向普遍性的教化过程

对于特定个体和普遍精神的关系,黑格尔认为,精神要达到其现实性,就必须在自身中进行分解,在分解中对自己设定界限和有限性,并在其中使自己受到教化,以便克服它们。教化的任务在于把个体引入客观的表现之中,引入到文化、宗教、社会和国家之中。黑格尔受新人文主义的深刻影响,认为哲学就是探讨人的教化,而非超越可能的人的经验世界。教化的本质就是使个体的人提升为一个普遍性的存在。教化既不是通过质朴风俗和自然陶冶,也不是在个体特殊性发展过程中通过教化而得到的享受本身,而在于除去自然的质朴性和精神所潜在的直接性和单一性,从而使精神的这个外在获得适合于它的普遍性。"因此,教育的绝对规定就是解放以及达到更高解放的工作"②,"自我意识把它自己的人格外化出来,从而把它的世界创造出来,并且把它创造的世界当做一个异己的世界看待,因而,它现在必须去加以占有"③。个体这时同化了教化物,摆脱了他的特殊性而获得了普遍性的生命。也即是说,教化是人在精神上走出自身获致普遍性,同时又

---

① [德] 黑格尔:《精神现象学》(上),贺麟、王玖兴译,商务印书馆1962年版,第20页。
② [德] 黑格尔:《法哲学原理》,范扬、张启泰译,商务印书馆1961年版,第230页。
③ [德] 黑格尔:《精神现象学》(下),贺麟、王玖兴译,商务印书馆1979年版,第42页。

返回自身走向普遍性的过程,是一个不断异化,并在异化中返回自身的过程。因此,教化就是这种迈向普遍性即现实性的手段。而且这种现实性的多少取决于教化的多少。黑格尔指出:"个体在这里赖以取得客观校准和现实性的手段,就是教化。……它既是由在思维中的实体向现实的过渡,同时反过来又是由特定的个体性向本质性的过渡。这种个体性将自己教化为它自在的那个样子,而且只因通过这段教化它才自在地存在,它才取得现实的存在;它有多少教化,它就有多少现实性和力量。"①

(二)教育是螺旋上升的辩证教化过程

在人生活的原始状态中,人与自然和环境是统一的,但是随着人的社会性的发展及劳动的需要,个体遇到了与自己异在的否定性或消极性的对象,此时意识就会分裂,把自身视为自身的对立面。在分析这一消极性之后,自身将会改变自身的解决途径,修改自身的筹划,改变对象,以使意识可以重新统一。如果自我成功地重新统一,消极性变成一种决定性的消极性,也就是引起进步和成长的消极性。自我在这种经历中不仅获得了重新统一,也扩展了自己,因为他获得了有价值的经验。尽管在这种辩证法中,消极性或否定可以引起常规学习,但同时也会引起生存危机。因此,教化之路被认为是困惑之路或绝望之路,但是这种困惑是对被认为的真理的踌躇,在困惑被消除后,就又回到真理。也就是说,自我认为自己拥有知识,直到它遇到一个否定,从而进入怀疑和绝望状态。在《精神现象学》中,这种辩证运动是一种"实体即主体"或"主体即实体"的艰难历程。黑格尔指出,教化如果缺乏"否定物的严肃、痛苦、容忍和劳作,它就沦为一种虔诚,甚至于沦为一种无味的举动。这种神性的生活就其自在而言确实是纯粹的自身同一性和统一性,它并没有严肃地对待他物和异化,以

---

① [德]黑格尔:《精神现象学》(下),贺麟、王玖兴译,商务印书馆1979年版,第42页。

及这种异化的克服问题"①。如果自我成功地解决了这一问题，自我就获得了经过检验的知识，也就是获得了自我决定。通过人生教训得来的知识形成了新的正确理念，人们用新的正确的理念指导自身继续前行，直至遇到下一个困惑。因此，在市民社会中，个体学会修正自己的观念，用理性思维反思自身、批判自身、调整自身、完善自身，意识重新统一，所以教化是存在的异化，异化被整合后，自身表现得舒适自在。

（三）教育是主动地充满激情地教化的过程

在黑格尔看来，主体并不是一下子就抓住"绝对知识"，而是需要一种寻求真理的激情，达到绝对的普遍性。主体在没有认识客体时，是空洞的和贫乏的。主体要获得自己的实在性，就必须与世界接触，进行一番殊死搏斗。斗争的过程是痛苦的，不能通过宗教来直接地无对立地融合这种异化，而应通过严肃的理性反思，进行自我教化。他首先需要经过一个走向自己的对立面，吸收客体，克服客体，用客体充实自己的精神性，然后再不断地异化并返回的螺旋上升的过程，才能达到最高的主体——"绝对"。教化不是被动的死的东西，它是异化和斗争的过程和活动，而且是主动的积极的充满激情的活动，知识只有通过充满激情和斗争的异化过程才能获得，它要求人像教化小说的主角一样，去进行最广泛的经历，包括学习、劳动和活动。黑格尔排斥洛克精神的消极旁观者的理论，即为了获得客观知识，我们必须限制情感的理论。黑格尔认为，真理的获得是主体自身勇敢的自我异化过程，主体越是勇敢地自我异化，主体的普遍性就越强。因此，没有激情和斗志是无法完成自身教化的。

（四）教育是逐步"控制"世界的教化过程

"个体性的自身教化运动直接就是它向普遍的对象性本质的发展，也就是说，就是它向现实世界的转化。现实世界虽是通过个体性而形

---

① ［德］黑格尔：《精神现象学》（上），贺麟、王玖兴译，商务印书馆1962年版，第13页。

成的，在自我意识看来却是一种直接异化了的东西，而且对自我意识来说它有确定不移的现实性。但是自我意识尽管确信这个世界是它自己的实体，却同时又须去控制这个世界；它所以能有统治这个世界的力量，是因为它进行了自我教化，从这一方面来看，教化的意思显然就是自我意识在它本有的性格和才能的力量所许可的范围内尽量把自己变化得符合于现实。在这里，表面看起来好像是个体的暴力在压制着实体从而消灭着实体，实际上个体的暴力也就是实体赖以实现的东西。因为，个体的力量在于它把自己变化得符合于实体，也就是说，它把自己从其自身中外化出来，从而使自己成为对象性的存在着的实体。因此，个体的教化和个体自己的现实性，即是实体本身的实现。"①只有进行自我教化，才能控制身边世界的混乱，自我教化的方向就是符合现实。此时，伦理人格外化出来，创造了伦理世界。掌控世界的过程也是掌控自己的过程。在黑格尔看来，自我只有在它作为经过了扬弃的自我时才意识到自己是现实的。对自我来说，对象毋宁只是它的否定物，而对实体来说，自我的教化只是其实现的表现，于是，对立的一方赋予另一方以生命，每个对立面都通过自己的异化使其对方取得持续存在，并且反过来也同样从对方的异化中获得自己的持续存在。

---

① ［德］黑格尔：《精神现象学》（下），贺麟、王玖兴译，商务印书馆1979年版，第43—44页。

第五章

对黑格尔公民教育思想的评析

哲学家们都希望通过自己的思想和逻辑分析历史和时代的问题,希望通过自己的理论和体系评价、解释并预判未来的社会发展,希望通过自己的理解和反思寻求人类自由和解放的路径,实际上,黑格尔做到了。黑格尔是德国古典哲学的集大成者,他的思想兼具自由主义与保守主义两者之要义,他结合古典城邦时代社会发展状况,批判地继承了同时代康德、谢林的思想成果,结合启蒙运动及法国大革命热潮的成果,创造了辩证的黑格尔思想体系,其中不乏承认思维和教育思想,对马克思等后世思想家影响深远。黑格尔的教育思想虽然存在教育观的唯心主义、教育目的性的保守主义、教育方法论上的矛盾性等局限之处,但其独有建树的自由伦理观念及伦理教育思想仍闪耀着不朽的光芒,黑格尔公民教育思想对我国公民教育有重要的借鉴意义。

第一节 黑格尔公民教育思想评述

作为教师的黑格尔一直对教育保持着持续的思考和关注,他的教育思想虽然不可避免地带有客观唯心主义的倾向,并在一定程度上存在保守性,但承认思维指导下的伦理教育观却道出了理想伦理世界的真相和人的真相,值得我们每一个当代人思考。

第五章 对黑格尔公民教育思想的评析

一 黑格尔公民教育思想的历史地位

(一) 他创立了完整的客观唯心主义体系

黑格尔集德国古典哲学之大成，创立了一个完整的客观唯心主义哲学体系，他指出"绝对观念"是宇宙之源、万物之本，世界的运动变化乃是"绝对观念"自我发展的结果，自己的哲学就是"绝对观念"的最高表现，普鲁士王国是体现"绝对观念"的最好的国家制度。在他的唯心主义哲学体系中，提出了有价值的辩证法思想，认为整个自然的、历史的和精神的世界是一个过程，它是在不断地运动、变化和发展着的，而其内部矛盾乃是发展的源泉。马克思、恩格斯批判地继承了黑格尔辩证法的合理内核，创立了唯物辩证法。

(二) 他建立了自由理性主义伦理思想体系

黑格尔集西方伦理思想之大成，特别是继承和发展了康德的伦理思想，建立了一套自己的理性主义伦理思想体系。黑格尔关于伦理的学说就是他的法哲学，其中包括抽象法、道德、伦理三个部分，中心是揭示自由理念的辩证发展过程，认为伦理是实现自由的场域，经历家庭、市民社会、国家的发展，个体在国家层面达到了特殊性与普遍性的统一，实现了个体与他人、个体与社会的相互承认，也即实现了自由。从哲学上看，黑格尔伦理思想的形式是唯心的，内容是现实的，方法是辩证的，它的成就对后世伦理思想包括马克思主义伦理思想的形成和发展有着重要影响。

(三) 他建立了完整的公民教育逻辑体系

黑格尔的公民教育逻辑体系独树一帜，他首先提出了人之自由本质，然后论述了由家庭、市民社会到国家公民的人之自由发展路径，在伦理中，人的道德意识与法权意识增强，教育是使人之主观精神符合客观精神最后发展为绝对精神的必要途径，通过劳动教育、道德教育等教育方法，个体的特殊性与普遍性达到统一，任性趋于理性，"物性"回归"精神"，而此时，人在自我回归中实现了他的自由本质。这一公民教育逻辑克服了康德的主客对立的生硬"道德律",扬弃了费希特主体承认他者的被动性,超越了启蒙运动后主体性自由原则,将自己的"绝对精神"落实到人间与社会现实相结合,被称为扬弃自由主义的"自由主义"教育思想。19 世纪的教育思想,如尼采、狄尔泰对于教育的反思,乃至 20 世纪的斯普朗格、利特、诺尔、魏因斯托克和德波拉夫等人的教育学说,尽管相互之间存在着差异,却都有着黑格尔教育思想的理论要素。黑格尔的伦理教育思想对后世哲学流派,如存在主义和马克思主义都产生了深远的影响。黑格尔虽不能称为教育学家,但他的教化思想对德国教育学发展特别是精神科学教育学的发展产生了重要影响,其中独有建树的自由伦理观念及伦理教育思想对当代世界各国公民教育都有借鉴意义。

二　黑格尔公民教育思想的历史局限性

由于受到哲学思想体系、时代、出版条件的限制,黑格尔的公民教育思想存在着一定的局限,黑格尔曾在很长一段时间内遭受来自各方的批判。

（一）黑格尔教育观的唯心主义

首先,就是带有所谓"思辨性原罪"的客观唯心主义思想影响着黑格尔的教育思想。他认为,绝对精神是我们意识发展的绝对目标,教育在主观精神经由客观精神向绝对精神发展中发挥着重要的作用,人的自由和解放是人类意识摆脱原始自然性向客观性、普遍性、理性发展的精神飞跃,教育是人的精神发展的绝对环节,只有把人从欲望、任性、妄为状态中解放出来,才能实现人的自由意志。可见,黑格尔注重的是人的绝对精神的培养。马克思认为:"光是思想竭力体现现实是不够的,现实本身应当力求趋向思想。"[①] "人并不是抽象的栖息在世界以外的东

---

① ［德］马克思：《黑格尔法哲学批判》,中共中央马克思恩格斯列宁斯大林著作编译局编译,人民出版社1962年版,第10页。

第五章 对黑格尔公民教育思想的评析

西。人就是人的世界,就是国家,社会。"① 所以,教育要从解放人本身出发,人类创造历史,历史也创造了人,人类社会造就的人本身是教育的绝对出发点,那种从意志和精神出发,认为人们有了自由意志就有自由的教育是脱离历史、社会和现实的形而上学的教育观,马克思认为,黑格尔陷入了唯心主义教育观的泥潭。

(二) 黑格尔教育目的的保守性

黑格尔认为"教育是使人符合伦理的一门艺术",同时在《法哲学原理》中又强调,教育的最终目的是培养"有良好教养的合格的","为政府办事的"国家公民。对此,很多思想者都认为,这是黑格尔国家至上理论在教育观上的显现,并认为虽然黑格尔在青年时代藐视普鲁士政府而景仰拿破仑,甚至为法军在耶拿的胜利而欢欣,但在晚年他是一个普鲁士爱国者,是国家的忠仆,因此,晚年著作《法哲学原理》自1821年问世以来就一直没有停止过争议。黑格尔到柏林后不久,有人便给他起了绰号,叫做"保皇的哲学家和哲学的保皇派"②,卡尔·波普尔(Karl Popper)在《开放社会及其敌人》中指出,黑格尔认为19世纪30年代的普鲁士是理想的社会,认为黑格尔文饰了威廉三世的统治。人们认为黑格尔的哲学是为普鲁士专制制度辩护的,他的教育思想也是为普鲁士专制 服务的,而不是为真正人的自由和解放服务的,具有极大的保守性。许多英国学派的哲学家也遵从这种看法。人们认为黑格尔的哲学是为普鲁士专制制度辩护的,他的教育思想也是为普鲁士专制服务的,而不是为真正人的自由和解放服务的,具有极大的保守性。

(三) 黑格尔教育方法论上的矛盾性

黑格尔认为,"绝对理念"是宇宙之源、万物之本。世界的运动变化乃是"绝对理念"自我发展的结果,他的哲学就是"绝对观念"的最

---

① 《马克思恩格斯全集》第1卷,人民出版社1956年版,第452页。
② [德] 马克思:《黑格尔法哲学批判》,中共中央马克思恩格斯列宁斯大林著作编译局编译,人民出版社1962年版,第1页。

高表现。他认为,一个既自我发展又自我认识的绝对主体只能是思维、意识或者精神本身,即永恒的东西只能是自己的精神。只有这个"绝对理念"是无限的、而"绝对理念"落实到人间就是国家,教育就是培养人的绝对精神使人成为国家公民的,针对这一观点,恩格斯在《路德维希·费尔巴哈和德国古典哲学的终结》中批判指出,黑格尔体系的全部教条内容就被宣布为绝对真理,这同他那消除一切教条东西的辩证方法是矛盾的,这样一来,革命的方面就被过分茂密的保守的方面所窒息。①另一方面,我们都知道辩证法是黑格尔哲学的灵魂,黑格尔认为人是历史社会异化、教化的结果,每个人都是在否定自身不断外化他者,又否定他者返回自身的循环往复螺旋上升过程中发展的,每一次异化都是在否定的暴风雨洗礼后的新的主体,主体扬弃了社会历史现实,实现了自身出走和回归的旅程,上升到更高的层次,这种教化过程是异化环节最终克服异化获得了客观校准和现实的结果,这种否定之否定的异化过程是黑格尔在人的教化道路上的辩证之路,按照黑格尔的逻辑,"辩证之路"会一直"辩证"发展下去,直至永远。这显然与其自身的"绝对理念"是冲突和矛盾的,黑格尔也没有给出这一矛盾的解决之道。

三 对黑格尔公民教育思想局限性的澄清

(一)对黑格尔唯心主义教育观的澄清

黑格尔的精神学说是贯穿他整个哲学思想的,而这一学说也恰是后人对其进行批判的主要矛头之一,马克思主义创始人在评判黑格尔的精神学说时也并非全盘否定。首先,在肯定了黑格尔精神学说积极意义的同时,马克思、恩格斯看到黑格尔哲学思想中的劳动、实践、伦理、家庭、市民社会、国家等现实因素,在《神圣家族》中指出:"如果说黑格尔的《现象学》尽管有其思辨的原罪,但还是在许多方面提供了真实

---

① [德]恩格斯:《路德维希·费尔巴哈和德国古典哲学的终结》,中共中央马克思恩格斯列宁斯大林著作编译局编译,人民出版社2018年版,第10—11页。

地评述人的关系的要素。"① 可以看出,马克思、恩格斯在揭露唯心主义和神秘主义等问题的同时,并没有忽视揭示其合理内容。在《德意志意识形态》中,马克思、恩格斯就曾指出,"黑格尔完成了实证唯心主义。在他看来,不仅整个物质世界变成了思想世界,而且整个历史变成了思想的历史。他并不满足于记述思想中的东西,他还试图描绘它们的生产活动"②。早年耶拿时期哲学著作及晚年《法哲学批判》中对伦理生活、教育价值、国家结构的阐述让我们看到,黑格尔的教育观也重视对现实世界的观照。其次,后人对晦涩的《精神现象学》及《逻辑学》中意识学说的批判直接照搬到对黑格尔教育学说、自由学说的全盘批判,难免有以偏概全的嫌疑。在《1844年经济学哲学手稿》中,马克思确实批判过黑格尔自我意识通过自己的外化所能设定的只是物性,即只是抽象物、抽象的物,不是现实的物的观点,但后人阅读这段批评时就会对黑格尔的思想一概而论,甚至误解黑格尔的思想,就像后人们常把马克思成熟时期的哲学思想思辨化一样,青年黑格尔的哲学思想也常被后人"全然思辨化了"。由此,"黑格尔变得半人半鬼,让人费解起来"③。而实际上,黑格尔的精神哲学是他教育学说不可或缺的理论基础,对理性伦理意识的培养有积极的意义,在他的公民教育思想中有重要作用。

(二) 对黑格尔教育目的性的保守主义的澄清

首先,从书稿审查的角度看,《法哲学原理》出版于1819年卡尔斯巴德决议④颁布严厉的书刊审查制度后仅18个月,黑格尔肯定是在争取一定的言论自由,为了在书稿言语及措辞上避免激怒普鲁士国王,他并未激进地抛出其背后的哲学理论。其次,从对国家的描述上看,黑格尔

---

① 《马克思恩格斯文集》第1卷,人民出版社2009年版,第358页。
② [德] 马克思、恩格斯:《德意志意识形态》(节选本),中共中央马克思恩格斯列宁斯大林著作编译局编译,人民出版社2018年版,第4页。
③ 张雪魁:《古典承认问题的源与流:从康德到马克思》,中国社会科学出版社2013年版,第192页。
④ 德意志联邦通过的反对和镇压民族统一运动和自由主义运动的四项法律:大学法;新闻法;关于临时执行权的规定;在美因茨设立联邦中央机关,查究"革命的颠覆活动"。

描述的有机国家共同体与真正的普鲁士王国不同。黑格尔推崇的国家政治体制是君主立宪制，而普鲁士的弗雷德里克·威廉三世是一个专制的君主。再次，从对个体自由肯定的态度上看，黑格尔确认了个体的独立性和自由性。每个人都是自在自为的个体，都不能被吞并于社会或国家的总体性，否则个体就会失去自由性。显然这种认识是同"集权主义"相对立的，黑格尔的理性的国家里，个人利益与集体利益是和谐一致的，理性国家绝不会像雅各宾派一样对待自己的公民，因此黑格尔的思想显然不是集权主义思想。显然，认为黑格尔思想是完全保守的，是与当时普鲁士政府妥协的产物的说法是不完全合适的。最后，从历史的角度看，"马克思对黑格尔的批判就是一个时代对另一个时代的批判……是一种理想对另一种理想的批判"[1]。黑格尔面对的是18、19世纪之交的革命年代和1814年君主复辟与反复辟的时代，即资本主义上升时期；德国时代的问题是民族危亡、经济落后、政治分裂，黑格尔用自己的理论呼吁的正是符合时代的，属于德意志民族的国家观念。黑格尔要考虑的是建设什么样的国家、培养什么样的公民的问题。马克思面对的是19世纪中叶欧洲大陆的工业资本主义迅速发展时期，他的思想视角则聚焦于资本主义国家的人的自由状况、私有制、人的解放。因此，具体政治社会问题不能用已经成为抽象的、一般的或形而上学的自由原则来解决，而必须深入考察世界的各种具体关系，即经济基础与上层建筑、物质利益与政治国家的关系，并实际地参加政治斗争，实现人的解放。因此可以说，"并不是马克思接过了黑格尔的论题，在（对）黑格尔批判中提供了完全不同的理论，而是马克思借用了黑格尔的论题，在新的具体历史情境中，即新的论域中提供了一个与黑格尔完全不同的思想"[2]。

---

[1] 尹俊：《国家与革命：黑格尔与马克思关系的历史性解答》，中国社会科学出版社2017年版，第155页。

[2] 尹俊：《国家与革命：黑格尔与马克思关系的历史性解答》，中国社会科学出版社2017年版，第160页。

(三) 对黑格尔教育方法论上的矛盾性的澄清

黑格尔哲学是建立在他的绝对主义的形而上学和逻辑学哲学体系基础上的，黑格尔以"绝对精神""绝对理念""绝对思维"的"绝对主义"作为其哲学思想的最终目标，而争议恰恰就在"绝对主义"与"辩证法"的教育方法论上，实际上，黑格尔的"绝对主义"是来自于他整个哲学"体系"的需要，他以最宏伟的形式概括了哲学的全部发展体系；他要为自己的哲学体系设计出一个周严的逻辑体系，恩格斯在《路德维希·费尔巴哈和德国古典哲学的终结》中说，由于"体系"的需要，他在这里常常不得不求救于强制性的结构，对这些结构，直到现在他的渺小的敌人还发出如此可怕的喊叫。① 黑格尔的这些"体系"和"框架"是为了解决人的思想和现实社会的矛盾的，因为矛盾还在，"体系"就在，矛盾没有了，世界历史就终结了，面对人类这一宏伟问题，恩格斯认为黑格尔是解决不了的，恩格尔认为，我们可以"撇开"黑格尔的"绝对主义"，但是这些结构仅仅是他的建筑物的骨架和脚手架；人们只要不是无谓地停留在它们面前，而是深入到大厦里面去，那就会发现无数的珍宝，这些珍宝就是在今天也还具有充分的价值。我们可以沿着实证科学和利用辩证法思维对这些科学成果进行概括的途径去追求可以达到的相对真理，因此，在对黑格尔公民教育思想的研究中，我们不必纠结于他的"框架""体系""唯心倾向"等问题，而要深入到黑格尔构建的公民教育思想大厦里面探求我们需要的"珍宝"。

第二节 马克思对黑格尔公民教育思想的批判和继承

马克思说过自己是黑格尔的学生，他也是曾经的黑格尔派，但黑格尔的这个学生随着革命实践的开展，随着对各国历史和革命的不断研究，

---

① ［德］恩格斯：《路德维希·费尔巴哈和德国古典哲学的终结》，中共中央马克思恩格斯列宁斯大林著作编译局编译，人民出版社2018年版，第12页。

思想发生了很多变化，马克思批判地吸收了黑格尔的辩证法及劳动创造人等观念，又在辩证法领域、个人与国家关系、社会生活教育等方面有了进一步的超越。从中，我们既可以看到马克思对青年黑格尔承认理论的继承和发展，又可以看到马克思对青年黑格尔承认理论的批判和超越。

一 马克思对黑格尔公民教育思想的批判

马克思曾在《巴黎手稿》《神圣家族》《关于费尔巴哈的提纲》《德意志意识形态》《1844年经济学哲学手稿》《资本论》等诸多文本中对黑格尔思想进行过批判，批判的内容涉及黑格尔国家观念、唯心主义历史观、宗教观、政治制度等方面，其中涉及教育相关思想的批判体现在实现自由、伦理、教育、承认、教化等多个方面。

（一）马克思对黑格尔唯心主义世界观的批判

黑格尔是典型的客观唯心主义者，其唯心思想在《精神现象学》《哲学全书》等著作中表现得尤为突出，精神和意识的螺旋上升运动是人、社会、国家、历史的发展方式，意识外化为他者又返回自身的辩证运动在马克思眼中只是人头脑中意念的流转，马克思曾经这样评价黑格尔的自我意识学说："黑格尔把人变成自我意识的人，而不是把自我意识变成人的自我意识，变成现实的、因而是生活在现实的对象世界中并受这一世界制约的人的自我意识。黑格尔把世界头足倒置，因此，他也就能够在头脑中消灭一切界限。"[1] 而马克思认为，现实世界的社会生活是自我意识产生的源泉，人在社会生活中产生意识而不是意识创造人，"全部社会生活在本质上是实践的。凡是把理论引向神秘主义的神秘东西，都能在人的实践中以及对这种实践的理解中得到合理的解决"[2]。神秘主义的意识发展和精神发展是脱离全部社会生活的颠倒的、抽象的、独断的世界观。这一点一直被马克思所批判和指正。马克思揭露了黑

[1] 《马克思恩格斯文集》第1卷，人民出版社2009年版，第357页。
[2] 《马克思恩格斯文集》第1卷，人民出版社2009年版，第501页。

第五章 对黑格尔公民教育思想的评析

格尔思辨哲学的神秘主义,把被他颠倒了的逻辑观念和现实事物的关系恢复过来,指出具有哲学意义的"不是事物本身的逻辑,而是逻辑本身的事物",黑格尔所说的意识自身外化出的对象是意识自身幻化出来的虚幻的假象,是抽象的空虚的"一个伪造的烟幕"[1],人们认识世界和改造世界应从感性世界和实际生活中认识人与人的关系、人与社会的关系、人与国家的关系,这是马克思唯物主义世界观的基本观点。

黑格尔离开耶拿后明显的唯心主义思维方式影响着他对宗教、政治、伦理、教育、人与国家关系的看法。就"承认思想"而言,马克思认为,人与人之间、人与社会之间的承认不是意识生发出来的对象的承认,"一个存在,如果在它自身之外没有对象,就不是一个客观的存在"[2]。概念的衍生逻辑不能代替事物真正的逻辑,缺乏真正的对象的承认对象是生硬的虚幻想象,这种承认是不存在的承认。就个人特殊性与伦理普遍性的统一在国家领域的实现而言,黑格尔认为国家是地上的精神,是伦理最高层面的实现,教育是使人符合伦理的一门艺术,符合伦理的人才能实现自由,那么公民教育的实现及公民自由的实现都依赖于公民在国家这个精神层面的实现,而马克思是持反对态度的,费尔巴哈在《关于哲学改造的临时纲要》中关于思维和存在关系的唯物主义论述,则直接推动了他对黑格尔哲学的批判,并提供了方法论上的借鉴。马克思认为,黑格尔在任何地方都把理念当成主体"实体",而思辨的思维却把这一切头足倒置。如果理念变成独立的主体,那么现实的主体在这里就会变成和它们自身不同的、非现实的、理念的客观要素,实际上国家作为实体国家不是理念的、思辨的、精神的国家,他是维护全体公民利益的实体的、现实的、实在的国家。

---

[1] [德]马克思:《黑格尔辩证法和哲学一般的批判》,贺麟译,人民出版社1955年版,第22页。

[2] [德]马克思:《黑格尔辩证法和哲学一般的批判》,贺麟译,人民出版社1955年版,第20页。

（二）马克思对黑格尔实现自由途径的批判

前文提到，黑格尔认为，伦理是实现自由的"伦理场"，自由是"伦理场"中的自由，在伦理的最高层级——"国家"中普遍利益和个人利益得到了统一，自由得以实现，而教育是使人符合伦理的一门艺术，教育使人自由和解放。可见，黑格尔思想的终极目标也是人类的自由和解放，他怀念古希腊的伦理王国，希望构建类似古希腊的伦理社会以实现市民的自由和解放。但是马克思在一次又一次的革命和战争中清醒过来，马克思认为，黑格尔提到的是"具体的自由"，这种"具体的自由"只是"抽象的自由"，只是精神的自在自为，人类自由主要是通过人类不断的实践，尤其是通过革命实践才能实现。

第一，实践。正如英国学者伯尔基所说，马克思满怀热情地把个人自由作为最高目标和价值。那么，人类实现自由和解放源自于人类的不断实践。"现实生活就成为马克思阐述自由的逻辑起点。"① 马克思认为，人类社会的发展史就是人类的实践史，人类通过改造自然、改造人类社会创造了人类历史，精神的自由不能代替人类的自由，自由精神不能自我实现，而必须依靠生产和生活的实践活动才能实现，人类的自由恰恰是在人类不断地认识自然、征服自然、发展生产力和生产关系的过程中认识自我、提升自我，形成了呈现自由样态的生产力、生产方式、生活方式、文化生活和交往方式，并在生产活动中体会、确证自由，在艺术创造中享受自由，通过生产劳动的教育方式从愚昧走向了文明。因此，马克思认为，人类历史是现实的人踏上自由之路的实践的历史，是奠基于现实的尘世基础上的，而不是神秘的人类自由精神发展史。马克思在《关于费尔巴哈的提纲》和《〈黑格尔法哲学批判〉导言》中，反复强调的观点就在于此，他希望德国不再止于思维，而是跨出实践的步伐，去尝试发掘思想的更大更现实的效用，请"伸手摘取真实的花朵"吧。

第二，革命。马克思认为，人类真正的自由是"建立在一个更为根

---

① 谢永康：《自由观念：从康德、黑格尔到马克思》，《学海》2009 年第 6 期。

第五章　对黑格尔公民教育思想的评析

本的即社会生产方式的基础上，并通过社会生产方式的转变来最终实现自由"[1]。马克思所说的实践不是亚里士多德的"伦理—行为范式"，也不是培根的"技术—功利范式"，而是"生产—艺术范式"。[2] 生产方式的根本改变是社会资本分配方式、生活方式、交往方式改变的最根本原因，也是消除异化劳动的最根本因素，因此改变现有资本主义生产方式成为工人们实现自由的重要路径，也是资本家实现自由的重要路径。实际上，黑格尔"主奴辩证法"早已提到奴隶地位提升的意义，也就是说，资本主义生产方式的改变不仅意味着工人的解放和自由，也意味着资本家的解放和自由，那么如何改变资本主义的生产方式呢？马克思认为，无产阶级革命才能真正实现人的自由和解放，资本主义社会性质不变，工人异化劳动的情况不变，任何教育也实现不了人的自由。哲学的主要任务是批判和揭露，以便唤醒德意志的政治革命，但"批判的武器代替不了武器的批判"，只有通过革命斗争而不是哲学上的辩论，才能促进德国政治的演进。因为"它本身表现了人的完全丧失，并因而只有通过人的完全恢复才能恢复自己。这个社会解体的结果，作为一个特殊等级来说，就是无产阶级"[3]。因此马克思主张通过无产阶级革命推翻资产阶级统治，从而推翻资本主义生产方式，建立社会主义生产方式，并建立社会主义社会，才能真正实现人类的自由和解放，这充分体现了马克思实现自由鲜明的阶级性，即只有通过政治解放，改变劳动异化、人的异化和社会异化的状态，才能实现在《资本论》中所说的"自由人的联合体"。

（三）马克思对黑格尔国家观的批判

黑格尔抨击社会契约论思想，认为个人特殊性精神契约的结果只能体现个人特殊性，社会契约论付诸现实的结果仍然是"市民社会"中追

---

[1] 吴克峰：《论马克思主义与自由主义对人类基本价值的理解》，《理论学刊》2011年第12期。
[2] 王南湜、谢永康：《论实践作为哲学概念的理论意蕴》，《学术月刊》2005年第12期。
[3] ［德］马克思：《黑格尔法哲学批判》，中共中央马克思恩格斯列宁斯大林著作编译局编译，人民出版社1962年版，第15页。

求自我利益的最大化及小群体利益的最大化，只有迈向更高层次的国家及国家理念，才是解决市民社会和家庭问题的最终"伦理场"和最终精神。经历了"伦理场"的轮回及劳动、实践、教育的洗礼，人们逐步实现了自在自为的自由。因此，黑格尔认为，在国家中将自己的特殊性与普遍性相融合才能实现伦理中的自由。这一观点遭到了马克思的深刻批判。

第一，马克思反对黑格尔"国家是地上的精神"的观点。"国家是地上的精神"这种纯思维领域的、脱离客观场域的、唯心主义的国家精神概念是马克思的唯物主义思想所不能接受的。马克思认为，黑格尔要做的事情不是发展政治制度的现成的特定的理念，而是使政治制度和抽象理念发生关系，使政治制度成为理念发展链条上的一个环节。马克思反对自由的实现最终归结为国家理念运动的观念，马克思认为，理念不是事物的主体，现实事物才是事物的主体，国家精神的形成绝不是个人自由的归宿，通过改造自然和改造社会的实践活动，才能实现人类的自由和解放。

第二，马克思反对黑格尔"国家是实现自由的最终'伦理场'"的观点。

黑格尔的法哲学观点认为，过度追求个人利益的市民社会阶段不能实现人类自由的最大化，解决这一问题的办法就是迈进更高层次的伦理形式——国家理念，国家理念是国家实体的投射，国家实体是伦理实体的最高级形式，国家阶段的"伦理场"才是实现自由的最佳场所，也是黑格尔一直推崇的个体性和整体性完美融合的地方，因此，黑格尔十分重视国家的地位，当国家与个人出现冲突时，黑格尔明确指出："单个人是次要的，他必须献身于伦理整体。"[①] 他认为，唯有把自由奠基于国家这一现实的伦理实体，自由才能走向现实。

在某种意义上，关于自由，"马克思与黑格尔的分道扬镳是在国家中

---

① [德]黑格尔:《法哲学原理》，范扬、张启泰译，商务印书馆1961年版，第90页。

第五章 对黑格尔公民教育思想的评析

立性上"①。马克思认为,黑格尔所推崇的国家理念及国家实体都不是实现自由的场域。国家的阶级性决定了其必然站在统治阶级的立场上,自由的完满实现不能寄希望于国家。对于被统治阶级而言,国家是限制其自由实现的暴力工具。以资本主义国家为例,资本主义国家实质上维护的是资本的自由。从根本上讲,资本家也是不自由的。在国家这个虚假共同体中,不仅被统治阶级无法享受自由,而且统治阶级也是不自由的,因此,国家消亡,自由才能实现。"共产党人并没有发明社会对教育的作用;他们仅仅是要改变这种作用的性质,要使教育摆脱统治阶级的影响。"② 因此,马克思设想的共产主义社会里,个人的身份不再是具有阶级归属性的成员。在共产主义社会这一真实共同体中,每一个人的自由恰恰是其他人自由实现的条件,共产主义社会方为人人自由完满实现的社会。

马克思认为,实质上,"黑格尔这种只是抽象思维内克服和占有对象的思想,是18世纪末19世纪初软弱的德国资产阶级的思想表现"③,落后的德国资产阶级受到法国大革命和革命精神的洗礼,迫切需要改变德国分裂落后的面貌,但始终未成功付诸实践,他们只能在思想领域内通过绝对精神的宣扬和培养找到解决国内各种问题的办法,这体现了德国资产阶级的软弱性和妥协性。而马克思运用唯物辩证的思想和方法来观察与评价德国的思想和现实,并思考人类的终极目的,最终找到了答案。

第三,马克思反对黑格尔"国家概念衍生出家庭和市民社会"的观点。

在《黑格尔法哲学批判》中,马克思批判黑格尔市民社会从属于政

---

① 汪行福:《自由主义与现代性命运——从黑格尔到马克思》,《中共浙江省委党校学报》2004年第6期。
② [德]马克思、恩格斯:《共产党宣言》,中共中央马克思恩格斯列宁斯大林著作编译局译,人民出版社1997年版,第45页。
③ 张世英:《自我实现的历程:解读黑格尔〈精神现象学〉》,山东人民出版社2001年版,第232页。

治国家的观点,得出了市民社会决定政治国家的著名结论。马克思认为,黑格尔颠倒了国家、家庭和市民社会的关系,把观念变成独立主体,把家庭和市民社会对国家的现实关系变成"观念的内在想象活动"。马克思认为,家庭和市民社会是国家的前提,它们才是真正的活动者,而思辨思维却把这一切头足倒置。马克思批判了黑格尔这种头足倒置的思辨唯心主义,指出"家庭和市民社会都是国家的前提","家庭和市民社会使自身成为国家","政治国家没有家庭的天然基础和市民社会的人为基础就不可能存在。它们是国家的必要条件"。①

在分析市民社会和国家的关系的同时,马克思结合德国和整个西欧的政治状况,揭示了个人存在同社会存在的分离,指出其主要原因是现代国家不可能实现人的普遍本质和人民的利益。只有"真正的民主制"才能消除政治国家同市民社会、政治领域同社会领域、国家公民和作为社会成员的市民的分离。"在民主制中,国家制度、法律、国家本身都只是人民的自我规定和特定内容。"②马克思强调人民群众在社会生活中起决定作用,人民作为国家制度的实际承担者,应成为国家制度的原则,人民绝对有权利为自己制定新的国家制度。这表明他已经接近阐明人民创造国家的思想。因此,不是国家决定家庭和市民社会,而是市民社会决定国家。

二 马克思对黑格尔公民教育思想的继承

马克思一方面着力批判黑格尔的唯心主义,一方面又特别重视和吸收了《精神现象学》中"作为推动原则和创造原则的否定性的辩证法"③,以及劳动创造人本身的思想。同时,马克思关于劳动、教养、承认、发展的思想,生活实践教育人的思想,未来属于劳动者的思想,都

---

① [德]马克思:《黑格尔法哲学批判》,中共中央马克思恩格斯列宁斯大林著作编译局编译,人民出版社1962年版,第22页。
② [德]马克思:《黑格尔法哲学批判》,中共中央马克思恩格斯列宁斯大林著作编译局编译,人民出版社1962年版,第51页。
③ [德]马克思:《黑格尔辩证法和哲学一般的批判》,贺麟译,人民出版社1955年版,第14页。

第五章 对黑格尔公民教育思想的评析

与黑格尔的思想有关,马克思继承了黑格尔辩证法思想及劳动创造人的思想,而且超越了黑格尔的公民教育思想。

(一)马克思对黑格尔"承认思想"的继承

首先,从思维方法来讲,承认思想本质上是一种辩证思维。

马克思、恩格斯曾是黑格尔左派,马克思退出《莱茵报》后,系统地研究了欧美一些国家的历史,尤其是法国大革命的历史,并阅读了费尔巴哈的《关于哲学改造的临时纲要》,得到很大启发后转向唯物主义,对黑格尔的唯心主义体系进行尖锐的批判,但对黑格尔哲学中以对立统一、矛盾发展为核心的辩证法予以高度重视,马克思批判地继承了黑格尔辩证法的合理内核,并改造成为唯物辩证法。"承认思想"的基本思路是主体认识到自己须被另一个主体所承认,能动地外化出对象,又从对象返回自身,形成自己新的维度后,为了实现个体性更为苛刻的形式的承认,再一次外化出对象,又返回自身的循环往复的过程,这其实是黑格尔"正—反—合"辩证思维的一次思维应用,马克思、恩格斯将黑格尔理念中的承认思维转入到客观精神也就是社会中,讨论了市民社会中人与人的承认、人与社会的承认是如何实现的。

其次,从现实资本主义社会来讲,人与人是异化的"非承认"的关系。

马克思是从政治经济学的角度来阐释人与人的承认关系的。人随着需要体系的满足而逐步产生劳动、社会分工,进而形成社会关系和异化关系,我们发现,黑格尔《伦理体系》对"需要的体系"的描述,对劳动关系、商品关系、交换关系和财产关系,以及对货币、价值、价格、剩余产品的论述与40年后马克思在《1844年经济学哲学手稿》中的论述惊人地相似,二者本质上的一致性让我们又一次想象马克思拜读黑格尔著作的场景。实际上,马克思在《穆勒笔记》中对资本主义生产劳动、货币、交换、信用等问题的描述已初步地阐述了人与人之间异化的承认关系。在马克思对资本主义生产关系的严厉及深刻的批判中,我们可以看出异化的承认关系使人成为物的奴隶,成为货币的奴隶。我们的生产同样是反映我们本质的镜子,生产越是多方面的,就是说,一方面,需要越是多方面的,另一方面,生产者完成的制品越是单方面的,他的劳动就越是陷入谋生的劳动的范畴,直到最后他的劳动的意义仅仅归于谋生的劳动并成为完全偶然的和非本质的,而不论生产者同他的产品是否有直接消费和个人需要的关系,也不论他的活动、劳动本身的行动对他来说是不是他个人的自我享受,是不是他的天然禀赋和精神目的的实现。马克思认为,异化劳动就是错误的承认方式,劳动是自我实现的必要手段,但"谋生的劳动"却代表了一种异化的人的存在,一种对自身、对他人的一种错误承认,马克思指出:"你作为人同我的产品有一种人的关系;你需要我的产品;因此,我的产品对你来说是作为你的愿望和你的意志的对象而存在的。……你的需要、你的愿望、你的意志是使你依赖于我的纽带,因为它们使你依赖于我的产品。它们根本不是一种赋予你支配我的产品的权力的手段!"[①] 倒是一种赋予我支配你的权力的手段!即我的产品可以支配你,物可以支配人,人与人之间的关系成了物的需要的相互依赖关系,而不是真正的人与人的关系。因此,劳动、货币、信用产生的人与人之间的关系是相互承认的人际关系的异化,马克思是从反面论证什么是虚假的承认的关系。

最后,从未来的共产主义社会来讲,人与人是真正"承认"的关系。

马克思认为,人的本质是社会关系的总和,人类自然会发展出生产、交换、信用等社会关系,不论是生产本身中人的活动的交换,还是人的产品的交换,其意义都相当于类活动和类精神,它们的真实的、有意识的、真正的存在是社会活动和社会的享受。人要"按照人的样子来组织世界",从而实现"谋生的劳动"向"为人的劳动"的变革,"为人的劳动"指的是"假定我们作为人进行生产。在这种情况下,我们每个人在自己的生产过程中就双重地肯定了自己和另一个人:(1)我在我的生产

---

① 臧佩洪:《马克思历史意识的觉醒》,《南京社会科学》1997年第8期。

中使我的个性和我的个性的特点对象化,因此我既在活动时享受了个人的生命表现,又在对产品的直观中由于认识到我的个性是对象性的、可以感性地直观的因而是毫无疑问的权力而感受到个人的乐趣"①。在马克思的描述中我们看到,个体在从事产品生产的过程中既肯定了自己又肯定了他人,既满足了自己又满足了他人,既快乐了自己又快乐了他人,这才是真正人与人之间的"承认"关系,是我们追求的人的自由状态。同时,在《1857—1858年经济学手稿》中,马克思论述了"三大社会形态"发展理论,进一步从历史唯物主义的视角讨论了承认关系实现的过程。马克思从直接的承认关系社会形态、被物化的承认关系社会形态、积极地承认关系社会形态三大阶段的论述中得出结论:异化的错误承认秩序中孕育着人与人之间真正的承认关系,随着生产力的进一步发展,这种生产力在生产出个人同自己和个人同别人的普遍异化时,也产生个人关系和个人能力的普遍性和全面性。随着积极承认关系社会形态的到来,"为人的劳动"关系的形成,真正的人与人的承认关系就会形成。

(二)马克思对黑格尔"劳动教育"思想的继承

马克思历史唯物主义思想最终的目标是"实现人的自由和全面发展",那么,如何实现人的自由和全面发展呢?马克思认为,劳动创造人,劳动也教育人,人的自由和全面发展也是在生产劳动实践中实现的,马克思指出,生产劳动与智育的早期结合是改造现代社会的最强有力的动力之一。而这一思想不是马克思的首创,马克思的劳动创造人的思想与其说来源于费尔巴哈的人本主义,不如说直接来自黑格尔的《伦理体系》。黑格尔不仅热衷于意识和精神的辩证发展,更对伦理生活中的生产劳动实践进行了研究,他并不满足于记录思想中的东西,他还试图描绘它们的生产活动。马克思指出:"黑格尔把人的自我创造认作一种过程,把人的对象化[实现或客观化]认作对立化,认作外在化和对这种

---

① [德]马克思:《1844年经济学哲学手稿》,中共中央马克思恩格斯列宁斯大林著作编译局译,人民出版社2000年版,第183—184页。

外在化的扬弃；在于他认识到劳动的本质，把对象化的人——现实的、所以是真实的人——了解为他自己的劳动的结果。"① 在《伦理体系》中，黑格尔对于劳动的认识已经达到了《精神现象学》的水平，即把人的生成过程与人的劳动过程统一起来。对此，马克思曾给予高度评价："黑格尔把人的自我产生看作一个过程，把对象化看作非对象化，看作外化和这种外化的扬弃；可见，他抓住了劳动的本质，把对象性的人、现实的因而是真正的人理解为他自己的劳动的结果。"② 马克思继承并发展了黑格尔的劳动创造人的思想，认为劳动的过程就是一种教育，人的进步和发展主要途径就是"教育与生产劳动相结合"，通过劳动实践完善人的技能并形成承认的社会关系，通过劳动的异化发展及生产力的发展产生现代社会的变革，甚至推翻当前的社会制度，都是人类向自由和解放迈进的步伐。马克思说："从工厂制度中萌发出了未来教育的幼芽，未来教育……就是生产劳动同智育和体育相结合，它不仅是提高社会生产的一种方法，而且是造就全面发展的人的唯一方法。"③ 可以看出，马克思甚至将生产劳动同教育的结合看成是人的全面发展的唯一途径，突出了劳动教育在人类社会发展中的地位。同时，恩格斯指出，在未来的社会主义社会，社会化劳动为每个人提供了全面发展的机会，每个人在参加劳动中获得教育，同时能力获得提升；另一方面，教育与生产相结合，使个人在生产劳动中获得技术训练，劳动场所成为教育的训练基地和实践基地，教育促进生产的发展，生产强化教育的效果。因此，马克思和恩格斯都十分重视劳动在教育人、塑造人、发展人的过程中的作用。

（三）马克思对黑格尔"生活实践教育"思想的继承

首先，马克思与黑格尔都将人的认识活动奠基在人的实践活动之上。

---

① ［德］马克思：《黑格尔辩证法和哲学一般的批判》，贺麟译，人民出版社1955年版，第14页。
② ［德］马克思：《1844年经济学哲学手稿》，中共中央马克思恩格斯列宁斯大林著作编译局译，人民出版社2000年版，第101页。
③ 《马克思恩格斯选集》第2卷，人民出版社2012年版，第230页。

第五章 对黑格尔公民教育思想的评析

青年黑格尔并不是在脱离人的生活世界的情况下来谈论人的，在耶拿时期，黑格尔走出前耶拿时期的宗教生活世界，借助对英国工业革命和古典政治经济学的研究，直接进入对市民社会的分析，从而将他的理论构想直接根植于市民社会生活之上。黑格尔对"生活"的哲学考察，或者将哲学问题与生活问题联系起来考察，探讨他那个时代提出来的重大哲学问题，这是黑格尔哲学区别和超越于康德、费希特和谢林哲学的最重要的标志。实际上，马克思与恩格斯在《德意志意识形态》中就提到了黑格尔并不满足于记录思想中的东西，他还试图描绘它们的生产活动。马克思深刻地提出，社会生活成就了人的本质属性，人的意识的形成、民族习惯的形成，甚至国家的形成都是源于社会生活实践的。"在不同的财产形式上，在社会生存条件上，耸立着由各种不同的，表现独特的情感、幻想、思想方式和人生观构成的整个上层建筑。整个阶级在其物质条件和相应的社会关系的基础上创造和构成这一切。通过传统和教育承受了这些情感和观点的个人，会以为这些情感和观点就是他的行为的真实动机和出发点。"① 所以社会生活、文化传统、生活环境是造就人类生活样态的摇篮。

其次，马克思同意黑格尔所说的人是生活实践中异化、教化结果的学说。

黑格尔的对立统一辩证法及矛盾辩证法是贯穿于人的自我创造的全过程的，每一次的对立统一和矛盾发展都可以看作是一次"异化"的结果，所以，黑格尔认为，人类就是在不断地自我异化同时自我教化中实现发展走向自由的，具体来讲，黑格尔将个体的发展设定在《法哲学原理》市民社会"需要的体系"这部分来论述，这一部分提出个体的发展是在社会生产生活中完成的，在生产生活中人们形成了承认关系，这既有利于个体的成长和发展，也有利于社会联合体的发展，与此种观点已在本文第四章有所论述。在黑格尔这种辩证的异化

---

① 《马克思恩格斯选集》第1卷，人民出版社2012年版，第695页。

发展中，马克思认为："只要精神现象学坚持人的异化，纵使人只表现为精神的形态——则在它里面便潜伏着批判的一切成分，并且常常就会准备着并发挥出远超过黑格尔观点的方式。"① 可见，虽然马克思批判黑格尔的唯心主义世界观，但是这种否定的、批判的、辩证的精神却被马克思继承了，在社会生活不断异化的过程中，人们通过劳动和其他实践活动改造自身、改造自然、改造社会，自我教育并自我成就。可以看出，"马克思旗帜鲜明地提出了自己的观点：有思想、有劳动能力的人可以通过实践成为自己的导师。他将无产阶级的教育问题设想为纯粹的自我推动和自发的过程。"② 正是在这种辩证的以异化为特征的实际生活过程中，个体习得了生存能力，认识了社会发展规律，懂得了社会生活的意义，传承了本民族文化和传统，使个体最终认识了自由，创造了自己，解放了自己。

最后，马克思认为国家是相互教育的自由人的联合体。

马克思虽然批判黑格尔的国家理念观及黑格尔所提到的普鲁士王国国家至上，但马克思强调在"人民至上"的民主制国家中，国家可以成为个体相互教育的自由人的联合体。"实际上，国家的真正的公共教育就在于国家的合乎理性的公共的存在。国家本身教育自己成员的办法是：使他们成为国家的成员；把个人的目的变成普遍的目的，把粗野的本能变成合乎道德的意向，把天然的独立性变成精神的自由；使个人以整体的生活为乐事，整体则以个人的信念为乐事。与此相反，社论不是把国家看作是相互教育的自由人的联合体，而是看作是被指定接受上面的教育并从'狭隘的'教室走进'更广阔的'教室的一群成年人。"③ 通过国家教育消除个体的自然性、发展个体的社会性、消除个体的任性、发展个体的理性等思想与黑格尔的伦理教育思想显然

---

① [德]马克思：《黑格尔辩证法和哲学一般的批判》，贺麟译，人民出版社 1955 年版，第 13 页。
② 辛慧丽：《马克思政治教育观的实践维度探析》，《学校党建与思想教育》2011 年第 2 期。
③ 《马克思恩格斯全集》第 1 卷，人民出版社 1995 年版，第 217 页。

是一脉相承的；同时，马克思又强调了个人特殊性与国家普遍性"打成一片"，使整体和合地包容个体，使个体和谐地融入整体，个体的特殊意志得到满足，国家的共同体意志得到实现。如马克思所说："社会是人同自然界的完成了的本质的统一，是自然界的真正复活，是人的实现了的自然主义和自然界的实现了的人道主义。"① 这种"人道主义"映现个体又包容和合的场景与黑格尔的伦理教育思想如出一辙，如此人们才能过上摆脱了人与人的依附、摆脱了对物的依赖、实现了个人自由全面发展的伦理生活，才能实现个体的自由和解放。

第三节　黑格尔公民教育思想的当代价值

　　文化的传承和创新推动着人类社会不断发展进步，指引着人类追求社会的公平、正义和和谐，指引着人类追求自由、承认和解放。黑格尔的精神财富在当代社会也同样熠熠生辉。国家共同体的建设和治理、精神意识的理性与圆融、人际伦理社会的和谐和正义、国际社会间的承认与认可等人类对于美好的向往和追求似乎都能在黑格尔的思想中寻到指引。这位哲学家不仅实现了哲学家的意义，更是通过教育哲学的表达指引着一切美好的创造者——人类的塑造路径，并通过塑造美好的人类进而塑造美好的人类共同体。

一　为世界各国公民教育提供参考借鉴

（一）为教育哲学提供教育思维方式

　　黑格尔的自由学说、承认学说、教化学说等都为当代教育者提供了改革教育、发展教育、完善教育的思维方式。首先是批判反思的辩证思维方式。黑格尔的否定之否定辩证法让我们了解到事物发展变化的规律，

---

① ［德］马克思：《1844年经济学哲学手稿》，中共中央马克思恩格斯列宁斯大林著作编译局译，人民出版社2000年版，第83页。

被教育者所表现出来的一切的"否定"的行为方式都值得教育者去反思,被教育者的成长就是这样被自身自由需求指引并被教育者推动的螺旋上升的进步成熟过程,教育者是指导被教育者如何面对客体返回自身的引导者,黑格尔的辩证哲学更明确地说明了教育者的作用。其次是个体与他者相互承认的承认思维方式。面对个体必然的人生课题——个人与他人的关系,黑格尔给我们提供了"承认"的教育哲学思维,教育者应承认被教育者,被教育者要承认教育者,以及二者如何承认的问题。同时,教育者对被教育者承认思维的培养是建立个体与他者承认关系的重要方面,教育者与被教育者的承认思维培养都很重要。最后是个体经历异化的教化思维方式。个体的成长和发展是一个异化的教化过程,个体是劳动社会实践造化的结果,传统文化的传承、世俗的一切观念、国家的教育和管理都是个体成长的教化过程,教育者以及教育管理者可以用历史的眼光和发展的眼光审视当代教育及当代的被教育者,用教化的思维方式开展教育活动,更有利于当代公民教育的发展。

(二) 为公民教育中的"意识培养"提供理论依据

肉体成长是人的自然成长,而精神成长则需要教育的参与,黑格尔认为教育就是使人精神成长后更加符合伦理的活动,而这门"艺术"不是简单的说教,而是使被教育者精神成长后树立正确意识和正确观念的活动,人的精神是如何成长的呢?《精神现象学》中将人意识的发展分成了意识、自我意识、理性、精神、知识、绝对知识(艺术、宗教、哲学)等几个阶段,黑格尔又对每个阶段意识的发展做了详尽的说明,如何将道德、法治等教育内容用恰当的教育方法指引等公民教育问题,都需要了解被教育者的意识发展规律,所以黑格尔的精神学说恰恰为当代公民教育的开展提供了依据。

(三) 为当代伦理教育奠定理论基础

黑格尔的公民教育思想是其"使人成为人""使人成为自由的人""使人成为理性的人""使人成为伦理的人"哲学思想的延伸,人的本质属性是社会性,每一个个体都注定是伦理人,伦理教育是当代教育不可或缺的一个方面，如何培养自在自为的伦理人是黑格尔一直思考的问题，关于自由、宗教、法哲学等问题的讨论都是为他在主观世界映衬下的客观伦理世界中的个体寻找安身立命的理由，因此，黑格尔有一句名言"教育是使人符合伦理的一门艺术"，黑格尔的公民教育思想也可以称为伦理教育思想，他认为教育就是培养伦理精神的。这一思想为当代伦理教育在教育目标、教育方法、教育原则等方面都提供了可以借鉴的内容。首先，黑格尔伦理教育思想为被教育者树立正确的集体观、社会观、国家观提供教育哲学基础。黑格尔关于伦理的阐述让教育者和被教育者了解到为什么人是被规定着过普遍生活的，人的特殊性和普遍性的统一对于个体意味着什么，为什么只有"个体"变成群体中的"实体"才能获得自由等很多问题。其次，黑格尔的伦理教育思想对当代教育伦理学的发展具有借鉴意义。公民教育中的教育善是教育者一直追求的教育伦理目标，黑格尔的伦理自由论、伦理人性论、伦理承认论反映在当代公民教育中，就是实现主体由追求外在到追求内在，由他律到自律，由任性到理性的教育善。

二 为解决当代"现代性"问题提供理论基础

当代学者对"现代性"问题[①]的理解不尽相同，笔者认为人的"现代性"就是当代人脱离人自由本质的异化现象，"现代性"问题主要指的是当代社会生活中人们"主体性自由"高扬后产生的一系列矛盾、困惑和问题。在中国，"文化大革命"后，中国人的思想开始慢慢解放，尤其是到了当代社会转型期，中国传统文化并没有转化完成，当代社会主义文化还没有完全形成，当我们移植和吸收西方资本主义文化时，很容易出现拜金主义等价值观的冲突和矛盾等"现代性"问题。同时随着

---

① "现代性"是一个多重意象的聚合体，既可用来标明一个特定的历史时段，也可用来描述一种现实的社会状态和客观的历史进程；既可用来概括某种时代特性，也可用来表达人们的某种独特的主观体验；既可用来指称某些问题和困惑，也可用来表征人们的某种价值理想。

我国经济发展水平不断提高，人们物质生活不断满足，人们的权利意识不断增强，也有条件使个人自主意识不断高扬，一些公共制度与习俗规范之于人们都不再具有权威性，很多人将外部社会视为实现自己"自由"的手段和工具。整个社会生活和外部世界主观化、相对化、虚无化，从而导致一系列的分裂、冲突，以及导致人的自由、生命价值和生活意义的失落。就像黑格尔所说："自我意识的个别性环节这样固定了下来……个体就进而与法律和伦常对立起来了……个体，作为这一个特殊的我，在它自己看来乃是活的真理性。"① 或者意图通过对外部特殊事物的无尽占有来满足无尺度的自然意志，即满足冲动、情欲和欲望，形成了"主体自由""个性解放""金钱至上"等观念，从而在不能弥合的主客对立中导致自我、他人和自然之间的对立和相互奴役。实际上，虽时过境迁，但中国当代社会出现的很多主体性凸显的道德问题、违法犯罪问题都成为我国当代的"现代性问题"，成为阻碍我国社会主义现代化建设的不利因素。

实际上，这些问题都与欧洲启蒙运动后欧洲世界的"现代性"问题有类似之处，对此，黑格尔做过深入的研究和分析，黑格尔指出，在欧洲启蒙运动后，"主体性原则"即"主体自由原则"得到重视，人们的激情不断释放，貌似自由的行为方式让欧洲人兴奋不已，甚至有人认为法国大革命的狂潮与之不无关系，但革命狂潮过后黑格尔开始了对当时盛行的"主体性原则"的思考。哈贝马斯认为黑格尔是第一个自觉对"现代性"问题进行清晰阐释的哲学家，并认为我们能从黑格尔早期作品中找到解决这一问题的不同于自由主义和社群主义的主体间性方案，他对当时社会现实所做的思考和今天所面临的"现代性"问题有着内在一致性的理论资源。同时黑格尔的市民社会理论也为解决当代中国"现代性"问题提供了可借鉴的方法和途径。笔者认为，黑格尔对"现代性"问题的分析和探讨对解决中国当今社会的"现代性"问题是非常有

---

① [德] 黑格尔：《精神现象学》（上），贺麟、王玖兴译，商务印书馆1962年版，第267页。

第五章 对黑格尔公民教育思想的评析

益的。

黑格尔从"自由意志"的形成出发讨论了如何才能摆脱"现代性"问题从而实现真正的自由解放。在《法哲学原理》中，意志的发展分为三个环节：（甲）纯无规定性或自我在自身中的纯无反思要素；（乙）自我过渡，即从无差别的无规定性过渡到区别、规定和设定一个规定性作为一种内容和对象；（丙）意志是这两个环节的统一，是经过在自身中反思而返回到普遍性的特殊性——即单一性。只有到了第三个（丙）环节，才能形成自由意志。但多数人的"现代性"问题都是被困在（乙）这一阶段不能自拔，或者认识到（乙）这一阶段的问题而不能够有效地扬弃这一混乱现象，找不到摆脱困境的出口。在人的意志发展的第二个环节，虽然人们找到了一个"规定性"的内容和对象，但很多主体却受到这个对象的限制，陷入了主客对立的矛盾，黑格尔认为唯有进入（丙）阶段，唯有返回自身，求诸自身，才能真正实现解放和解脱，即"只有在作为主观意志的意志中，自由或自在地存在的意志才能成为现实的"。[①]"人是寻找解脱和解放的存在物，不但是外部的解放，而且还有内部的解放，不但是社会的解放，而且还有精神的解放。"[②] 这种真正的自由和解放有两个途径：第一个途径是使人从对外物的不断索取中超拔出来，从而过一种反思的求诸己的精神生活。人对物的需要的无限性，只能通过人的精神生活及其提升的方式来克服。"'精神'真正欲望的便是要达到它自己的概念。但是它自己把那个概念遮蔽起来，而且傲然以与概念的隔绝为得意。"[③] 因此，现代人只有揭开"精神"的面纱，将人的精神从外在无限性追求中召回，才能获得心灵的宁静与精神的恬淡，进而将生活回归人自身。而教育就是使人过上精神生活的重要途径，换言之，教育最重要的并不是知识技术的传授，知识技术只不过是人自由

---

① [德] 黑格尔：《法哲学原理》，范扬、张启泰译，商务印书馆1961年版，第127页。
② [俄] 别尔嘉耶夫：《美是自由的呼吸》，方珊等选编，山东友谊出版社2005年版，第10页。
③ [德] 黑格尔：《历史哲学》，王造时译，上海书店出版社2006年版，第51页。

存在的一种技能，教育的核心是人的塑造、人的人化、人的"第二天性"养成。第二个途径是使个体从对"特殊性"的自持中超拔出来，从而过一种共同体中"普遍性"生活。因为个体特殊性的强调就意味着社会的"普遍自由"面临严重的威胁。个人主体性的绝对化，将使个人从他所属的共同体中分离出来，个体"活的真理"使得共同体看起来像"死的真理"，伦理共同体的公共利益面临威胁就意味着每个个体的利益受到普遍的威胁，因此，只有使个体意识到共同体普遍性生活的意义才能解决当代人"唯我独尊"的"现代性"问题，黑格尔指出，扬弃"唯我性"，树立伦理意识，过一种伦理共同体生活，在自我意识中将主体性自由意志与普遍性意志结合，在伦理中寻找真正的自由和解放。而这种普遍性意识的培养也需要教育的参与。

三 为国家治理和社会治理提供思维导图

（一）有利于构建中国特色社会主义和谐社会

黑格尔的伦理社会构建思想及公民教育思想都对我国建设社会主义和谐社会有启发意义。和谐社会指的是民主法治、公平正义、诚信友爱、充满活力、安定有序、人与自然和谐相处的社会，其关键词是"和谐"，怎样实现社会和谐有序健康发展呢？首先，国家对社会管理的正义。国家通过国家管理行为保证社会的民主法治、公民正义，为市民社会营造良好的环境。正如黑格尔所说，自在自为的正义是什么？只能在正义的客观形象中，即在国家作为伦理生命的结构中体现出来。福利没有法不是善，同样，法没有福利也不是善。国家正义才能实现社会的正义，国家的法治和政策保障社会公民权利才能实现社会的安定有序和诚信友爱，国家在保障社会福利中实现社会福利和社会和谐。其次是公民树立承认思维。和谐社会的建立离不开个体对他人的承认及个体对社会的承认，而承认思维恰好是解决社会现代性问题及主体间矛盾的钥匙。社会中的个体不可能孤立存在，与其他社会主体和谐共存是和谐社会的主题，那么如何解决社会生活中与他者共存的不和谐因素呢？学者张世英说过，人生的圣洁不在于脱离尘世、孤芳自赏,而在于经受起诱惑和痛苦,一个伟大的人格就是在"小我"自我分化之后,战胜他在,承认他在,将与他在的对立化为与他在的统一,在各种矛盾与冲突中扩充自己,把有限的"小我"扩充成无限的"大我",此时,"黑格尔的最具普遍性的大我或'绝对我'、'绝对主体'就可以说是一个历经磨难、耐得住人生一切矛盾、冲突而取得最终胜利的战将"①。最后是公民尊重客观伦理秩序。传统形成的或约定俗成的社会伦理是大家共同的行为规则,极度任性"不按套路出牌"往往就会破坏这种秩序,因为"人们做出正确的行为选择和预见的基础和前提是共同体生活中客观地存在着的交往规则和伦理秩序的规律性"②。从而遭到社会的批判和良心的谴责。富有生气的良性社会需要每个公民遵守伦理规则,包括道德规范、宗教原则和地方风俗等。正如黑格尔所说,"智慧与德行,在于生活合乎自己民族的伦常礼俗"③,"如果主观特殊性被维持在客观秩序中并适合于客观秩序,同时其权利也得到承认,那么,它就成为使整个市民社会变得富有生气,使思维活动、功绩和尊严的发展变得生动活泼的一个原则了。"④ 因此,"个人必须正视、尊重这些规则和规律性,并根据自己的条件和个性加以体现和实现。"⑤ 才能构建真正的和谐社会。

(二)有利于我国社会主义主流意识形态建设

意识形态含义十分丰富,马克思恩格斯从唯心史观的意识形态、统治阶级意识形态、观念或思想上层建筑的社会意识形式三个方面概括了意识形态的内涵,笔者主要探讨黑格尔的公民教育思想对统治阶级意识形态及上层建筑的影响。黑格尔说人是被规定着过普遍生活的,普遍的生活意味着自由,主体在家庭和市民社会中的主观性、任意性、片面性

---

① 张世英:《自我实现的历程:解读黑格尔〈精神现象学〉》,山东人民出版社2001年版,第238页。
② 胡启勇:《黑格尔伦理秩序的三重维度》,《河南大学学报》(社会科学版)2009年第1期。
③ [德]黑格尔:《精神现象学》(上),贺麟、王玖兴译,商务印书馆1962年版,第266页。
④ [德]黑格尔:《法哲学原理》,范扬、张启泰译,商务印书馆1961年版,第245页。
⑤ 胡启勇:《黑格尔伦理秩序的三重维度》,《河南大学学报》(社会科学版)2009年第1期。

在国家中都不复存在，而这种普遍的生活只有在国家中才能实现，国家代表了普遍利益与特殊利益的统一。"国家是具体自由的现实；但具体自由在于，个人的单一性及其特殊利益不但获得它们的完全发展，以及它们的权利获得明白承认（如在家庭和市民社会的领域中那样），而且一方面通过自身过渡到普遍物的利益，另一方面，它们认识和希求普遍物，甚至承认普遍物作为它们自己实体性的精神，并把普遍物作为它们的最终目的而进行活动。"① 个体利益与国家利益归根到底是一致的，个体自由不是任意妄为的绝对自由，而是对普遍性的高度自觉，对国家共同体的高度认同，此时，个体的特殊性得到满足，国家的普遍性也得到实现，实现了个体利益与国家利益的统一，并最终实现具体自由，所以，黑格尔认为个体是希求这种国家普遍生活的。这些思想都不断促使我们思考个体与国家的关系，国家的社会和谐、经济发达、政治清明对我们个体意味着什么，个体的任性妄为对社会和国家的影响是什么，以及对我国主流意识形态建设的有益启示。

（三）有利于为国家治理和社会治理培养合格公民

国家治理和社会治理是当代社会发展的主题，由谁治理、治理什么、怎样治理、治理的目标都是我们思考的问题，笔者从培养合格公民教育出发思考由谁治理和治理的目标的问题。国家治理和社会治理基于治理者的治理理念及治理水平能力。首先，黑格尔的伦理思想、承认思想、官员培养教育思想对于治理者树立正确的治理理念和提高治理水平和治理能力有借鉴和启发意义。一方面，治理者（官员）首先应树立普遍意识。一切贪污腐败现象都是自我意识超越普遍意识，将个体利益凌驾于国家利益之上的结果，如果不通过官员教育培养官员的廉洁思维、普遍思维和承认思维，在利益的诱惑下，很多官员将不再遵守任何法律规范，也不再从公共伦理生活中找寻意义、荣耀与不朽，并慢慢丧失伦理共同体观念，黑格尔指出，针对官员的教育是社会教育的重要方面。另一方

---

① [德]黑格尔：《法哲学原理》，范扬、张启泰译，商务印书馆1961年版，第296页。

面，治理者伦理思想和承认思想的培养可以影响治理者治理策略的制定、治理方式的适用、治理途径的选择。治理者从黑格尔的人的自由本质和社会本性理论出发，以促进个体特殊性与普遍性融合为原则，以当前市民社会发展和国家发展中遇到的问题为切入点，借鉴黑格尔承认思维、伦理思维、辩证思维等思维方式，不断探寻和修正中国特色社会主义国家治理和社会治理的方式方法、途径和原则，一定会有所裨益。其次，黑格尔的伦理思想、承认思想、官员培养教育思想有利于培养参与国家治理和社会治理的合格公民。人民群众是历史的创造者，社会主义国家治理和社会治理需要公民以正确、合理的方式参与。黑格尔所讲的公民的精神成长、自由意志的形成、任性向理性的跃迁、个体与他者的承认、个体对普遍性的希求、劳动实践教化、国家客观性等思想对公民正确合理地参与社会生活，参与社会主义现代化建设，参与国家治理和社会治理有借鉴意义。另外，黑格尔公民教育思想有利于培养公民的社会主义核心价值观。社会主义核心价值观是时代的精神引领，是凝聚中国力量的灵魂，黑格尔公民教育思想的价值引领功能此时发挥了作用，黑格尔公民观有利于公民确立富强、民主、文明、和谐、自由、平等、公正、法治、爱国、敬业、诚信、友善的价值原则，因为这些价值观的确立是实现个体由不承认到承认、由任性到理性、由特殊性向普遍性发展进而实现解放的价值观，有利于实现现代性国家治理促进社会的和谐与发展。

第六章

黑格尔公民教育思想对我国公民教育的借鉴意义

公民教育的关键词是"公民"二字，我国当代公民教育的目标是培养社会主义国家公民。

在国家和社会生活中，首先我们感受到的是公民对自己"公民"身份的不敏感和无意识，其次我们感受到的是由于公民意识不强而形成的道德失范、违法犯罪、"现代性"现象等问题。究其原因，一方面计划经济体制下的思想转变为社会主义市场经济所要求的平等、权利、参与、竞争和高度自主意识高扬后，多元意识没有得到很好的引导，另一方面也是我国公民教育内涵模糊，目标定位偏颇，内容碎片化，教育方式单一，实践教育缺乏的结果。导致我国公民意识落后于社会发展，公民意识比较淡薄，公民道德意识与行为存在较大差异等问题，不仅影响社会主义现代化建设者和接班人的培养，也会形成官员贪污腐败、群体事件频发、社会风气冷漠、人们精神生活失落等社会不和谐问题。于是，笔者决定探寻黑格尔公民教育思想的宝藏，循着黑格尔自由思想的指引，结合世界公民教育经验，思考我国当代公民教育问题，希望通过本部分的论述对我国当代公民教育提出有益建议或做有益补充。

第六章 黑格尔公民教育思想对我国公民教育的借鉴意义

第一节 对完善思想政治教育学理论的借鉴意义

我国公民教育的目标在一定程度上是以思想政治教育的实施来实现的，公民教育的很多内容也恰恰是思想政治教育的重要内容。黑格尔公民教育所追求的"好人"和"好公民"恰恰是我们思想政治教育的目标，西方虽然没有思想政治教育学科，但二者在教育目标、教育内容、教育方法等方面有很多相同之处，黑格尔的承认思想、教化思想、伦理思想对完善和发展当代思想政治教育学具有重要的借鉴意义。

一 完善思想政治教育目标理论

"培养什么人"一直是国家教育发展思考的首要问题。二十大报告指出，我们要办好人民满意的教育，全面贯彻党的教育方针，落实立德、树人根本任务，培养德智体美劳全面发展的社会主义建设者和接班人。[1] 而思想政治教育主要承担的是"立德树人"的根本任务，新时代思想政治教育要培养什么样的人呢？关于思想政治教育目标的界定不同学者有不同看法。陈秉公先生认为，培养社会主义思想品德、塑造社会主义理想人格、引导人们产生积极的行为是思想政治教育的三个目标。[2] 张轩认为，思想政治教育的根本目标是实现人的自由全面发展，具体目标为培养社会主义事业的建设者和接班人，包括培养造就有理想、有文化、有道德、有纪律的，具有现代民主意识、法律意识、参政议政意识、竞争合作意识和良好心理素质的社会主义"四有公民"。[3] 有学者认为思想政治教育的目标是提高人们的思想道德素质，促进人的全面发展，激励人们为建设中国特色社会主义，最终实现共产主义而奋斗。可以看出，

---

[1] 习近平：《高举中国特色社会主义伟大旗帜 为全面建设社会主义现代化国家而团结奋斗——在中国共产党第二十次全国代表大会上的报告》，人民出版社2022年版，第34页。
[2] 陈秉公：《思想政治教育学原理》，高等教育出版社2010年版，第231页。
[3] 张轩：《论思想政治教育目标的层次性》，《思想政治教育研究》2009年第4期。

对于思想政治教育的目标，无论学者们怎样概括，坚持社会主义教育方向，实现人的全面发展，为社会主义现代化建设培养人才都是主旨要义。

首先，坚持社会主义办学方向需要培养公民的"公共意识""群众意识""共同体观念"，而"承认理论"指引下的教育观念正是以"认同""平等""和谐"为价值取向，以"普遍性意识"和"国家政治共同体"为教育旨归，因此有利于培养公民的政治价值观、集体观念和公共思维。其次，黑格尔认为教育的目的是培养负责任的伦理社会中的积极公民，即培养积极地相互承认的守"法"公民，此处的"法"不仅仅是法律的意思，黑格尔所称的"法"更多指的是伦理社会中包括法律、道德、规范等在内的伦理规范，伦理是实现自由的场域，伦理精神代表着自由精神。因此，"法"代表着自由的规则，守"法"公民意味着具有自由意识、普遍性思维、道德情操、法治观念的守"法"公民实现了人的发展的"自在自为"，因此笔者认为，思想政治教育的目标还包括"为社会主义现代化建设培养具有守'法'意识和伦理精神的伦理公民"这一层面的内容。即思想政治教育的目标是：培养公民的道德素养、法治素养、心理素养、政治素养等素养，实现人的自由全面发展，为社会主义现代化建设培养伦理公民。

二 完善思想政治教育主体与客体关系理论

一般认为，思想政治教育的主体是教育者，客体是被教育者，在教育中主体处于主导地位，客体处于被主导地位，但为了实现思想政治教育的改革和发展及提高思想政治教育效果，有学者认为"在思想政治教育过程中，教育者和被教育者都是主动行为者，都具有主动教育功能，因而都是思想政治教育过程的主体"[①]。即提出"双主体"理论，主体与客体的关系变成了主体与主体的关系，思想政治教育过程是教育过程、受教育过程及双主体修身过程的统一，教育者和被教育者都是积极的教

[①] 陈秉公：《思想政治教育学原理》，高等教育出版社2010年版，第97页。

第六章　黑格尔公民教育思想对我国公民教育的借鉴意义

育主体，教育过程成为"双主体"互动的过程，这种积极互动有利于提高思想政治教育的效果。

同时，思想政治教育是一个有机的社会活动系统。按照系统论的观点，我们应在系统的联系和运动中去认识和把握思想政治教育的主客体关系。具体来讲，主客体的关系即"双主体"之间的关系可以表述为：相容关系和依存关系。[1] 笔者认为，为避免当代思想政治教育过程中的矛盾及不和谐因素，思想政治教育主体与客体的关系还应包括主客体承认关系，即在教育系统的联系和运动中培养和践行承认关系。

学校中的教学活动和管理活动也是一种社会活动，学校是老师和同学、同学与同学、同学与学校行政工作人员互相学习、互相交流、共同成长的场所。黑格尔认为，人与人之间、人与团体之间都充斥着矛盾和冲突，但同时，正是在这种冲突和矛盾中，个体丰富和丰满起来，使"个体"变成了"主体"，主体在构建世界时，别的主体也在构建"他"的世界，两者都会把对方纳入到自身的外化之中，再通过肯定—否定—否定之否定的三段式辩证法返回自身，这就是黑格尔的"自我意识辩证法"，自我意识的存在"也就是因为它是为另一个自在自为的意识而存在的"，它"只是由于被对方承认"[2]。在相互承认的经验关系中，主体完成自己的螺旋上升式成长。马克思认为交往是社会化的人的本质特征，交往的发生是以互相承认交往双方为前提的，无论哪一方作为交往的发起者，一旦进入到交往过程中，便进入了主体间状态，教学过程及学校的管理过程也是如此，教育活动的有效开展，被教育者知识、能力、素养的提高也是以学校中各主体间相互承认、相互肯定、相互促进为前提的，所谓"亲其师，才能信其道"，教学交往中思想和行为的互相碰撞、互相抵触、互相接纳，使教育者和

---

[1] 陈秉公：《思想政治教育学原理》，高等教育出版社2010年版，第100页。
[2] ［德］黑格尔：《精神现象学》（上），贺麟、王玖兴译，商务印书馆1962年版，第138—139页。

被教育者相互构建了自己的世界和他人的世界，实现了自我意识的辩证发展，而自我意识发展形成的"主体"思维，即伦理思维，就是当代公民教育的重要内容。

三　完善思想政治教育规律理论

陈秉公认为，思想政治教育的规律包括社会适应规律、要素协同规律、过程充足规律、人格行为规律和自我同一规律[1]，笔者认为"承认理论"和"伦理思维"有利于思想政治教育工作者更好地运用思想政治教育各种规律，实现当代思想政治教育培养伦理公民的目标。以"自我同一规律"为例，"自我同一规律"指教育者依据自我意识的矛盾同一性，充分调动受教育者自己教育自己的能动性，实现教育目的。[2] 思想政治教育的一切措施最终都会落到"自我同一规律"上，落实到推动自我意识的分化和积极统一上。自我意识能够自我观察、自我认识，实现自我意识的分化和统一，达到自我教育和自我提高的目的。自我意识的分化，使得主体的我可以直观客体的我的精神面貌，监督和鉴定自我现实的品德和行为，并帮助客体的我实现主体的我的要求，实现主体的我与客体的我的和谐统一，没有自我意识的分化和积极的统一，就没有思想政治教育的有效性可言。而黑格尔的"承认理论"和"伦理思维"可以推动"个体自我意识"向"主体自我意识"发展，推动教育者和被教育者自我意识分化和统一，推动自我意识的辩证发展，提高自我矛盾的化解能力，实现主体的自我和谐统一。

在"过程充足规律"方面，黑格尔的"承认理论"和"伦理思维"可以推动和保障思想政治教育过程充足。思想政治教育过程的四个要素包括认识、情感、意志、行为，人的任何一种思想品质都是由知、情、意、行四个要素构成的。同样，人的任何一种思想品质的形成，也须具

---

[1] 陈秉公：《思想政治教育学原理》，高等教育出版社2010年版，第144—158页。
[2] 陈秉公：《思想政治教育学原理》，高等教育出版社2010年版，第158页。

备知、情、意、行四项条件。① 只有保证思想政治教育知、情、意、行过程充足，才能保证思想政治教育的有效性。伦理精神的培养过程充足，有利于实现培养社会主义伦理公民的目标。

第二节 对我国当代公民教育的借鉴意义

教育的智慧来自对现实的深刻反思和不懈追问，也来自对人类卓越文明成果的传承和创新。黑格尔公民教育思想中的智慧跨越时空，影响了数代人对自由和解放的追求，以至于我们现在依旧可以感受到黑格尔思想的温度。黑格尔对改变世界一直抱有希望，他希望通过真正的公民教育改变不平等、不承认、不自由的秩序，希望把人们培养为相互承认的"好人"和"好公民"。这给当代公民教育研究提供了一个全新的视角，笔者结合时代特点，反思当代世界公民教育，批判地继承黑格尔公民教育思想，从三个方面分析黑格尔公民教育思想对当代公民教育理论和实践的价值和意义。

一 重视家庭伦理教育

公民教育是一项系统工程，需要家庭、学校和社会协作完成。"家庭是社会的细胞。……历史和现实告诉我们，家庭的前途命运同国家和民族的前途命运紧密相连。""家庭不只是人们身体的住处，更是人们心灵的归宿。"② "家庭是人生的第一所学校，家长是孩子的第一任老师，要给孩子讲好'人生第一课'，帮助扣好人生第一粒扣子。"③ 家庭教育描绘了一个人人生的底色，是公民教育的起点，对于未来塑造身心健康的

---

① 陈秉公:《思想政治教育学原理》，高等教育出版社2010年版，第152页。
② 习近平:《在会见第一届全国文明家庭代表时的讲话》，《人民日报》2016年12月16日第2版。
③ 习近平:《坚持中国特色社会主义教育发展道路 培养德智体美劳全面发展的社会主义建设者和接班人》，《人民日报》2018年9月11日第1版。

合格公民意义重大。

(一)家庭儿童伦理熏陶教育:培养对他人福利的承认

在当代社会,父母越来越重视孩子的教育,知识性教育的提前开展是一个明显倾向,孩子们在正式入学前似乎就超前完成了学习内容,但是社会生活中的人是伦理的人,不仅要具有一定的知识和技能,还要具备一定的伦理素养等社会能力,黑格尔认为家庭是进行伦理素养教育的重要场所。家庭是伦理的最初形式,也是进行伦理教育的最初场域,家庭有天然的情感公民教育的优势。"在他幼年时代,母亲的教育尤其重要,因为伦理必须作为一种感觉在儿童心灵中培植起来。"[①] 那么父母在家庭生活中是否有意识地传递一些伦理信息呢?作为孩子的第一任老师,父母应有意识地在无强制性的陪伴中灌输伦理知识,在伦理生活事件中教育孩子反思事件的因果,在与其他人的交往中培养对他人福利的承认。而这些潜移默化的伦理能力的培养为孩子进入集体生活和工作树立了承认意识,使孩子不仅关怀自己的福利,也关怀他人的福利和社会的福利,实际上就是培养了孩子的伦理情商。因此笔者认为,倡导的是知识教育和伦理情商教育相结合的全面的、平衡的、不偏废的家庭生活教育,也呼吁父母有意识有计划地对孩子进行伦理情商教育。

(二)家庭爱与服从的结合教育:规范与爱的结合

随着当代父母文化水平的提高,越来越多的父母开始了解儿童心理学及儿童教育学等内容,更懂得了爱与陪伴在孩子幼年时期的重要作用,由于工作繁忙等原因,父母选择了以工作为主,兼顾孩子的生活方式,也就是仍没有在家庭生活给予孩子充分的爱和陪伴,而实际上,爱和陪伴本身就是一种教育,这将在一定程度上会造成孩子爱的教育的缺失,同时隔代代养的溺爱也不能代替父母给予的陪伴的爱。黑格尔认为儿童幼年时期母亲的亲密陪伴及教育对于孩子的成长尤为重要,因此,父母应改变意识,在家庭生活中增加爱的教育的时间,提高爱的教育的质量。同时,为了防止培养出娇惯的孩

---

① [德]黑格尔:《法哲学原理》,范扬、张启泰译,商务印书馆1961年版,第215页。

子,家庭中的教育应是爱的教育与服从的教育相结合的教育。服从教育的方法例如榜样示范法、环境熏陶法、因材施教法、谈心交流法、惩罚惩戒等。实际上,对孩子错误行为的适当惩罚是爱的教育的另一种形式,黑格尔说:"惩罚的目的不是为了公正本身,而是带有主观的、道德的性质,就是说,对还在受本性迷乱的自由予以警戒,并把普遍物陶铸到他们的意识和意志中去。"① 在孩子合适的年龄,适度的惩罚就是教会孩子正确看待主体与客体的矛盾、正确认识个体和整体的关系、正确解决主观与客观差别问题的途径,是有利于孩子伦理思维和伦理情商的形成的,因此,在家庭教育中,爱的教育与服从的教育是缺一不可的,只有将二者结合起来,才能培养出有爱心、懂得感恩、包容他人、热爱集体的"伦理儿童"。

(三) 家庭自然教化教育:父母无须焦虑

当代家庭教育的焦虑主要来自父母的焦虑,学校开展家长课堂活动也是为了缓解父母的焦虑,防止家长的焦虑引起孩子的焦虑,而当代多数家庭也确实广泛地存在着父母焦虑子女成长的问题。家长焦虑的根源主要来自其他家长的超前教育、先进的现代教育技术、攀比心、父母对孩子期望值高等几个方面,家长"不能让孩子输在起跑线上"的观点让很多孩子不堪重负。甚至有些孩子在小学阶段就得了抑郁症。黑格尔认为,人的成长不是昙花一现的,人的成长是一个漫长的长跑,是一个异化的教化过程,是主体否定之否定的不尽的螺旋上升过程,知识的积累、能力的提高、思想境界的提升也不是一蹴而就的,太早的拔苗助长只能将孩子的生命力扼杀在当下。父母不可能替孩子解决所有的"否定",孩子必须也只能在家庭和社会中学会自己面对矛盾和困难。在家庭生活中,父母的以身作则及言传身教都对孩子有教化作用,良好家风的创立和传承也对营造良好的教育氛围有重要作用,父母不必太过焦虑,给孩子创造良好的家庭环境,再加上爱的包容和适度的惩罚,然后,父母就可静待未来"开花结果"。

---

① [德] 黑格尔:《法哲学原理》,范扬、张启泰译,商务印书馆1961年版,第213页。

二 创新学校公民教育

(一) 明确中国公民教育目标定位

我国公民教育的目标是"培养负责任的伦理社会积极公民"。即培养积极地相互承认的守"法"公民,此处的"法"不仅仅是法律的意思,黑格尔所称的"法"更多指的是伦理社会中包括法律、道德、规范等在内的伦理规范,伦理是实现自由的场域,伦理精神代表着自由精神,因此,"法"代表着自由的规则,今天我国公民教育的目标就是培养相互理解、相互承认、相互统一的自由伦理公民,这样的伦理公民在意识领域具备伦理思维、伦理精神、伦理情感和伦理意志,在行为领域具有伦理行为特征。

首先,伦理思维和伦理精神是伦理知识领域的意识样态。公民教育的首要目标就是让公民认识伦理社会、培养伦理思维和伦理精神,其中包括让学生认识人的本质,了解人的自由的本质,了解伦理社会的结构、了解伦理思维方式和伦理精神实质等,重点在于知识层面对家庭、社会、国家等问题的初步认识,对家庭作用、社会功能、国家地位及三者关系的基本了解,是伦理行为目标的意识启蒙。其次,伦理情感是对伦理社会情感培养层面的目标。伦理情感的内涵是对伦理社会的追求和向往,对伦理精神的崇尚,对伦理思维的追求,是在培养伦理意识基础上更高层次的伦理情感倾向,伦理意识越是清晰,伦理情感越是浓厚,伦理意志越是坚定,伦理行为就越是自然,因此伦理情感是坚定伦理意志的强心剂。再次,伦理意志是个人自由意志层面在伦理意识上的目标。一方面强调坚定的伦理趋向信念,将个人伦理精神和伦理情感付诸实际行动的决心。另一方面强调对个体自由意志的培养[1],包括了解自由意志的三个环节及三个环节发展的螺旋上升规律等。通过自由意志的培养,使个体意识到,个人意识外化他者又

---

[1] 自由意志培养目标在整个伦理意志培养及伦理公民培养目标中占有极其重要的地位。

返回自身的辩证关系，个体情感、欲望等本能向自由进化的路径，并意识到通过异化的教化过程，形成"求诸己"的内在精神需求，并形成最终的自由意志，即伦理意志。最后，伦理行为是伦理意识在社会生活中的自然流露。伦理行为是伦理意识外化的表象，是我国伦理教育的最终目标，这种伦理行为的形成，不是法律的强制性约束，也不是舆论压力的结果，而是通过伦理教育和伦理教化形成的伦理思维使然的伦理情感和伦理意志的表达，是自由的意志的表现，也是意志的自由的表现。

同时，根据大、中、小学学段不同及儿童和青少年心理认知水平的不同，我国公民教育培养目标可以细化为不同学段公民教育培养目标，并形成我国公民教育培养目标体系。因此，我国公民教育培养目标就是建立以"培养负责任的伦理社会积极公民"为总目标的全学段公民培养目标体系。

(二) 完善学校公民教育内容

自五四运动以来，我国公民教育的开展取得了良好的效果，教育内容包括公民学、法律常识、道德等多个方面。随着近年来对公民教育的重视和素质教育的开展，民众的公民意识逐渐增强，国家将每年5月3日至5月9日作为公民教育运动周，但笔者认为当前我国公民教育还存在信仰教育不够重视、重要教育内容疏漏、公民教育实效欠佳等问题，笔者认为，应补充和完善我国公民教育内容，具体包括以下几个方面。

1. 信仰教育

黑格尔认为信仰教育是必要的，他认为信仰教育主要指的是宗教信仰教育，他支持宗教信仰教育，但反对教会宗教狂热的信仰教育，认为狂热的教会教育会使人丧失理性能力，认为信仰教育是家庭、学校、社会和国家的事情。笔者认为，我国当代公民信仰教育效果欠佳，鉴于我国公民教育总的培养目标是"培养负责任的伦理社会积极公民"，笔者认为，我国当代信仰教育的总目标是培养公民的马克思主义信仰，根据不同学段学生的认识水平和认知能力，学生信仰教育的目标也不相同，各学段应更加重视中国传统文化教育（文化信仰）和中国特色社会主义共同理想教育（政治信仰）。

首先，中华优秀传统文化信仰教育。黑格尔认为："正如信仰和纯粹识见两者同属于纯粹意识的元素那样，它们两者也同是［精神］从现实的教化世界那里的返回。"① 古代文明把儿童从其自然状态中分离出来，使之走进古代语言和世界，从先辈的思想中获取智慧。当孩子返回时，他就扩展了，转化了，也就是当儿童将古代文明和现代文明结合，思考当代社会问题和自身的问题时，他的思维就更具有了理性的特质。中华优秀传统文化内涵丰富、内容磅礴、璀璨耀人，将优秀的传统文化作为公民的一种信仰来教育，不仅能传承和弘扬我国优秀传统文化，也能增强我国公民的文化自信，是培养公民家国情怀的重要方面，属于"文化信仰方面"的培养。而且，中国传统文化崇尚儒家思想，倡导君子人格、集体主义、伦理道德、维护公共利益、为社会做贡献，强调公民义务的履行，即公民权利和责任的统一。因此，中国优秀传统文化教育有利于培养公民的承认思维、伦理思维、理性思维，符合黑格尔所说的个体性与普遍性相统一的"整体"公民的培养。

其次，是中国特色社会主义共同理想教育。中国特色社会主义共同理想是社会政治信仰，是一种关于中国社会发展状态的理想，对于个人理想具有整合作用，是个人理想的寄托和发育之所，也能指导个人理想的选择，代表和反映了中国社会最广大人民群众的根本利益，为广大人民群众所认同和接受。应通过马克思主义教育及中国特色社会主义教育，使受教育者对中国特色社会主义共同理想的社会人格、理论内涵、道德规范、精神力量树立起无限的尊崇感与信服感，并在社会生活中作为最高的价值准则予以坚守。共同理想和共同追求凝聚着党、国家、民族、个人的共同利益和愿望，是号召全国各族人民团结奋斗的精神旗帜，因

---

① ［德］黑格尔：《精神现象学》（下），贺麟、王玖兴译，商务印书馆1979年版，第74—75页。

此，中国特色社会主义共同理想教育的实施，可以减少被教育者的"个体性"倾向，增强其国家公共意识、公民意识及社会责任感，有利于将我国人民团结在一起为中华民族伟大复兴而努力奋斗。

正如黑格尔所说："信仰和识见均源于异化了的精神试图对自身异化的克服：信仰是通过思维其绝对彼岸、思维精神的存在而实现的对世界的超越；识见则是作为一种思维行动，作为一切异化的否定而向自身返回的精神。"[①] 信仰教育使被教育者的"精神"超越异在世界的阻碍，克服自身的异化，实现在现实此岸与信仰彼岸间往返，培养受教育者在异化的否定中完善自身的能力。

2. 价值观教育

价值观教育是公民教育的重要方面，在当前"社会主义核心价值观"教育广泛开展的前提下，笔者认为，在公民教育内容上要完善公民伦理观方面的教育，具体包括自由观、平等观、法治观、"善"观等方面的教育。

首先，自由观。限于教育者的认知水平及当前社会转型期社会环境的影响，公民对"自由"的理解不是很透彻，当前中国社会的很多公民出现了"现代性"问题，陷于"拜物教"的沼泽无法拨开迷雾，陷于"不承认"的彼此对抗无法实现幸福。实际上，不同于英美自由主义，黑格尔的公民自由思想深刻且透彻，伦理中相互承认思维才是真正实现自由的思维，能对当前公民建立正确的自由观给予正确的指引。其次，平等观。公民平等观建立的深层次理论基础是承认思想，黑格尔借助主奴关系学说表明，无论是主人还是奴隶，如果不将对方视为平等的他者，都是不能获得自由的，任何一方只有在对方当中看到双方的同一性才能找到真正的自我，只有通过平等地承认他者，才能实现每个人的自由本质。因此，肯定客体、承认客体、认可客体才能平等地对待客体，形成正确的"平等观"。再次，

---

① Jean Hyppolite, *Genesis and Structure of Hegel's Phenomenology of Spirit*, Northwestern University Press, 1974, p. 429.

法治观、正义观。作为我国公民教育的重要方面，我国各学段公民法治观教育的重视程度远低于道德教育，当前我国法治观教育的目标是让公民形成正义理念，达成"法权共识"，从而形成正确的法治观，不危及他人利益，不破坏伦理基础，因为习惯和法律是法权共识基础上的共同语言的表达。同时，"对于黑格尔来说，法为人们知晓是至关重要的，因为法律在一定程度上是对公众共同正义理念的一种表达。"① "法不只是对人的行为的规范，而更是这个共同体的正义感的体现。共同体在发展这种法的内在规范时，也在发展着共同体本身的正义自我意识。"② 因此法治观教育实际上也是正义观教育和爱国主义教育。"法的更为重要的作用在于，法能够促使其社会成员获得一种认识，即什么是权利，或者更准确地说，什么是合法的。我们的任务是：努力去揭示并确定下来法的内在本质，努力去揭示法本身的正义性。"③ 法的正义品性需要某种共识性来证明，这种法的实质和相应的共同正义观需要通过法治观教育实现。最后，"善"观。"善"观是道德教育的重要内容，笔者认为，教育者和被教育者均应深刻理解"善"的内涵和本质才能具有正确的"善"念。黑格尔认为，人活动的终极目的是善，并以善作为判断道德行为客观性的根据，是一种"至善"，这种"至善"是对现实的反思性的把握，是法与福利的统一，即行法之所是并关怀福利，善内在地包含法与福利，有法无福利非善，有福利无法也非善。法与福利的结合形成主体身上的普遍意志，福利虽是以特殊个体我的福利而存在，但实为自由本身在我身上存在，是普遍的福利。因此，只有代表普遍意志的对现实的反思后形成的"善"念才是正确的"善"观。

3. 人格教育

人格是个人带有倾向性的、本质的、比较稳定的心理特征（兴趣、

---

① Thom brook, *Hegel's Political Philosophy: A Systematic Reading of the Philosophy of Right*, Edinburgh University Press, 2007, p. 94.

② Thom brook, *Hegel's Political Philosophy: A Systematic Reading of the Philosophy of Right*, Edinburgh University Press, 2007, p. 95.

③ Thom brook, *Hegel's Political Philosophy: A Systematic Reading of the Philosophy of Right*, Edinburgh University Press, 2007, p. 90.

第六章 黑格尔公民教育思想对我国公民教育的借鉴意义

爱好、能力、气质、性格等）的总和。包括个人的认知能力的特征、行为动机的特征、情绪反应的特征、人际关系协调的程度、态度和信仰的体系、道德价值的特征等。这种稳定的心理特征是认知、情绪、信仰、性格综合因素的体现，当代人格教育开展以来一直缺少伦理人格教育的内容，伦理思维指导下的人格是伦理认知、伦理情绪、伦理信仰、伦理性格统一下的伦理人格。笔者认为，健康的人格应该包括伦理人格，伦理人格教育是我国公民教育中人格教育的重要方面，须加以重视，并作为人格教育的重要内容积极开展。笔者建议，在现有人格教育内容中，增加"自为"（或"求己"）、"理性"、"反省"等几种伦理人格力量。

（1）自为

真正自由的人是自在自为的人，人格是自在自为存在的精神，有对自己的纯思维和纯认识，人格培养就是培养主体的"纯人格"，培养主体的纯思维和纯认识，这种"纯人格""是自己决定自己的，是决定的绝对开端"[①]。因此"自为"人格要素也称为"求己"人格要素，它以绝对的自我或者主体本身为本质，它确定地知道纯粹自己即是一切真理，有了这种人格要素，当主体在生活中遇到问题和困难时，能从客体返回主体，将自身的特殊性与普遍性统一，在自我意识中完成理性分析，承认自己的伦理普遍性，作出符合普遍性的理性行为。

（2）理性

"理性"要素是个体人格要素的重要方面，是超越任性、欲望、自然性的重要人格力量。黑格尔说："人格的要义在于，……我是在有限性中知道自己是某种无限的、普遍的、自由的东西。"[②] 因此，自由不是绝对的，自由是限度内的自由，主体应有对这种"有限性"的理性认识能力，这种理性人格力量相当于人体的免疫细胞，当主体有任意妄为思想的时候，理性人格力量就凸显出来，纠正错误的任性思维，使主体恢复理性的

---

① ［德］黑格尔：《哲学史演讲录》第4卷，贺麟、王太庆译，商务印书馆1996年版，第10页。
② ［德］黑格尔：《法哲学原理》，范扬、张启泰译，商务印书馆1961年版，第51页。

道德倾向和法权意识，作出符合伦理普遍性的行为选择，形成伦理人格。

（3）反省

国内只有部分学者将"反省力"作为人格要素的一部分展开讨论，实际上，"反省力"是重要的人格力量，反省是思维自己的运动，是思维通过自己映现自己，从而自己认识（暴露和展现）自己的运动，是人的心灵转向内部考察自己心理活动而产生的观念，是个体在主体内部反思自己的言行及特殊性，因此，"反省"人格力量的形成能够促进个体"自为"人格力量的产生，同时，"反省"也是"自为"人格力量的延伸，个体通过心灵内部的理性反思克服虚假和任性思维，也能培养个体"理性"的人格力量，从而形成具有理性特征的普遍性思维，即伦理思维，是伦理人格要素的重要方面。

4. 公民意识教育

现代社会应培养现代公民，公民意识教育是公民教育的重要内容，公民意识是社会意识的一种存在形式，是在现代法治下形成的民众意识，指公民个人对自己在国家中地位的自我认识，它表现为人们对"公民"作为国家政治、经济、法律等活动主体的一种心理认同与理性自觉，具体体现为视自己和他人为拥有自由权利、有尊严、有价值的人，勇于维护自己和他人的自由权利、尊严和价值的意识，包含公民对于国家和社会的责任感。当代公民教育实施以来取得了一定的成效，但笔者认为，应加强和完善公民对"公民"涵义的理解，加强法权意识教育，加强政治参与教育，加强伦理共同体意识教育。

（1）公民

公民是公共社会的个体，"公"强调公共性、公共精神和公共责任，指公民应履行与自己的公民身份相适应的责任，公民在遇到有关国家政治和社会利益的问题时，应首先考虑公共利益，克服以个别自我、本集团的利益、个人人际关系为中心的"自我主义"。"民"有个体性、平等性、独立性和众多性的特征，"民"既是独立的公民个体，也是众多公民中的一员，作为个体公民，公民无条件拥有独立人格，是有理性和反思的，能肯定自己为自己，在不同的时间和地点是同一个思维的理智存在者；作为众多公民中的一员，更应体现"公"性、普遍性和伦理性，因此，作为教育者和被教育者应深刻理解"公民"二字的基本涵义，笔者认为，这是公民教育有效开展的前提。

（2）法权意识

法治意识是人们对法律发自内心的认可、崇尚、遵守和服从。是法治思维、法治精神、法治理念、自由观念形成的前提，首先表现为对"法"的认识，由于我国法治教育薄弱，很多公民法治意识淡薄，对"法"及"法治"的涵义理解不透彻，出现了贪污腐败、扰乱社会秩序、违法犯罪等问题，因此法律基础教育是当前迫在眉睫的公民教育内容。其次，公民应有维护自身自由和权利的强烈意识，包括财产权、人身权等，并学会用法治思维分析问题、解决问题。然后是公民的责任意识，遵守法律设定的责任与义务并有承担责任和义务的意识是义务教育的重要内容。

（3）政治参与意识

黑格尔认为，公民之所以能进行政治参与，是因为公民有才干、品质和能力，而公民政治参与意识的培养正是培养公民政治参与才干、品质和能力的主要方式，当然政治参与活动本身也培养公民的政治参与意识。首先，培养公民对于社会政治系统以及各种政治问题的态度、倾向、情感和价值观。其次，培养公民的参与意识。同时，我们应该认识到，公民的主体意识和权利意识是公民的参与意识存在的逻辑前提。公民一旦明白自己的政治地位和权利是什么，就不再成为政治权威的附属品，并能外化为自觉的参与活动，对公共权力运行的方向、过程和结果发生现实的影响，走出一己之狭隘局限。再次，培养公民监督意识。公民的监督意识正是权利制约权力机制的思想保障，国家权力受到人民的监督是人民主权原则的核心所在。通过公民思考和参与社会主义政治民主建设，必将使公民对于个体特殊性与普遍性的关系有一个正确的认识，体会到社会主义制度的优越性，加深个体对于普遍性的理解。

(4) 伦理承认意识

现代公民意识的最核心的观念，应该是强调社会个体的主体意识和个体的主体解放以及对社会中的其他每一个个体的自由和权利的关注、尊重与维护，强调、推进人与自然的和谐；重视、融入、达成良好的社会合作关系，这种对自然的承认、对自我的承认、对他人的承认、对社会的承认、对国家的承认思维必将使公民超越本身的自然性和任性，战胜过度的欲望及"现代性问题"的困扰，形成高度的道德内省，对法治的信仰，成为具有公共精神、强烈的社会责任感和对社会公共责任有主动担当精神的现代伦理公民。

总之，公民意识教育是指以现代公民的本质特征为基本内容和基本目标而实施的各项教育活动的集合体，其核心是要使受教育者正确地认识、积极而负责地参与国家和社会公共生活，以发展国家和社会为己任。因此公民意识教育的目标就是培养未来公民社会的基本单位，即具有权利意识、义务意识、自主意识、程序规则意识、法治意识、纳税人意识、道德意识、生态意识、科学理性精神、具有与时代共同进步能力的现代公民。这必将成为未来公民教育的最重要内容。

(三) 优化学校公民教育方法

传统公民教育过程中均强调教育者的主体地位，教育者虽然也会考虑被教育者的思想、心理、人格状况，但教学管理和课堂教学中，教育者一般都是教育过程中的绝对主体。实际上，这种不平等的师生关系容易造成教育者和被教育者之间的不理解、不亲近、不和谐、不认可、不承认等诸多问题，黑格尔在"主奴辩证法"的论述中已经阐述了主体间不承认的弊端和结果，因此，在当代公民教育中，需要教育者及被教育者树立"承认"思维，优化公民教育方法，实现民主平等基础上的交往对话，实现互相承认基础上的共同教化过程。

1. 正确认识学校中各主体之间的关系

学校中的教学活动和管理活动也是一种社会活动，学校是老师和同学、同学与同学、同学与学校行政工作人员互相学习、互相交流、共同

第六章 黑格尔公民教育思想对我国公民教育的借鉴意义

成长的场所。黑格尔认为，人与人之间、人与团体之间都充斥着矛盾和冲突，但同时，正是在这种冲突和矛盾中，个体丰富和丰满起来，"个体"变成了"主体"，主体在构建世界时，别的主体也在构建"他"的世界，两者都会把对方纳入到自身的外化之中，再通过肯定—否定—否定之否定的三段式辩证法返回自身，这就是黑格尔的"自我意识辩证法"，自我意识的存在"也就是因为它是为另一个自在自为的意识而存在的"，它"只是由于被对方承认"①。在相互承认的经验关系中，主体完成自己的螺旋上升式成长。马克思认为，社会生活中交往的发生是以互相承认交往双方为前提的，无论哪一方作为交往的发起者，一旦进入到交往过程中，便进入了主体间状态。教学过程及学校的管理过程也是如此。教育活动的有效开展，被教育者知识、能力、素养的提高也是以学校中各主体间相互承认、相互肯定、相互促进为前提的，所谓"亲其师，才能信其道"，教学交往中思想和行为的互相碰撞、互相接纳，使教育者和被教育者相互构建了自己的世界和他人的世界，实现了自我意识的辩证发展，而自我意识发展形成的"主体"思维，即伦理思维，就是当代公民教育的重要内容。

2. "承认"思维在当代公民教育方法中的应用

公民教育方法是指教育者对被教育者在公民教育过程中采取的思想方法和工作方法。

（1）对话互动方法——对人的思想的交互性承认

传统意义上教育者单方面的灌输式教学不能实现教学各主体之间实质性的联动，是互不承认对方的假性课堂，因为课堂中思想的流动是教学目标实现的前提，而主体承认前提下的思想的承认是课堂教学的高级阶段，这种思想的流动和承认实际上是主体承认的另一种方式，没有真正意义上交流、互动、对话的课堂无法实现这种思想的承认和对主体的承认。教学

---

① ［德］黑格尔：《精神现象学》（上），贺麟、王玖兴译，商务印书馆1962年版，第138—139页。

主体相互承认意义上的课堂是思想和意识发射给对方又反弹回自己的循环往复的过程,当然反弹回自身的思想和意识并非发射出去的思想和意识,而是通过对方的即时反应及对方思想的表达,经过教育者和被教育者思想碰撞后返回主体大脑的思想和意识,因此,采取对话交互式教学方法的课堂是教育者与被教育者之间,被教育者与被教育者之间思想不断碰撞又返回自身的充满"火花"的课堂,这种平等意义上的交往对话,使各方教育主体将心比心,站在对方的角度思考问题,增进师生间的相互了解,以便更好地实现因材施教,实现教学相长,实现教育目标。同时,培养学生管理中的"承认"思维更是当务之急,教学管理者与被管理者互相释放信任和接纳的"信号",破除偏见和天然的抵触和恐惧,管理者接纳被管理的学生,并从学生的行为中思考和总结教学管理规律和教学管理方法,被管理的学生接纳管理者,并从管理者的行为中反思自身的缺点和问题,在相互承认中实现教学管理的管理育人目标。

(2) 自我反思方法——对理论知识和社会信息的反思性承认

自我反思方法是教育者和被教育者将公民教育的理论知识和社会信息当作客体来反思和承认的思维方法,课堂中的教育者和被教育者均是主体,但对于教育者和被教育者来说,对方均是外化的客体,教学活动中的知识理论和社会信息也是外化的客体,主客体关系的讨论仍然要在黑格尔的辩证法原则中寻找答案:当主体主动学习客体知识和信息或被动接收客体知识和信息时,主体必然会返回自身,但是否能辩证地返回自身,反思性承认客体,则需要教育者通过反思性教育方法培养被教育者的辩证反思思维方式。在知识爆炸的当代信息社会,被教育者天然具有快速接收当代社会信息和网络信息的能力,此时,需要教育者将"反思性承认"的思维方法通过自我反思教育方法传授给学生,即通过培养学生的反思性承认思维,教会学生反思性学习、理解和承认理论知识和当代社会信息的方法,也有利于学生反省人格力量的形成,这是在长期的教学实践中逐渐培养和形成的教育方法,其前提是教育者首先具备反思性承认思维及反思性承认教育方法,因此,要求教育者有意识地培养自己的反思性承认思维，并有意识地操练这种教育方法。

（3）实践活动方法——对校园活动和社会活动的体验式承认

实践活动是主体在校园活动参与和社会活动参与过程中对社会现象、社会关系、社会主体等客体进行体验和认识的活动，由于其体验性特点凸显了公民教育的直接感受性及间接深入性，往往能收到更好的教育效果。具体包括校园活动实践、社区活动实践、社会调研、校内外劳动实践、参观美术馆、参观烈士纪念馆、模拟政治参与、政治参与等多种教育方式，是对学校、班级、社会、国家的体验式承认过程。而在当代公民教育中，社区活动实践、社会调研、校内外劳动、参观艺术馆、模拟政治参与及政治参与是比较欠缺的，同时也是当代公民教育需要完善和加强的。这种直观、亲历的实践活动教育方式是主体思想和思维的表达和验证过程，是理论知识和社会信息的应用过程，是模拟真正社会生活的实验过程，在活动参与过程中团体性反馈体验是未来主体进行政治参与、经济参与、社会参与、国家参与过程的必要感受，通过这种体验和反思性承认，主体能更好地理解个体特殊性与普遍性的关系，个体与社会的关系，个体与国家的关系，更好地形成"我们"的意识和伦理意识，形成未来个体与社会和国家的互动承认关系，使"个体"真正发展为"主体"。

同时，我们需要注意的是，教育者与被教育者的承认关系并非完全的平等关系，就如同自由不是绝对的"自由"一样，在课堂平等的师生关系中，教师仍要运用自己的智慧发挥引导和引领作用，避免出现师生间的"言语混战"，在相互肯定、相互认可、相互理解和相互促进中实现"和谐共在"和"和谐共长"。

三 完善社会公民教育

当代公民教育的目标是培养集个体性与普遍性于一身的具备"主体"特质的伦理公民，公民的普遍性往往是在社会生活和社会教育中培养的，只有经历真正社会生活教化和异化的个体才能将个体的特殊性与普遍性融合并统一，因此，社会生活教育对于伦理公民的培养意义重大。

（一）营造良好的伦理精神空间

公民教育的实现需要良好的公民教育环境，伦理公民的培养需要伦理社会为公民创造适合的"阳光""雨露""土壤"，即为公民营造良好的伦理环境，从更深层面来说，是营造良好的伦理精神空间。在和谐的伦理空间中，个体更容易理解普遍性的意义，形成普遍性的思维，反思自身的特殊性问题，在和谐共在的社会中将特殊性与普遍性融合为个体的辩证单一性，形成正确的国家观念和公民观念。也就是说，公民既承认自己的普遍性又承认自己的特殊性，既承认国家、社会和家庭，也承认个体的个性、欲望和本性，在家庭生活、社会生活和国家生活的伦理中心悦诚服地承认存在的所有"客体"并能返回自身，这种"心悦诚服"需要社会伦理环境的营造及社会教育的开展，因此，社会教育的目标就是通过营造良好的伦理精神空间培养相互承认的伦理公民。

（二）开展形式多样的社会教育活动

社会教育的基本涵义有广义和狭义之分。广义的社会教育，是指有意识地培养人、有益于人的身心发展的各种社会活动；狭义的社会教育，是指学校和家庭以外的社会文化机构以及有关的社会团体或组织，对社会成员所进行的教育。广泛的社会教育活动包括社区提供公益性服务及岗位，劳动教育机会、尊老爱幼活动、职业培训、各种讲座、报告会；还有政府协助公益组织开展的公益活动、公益心理服务、培训；还包括青少年教育机构和成人教育机构，如有关青少年的社会教育活动，少年宫、少年之家、儿童公园、儿童影院、儿童阅览室、儿童图书馆等。一方面是给社会成员提供学习的平台和场所，另一方面是通过营造良好的伦理精神世界给个体提供一个包容、可信赖的空间，通过各种社会活动承认他人、社会、国家，从而获得社会主体资格自由地进行社会活动。同时，笔者建议在全社会广泛开展义工活动，即由政府主导、社区搭建平台、全民共同参与的公益性服务岗位，让

第六章　黑格尔公民教育思想对我国公民教育的借鉴意义

全体社会成员在相互服务的义工活动中体会人的本质、社会的本质、国家的价值，体会主体与客体相互承认的意义，体会社会中每一个"你"和"我"的应然关系。虽然世界上很多国家都已经广泛开展了义工活动，但在我国仍然处于萌芽阶段，而义工活动的形式和内容恰恰最能体现伦理精神，是培养个体伦理精神的重要活动，是我国公民社会教育最需要重视和完善的内容。

（三）加强国家主导的公民教育活动

中国当代社会与黑格尔时代的"市民社会"有类似之处，市民社会中利益争斗和矛盾冲突是不可避免的，一方面需要家庭、学校、社会、国家的正向教育活动引导，另一方面也需要国家加大对各种社会问题的监管力度。国家的监管同样是为了营造良好的伦理环境，为培养真正的伦理公民创造条件。具体包括：加强公务员的教育和培训，提高公务人员的伦理素养。具体培训内容包括法治素养、道德素养、心理素养、廉政素养等。公务员是国家的代表，公务员的伦理思维和伦理能力将影响公民与社会的关系及公民与国家的关系，影响全体公民正确国家观和民族情绪的形成，因此，公务员伦理素养的提高有利于提高公民对国家承认程度。加强对公民网络生活的监管。现代公民网络生活程度越来越深入，网络技术在当代社会的应用也越来越多，出现的问题也越来越多，网络犯罪层出不穷，可以看出，网络生活中的相互承认成为公民的实际需要，此时，需要国家加大监管力度，为大家营造安全、诚信的、健康的网络生活环境。同时，加强公民的政治参与。国家对公民承认的方式之一就是给予公民政治参与机会，通过政治参与活动，公民得到一种政治实体资格，代表公民的尊严被国家承认，成为国家的主体，与国家的尊严、国家的利益、国家的发展融为一体，因此，是公民主体性形成的重要教育活动，国家应为公民提供更多的政治参与机会，并作为一种公民教育活动，培养公民的伦理精神。

发展公民教育就是为社会主义现代化建设培养人才。党的二十大报告指出，教育、科技、人才是全面建设社会主义现代化国家的基础性、战略性支撑。可以说，教育发展和人才培养已经提升到国家发展的基础性、战略性地位，国家富强、民族振兴离不开德智体美劳全面发展的人才支撑。报告还指出，培养社会主义建设者和接班人，加快建设高质量教育体系，发展素质教育。可以看出，未来的教育更提倡高质量的综合素质教育，而公民综合素质的培养有赖于国家、社会、学校教育理念的更新，我们可以带着现代社会问题和教育问题，转化和创新传统教育文化，或在前人的教育智慧中汲取营养，为我国高质量公民教育的开展提供借鉴。

结论与展望

在主体性哲学盛行的当代,越来越多的学者开始探寻摆脱"主体性危机"的路径,因为主体哲学困境的实质在于主客体区分所强调的主体的绝对至上的地位,在这里主体是先验的、绝对的、封闭的。为应对这种困境,现代西方发起了解决理性狂妄的一系列举措:叔本华的意志、柏格森的生命哲学、萨特的存在主义以及马克思的实践哲学、拉康的主体间性、哈贝马斯的交往理论、霍耐特的承认理论,都是在反对绝对理性。其中,黑格尔以非主体化的方式找到了主客体承认的辩证之路,同时也是主体自我承认的辩证之路,即"承认理论"。

"承认"是建立在人们相互之间的信任和尊重基础上的,反映了人与人之间的主体间性关系。这种关系是人本质的需求,既体现了个人与自己的正当关系,也体现了个人与他人、个人与社会的正当关系。承认思想和承认关系的建立对于主体认同来说,一方面,使主体通过交往和实践经过他者的中介打开了主体的内在世界,最终达到自我认同和自我实现;另一方面,承认在家庭、社会和政治共同体中给主体带来多方面的共享认同和期望标准。

笔者认为,培养具备承认思维的公民正是我国当代公民教育的目标,同时也是公民教育的内容和方法。通过培养公民的承认意识、伦理精神和自由理念,解决个体主体性高扬后的迷茫,缓解并治愈人类精神的危机,摆脱"拜物教"及万物工具主义的执着。同时,使公民意识到,在这种自在自为的承认关系中,共体决不能凌驾于个体之上,个体与共体的本质是一致的,个体成员自觉将自己皈依于共体之中,共体也需要个体的皈依才会更加和谐和强大,二者既相互依存又相互促成,个体与共体融合为具有民族意识的实体——公民,在普遍性的形式下,它是众所周知的规律和现成存在的伦常习俗,在个别性的形式下,它是一般的个体自身所具有的现实确定性。此时,个体穿越了否定、斗争、否定的"荆棘"地带,来到和谐有机融合的共体中,公民已经完全承认伦理习俗,并完全确认和认可自己对于这种承认的现实状态,成为具有普遍性意识的个体。这种普遍性素养正是我国国家现代化建设需要的公民素养。

总之,他山之石,可以攻玉。正如罗素曾说过的,假如中国人对于西方文明能够自由地吸收其优点,而扬弃其缺点的话,他们一定能从他们自己的传统中获得有生机的成长,一定能产生一种糅合中西文明之长的辉煌业绩。笔者在"继承理论"视域下提出并研究黑格尔公民教育思想,期望对中国公民教育事业的发展有所裨益,为党的二十大报告中提出的"培养德智体美劳全面发展的社会主义建设者和接班人"献出绵薄之力。

参考文献

中文部分

一 著作

《马克思恩格斯全集》第 1 卷，人民出版社 1995 年版。

《马克思恩格斯文集》第 1 卷，人民出版社 2009 年版。

《马克思恩格斯选集》第 1—2 卷，人民出版社 2012 年版。

陈秉公：《思想政治教育学原理》，高等教育出版社 2010 年版。

陈超群：《中国教育哲学史》第 1 卷，山东教育出版社 2000 年版。

陈良斌：《承认哲学的历史逻辑》，人民出版社 2015 年版。

邓晓芒：《邓晓芒讲黑格尔》，北京大学出版社 2006 年版。

冯川：《黑格尔〈法哲学原理〉的道德哲学研究：伦理精神的辩证发展之路》，中国社会科学出版社 2013 年版。

高全喜：《论相互承认的法权：〈精神现象学〉研究两篇》，北京大学出版社 2004 年版。

顾明远：《中外教育思想概览》（上），广东教育出版社 2009 年版。

胡锦涛：《高举中国特色社会主义伟大旗帜，为夺取全面建设小康社会新胜利而奋斗——在中国共产党第十七次全国代表大会上的报告》，人民出版社 2007 年版。

瞿保奎：《教育学文集·教育目的》，人民教育出版社 1989 年版。

苗力田：《黑格尔通信百封》，上海人民出版社 1981 年版。

钱理群:《梦话录桂林》,漓江出版社2012年版。

唐克军:《比较公民教育》,中国社会科学出版社2008年版。

习近平:《高举中国特色社会主义伟大旗帜　为全面建设社会主义现代化国家而团结奋斗——在中国共产党第二十次全国代表大会上的报告》,人民出版社2022年版。

萧焜焘:《精神世界掠影:黑格尔〈精神现象学〉的体系与方法》,商务印书馆2018年版。

薛华:《黑格尔、哈贝马斯与自由意识》,中国法制出版社2008年版。

尹俊:《国家与革命:黑格尔与马克思关系的历史性解答》,中国社会科学出版社2017年版。

张君平:《黑格尔人学思想研究》,知识产权出版社2015年版。

张世英:《黑格尔词典》,吉林人民出版社1991年版。

张世英:《自我实现的历程:解读黑格尔〈精神现象学〉》,山东人民出版社2001年版。

张雪魁:《古典承认理论的源与流:从康德到马克思》,中国社会科学出版社2013年版。

朱学平:《古典与现代的融合:青年黑格尔思想的形成与演进》,湖南教育出版社2010年版。

[澳] 彼得·辛格:《黑格尔》,张卜天译,译林出版社2015年版。

[德] 恩格斯:《路德维希·费尔巴哈和德国古典哲学的终结》,中共中央马克思恩格斯列宁斯大林著作编译局编译,人民出版社2018年版。

[德] 哈贝马斯:《作为"意识形态"的技术与科学》,李黎、郭官义译,学林出版社1999年版。

[德] 海德格尔:《路标》,孙周兴译,商务印书馆2000年版。

[德] 黑格尔:《法哲学原理》,范扬、张启泰译,商务印书馆1961年版。

[德] 黑格尔:《费希特与谢林哲学体系的差别》,宋祖良等译,商务印书馆1994年版。

［德］黑格尔：《黑格尔历史哲学》，潘高峰译，九州出版社2011年版。

［德］黑格尔：《黑格尔早期著作集》（上），贺麟译，商务印书馆1997年版。

［德］黑格尔：《精神现象学》（上），贺麟、王玖兴译，商务印书馆1962年版。

［德］黑格尔：《精神现象学》（下），贺麟、王玖兴译，商务印书馆1979年版。

［德］黑格尔：《精神哲学》，杨祖陶译，人民出版社2006年版。

［德］黑格尔：《历史哲学》，王造时译，上海书店出版社2006年版。

［德］黑格尔：《小逻辑》，贺麟译，商务印书馆1980年版。

［德］黑格尔：《哲学全书》，杨祖陶译，人民出版社2006年版。

［德］黑格尔：《哲学史讲演录》第4卷，贺麟、王太庆译，商务印书馆2017年版。

［德］黑格尔：《哲学史演讲录》第2卷，贺麟、王太庆译，商务印书馆2017年版。

［德］黑格尔：《宗教哲学》（上），魏庆征译，中国社会出版社2005年版。

［德］阿克塞尔·霍耐特：《为承认而斗争》，胡继华译，上海人民出版社2005年版。

［德］克劳斯·费维克：《黑格尔的艺术哲学》，徐贤樑译，商务印书馆2018年版。

［德］马克思：《1844年经济学哲学手稿》，中共中央马克思恩格斯列宁斯大林著作编译局译，人民出版社2000年版。

［德］马克思：《德意志意识形态》（节选本），中共中央马克思恩格斯列宁斯大林著作编译局编译，人民出版社2018年版。

［德］马克思：《黑格尔辩证法和哲学一般的批判》，贺麟译，人民出版社1955年版。

［德］马克思：《黑格尔法哲学批判》，中共中央马克思恩格斯列宁斯大

林著作编译局编译，人民出版社1962年版。

[德] 马克斯·霍克海默、西奥多·阿道尔诺：《启蒙辩证法：哲学断片》，渠敬东、曹卫东译，上海人民出版社2006年版。

[德] 尼采：《查拉图斯特拉如是说》，黄明嘉译，漓江出版社2007年版。

[俄] 别尔嘉耶夫：《美是自由的呼吸》，方珊等选编，山东友谊出版社2005年版。

[古希腊] 亚里士多德：《政治学》，高书文译，九州出版社2007年版。

[荷] 斯宾诺莎：《伦理学》，贺麟译，商务印书馆1983年版。

[加] 查尔斯·泰勒：《黑格尔》，张国清、朱进东译，译林出版社2002年版。

[美] 克莱斯·瑞恩：《异中求同：人的自我完善》，张沛、张源译，北京大学出版社2001年版。

[美] 玛莎·努斯鲍姆：《告别功利：人文教育忧思录》，肖聿译，新华出版社2010年版。

[美] 沃·考夫曼：《黑格尔——一种新解说》，张翼星译，北京大学出版社1989年版。

[英] 霍布斯：《利维坦》，杨昌裕译，商务印书馆1985年版。

[英] 吉登斯：《现代性与自我认同》，赵旭东译，上海三联书店1998年版。

[英] 罗素：《西方哲学史》（下卷），马元德译，商务印书馆1976年版。

二　期刊论文

陈桂生：《黑格尔的教育理念》，《湖南师范大学教育科学学报》2016年第4期。

陈滢：《公民教育的历史演进及基本内涵》，《鄂州大学学报》2005年第7期。

程广安：《黑格尔教育思想评析》，《山西大学学报》（哲学社会科学版）

2008年第4期。

高兆明：《自由视域中的教育——黑格尔〈法哲学原理〉教育思想研究》，《中国德育》2006年第9期。

郭坤：《黑格尔〈法哲学原理〉教育思想探析》，《湖北社会科学》2015年第11期。

胡启勇：《黑格尔伦理秩序的三重维度》，《河南大学学报》（社会科学版）2009年第1期。

李珂：《教化超越启蒙——试论黑格尔对近代自我意识哲学的扬弃》，《南昌航空工业学院学报》2002年第1期。

李清富：《黑格尔法哲学中的自由教育思想简析》，《河南师范大学学报》（哲学社会科学版）2005年第6期。

李荣亮：《从家庭、市民社会到国家——黑格尔教育的实现途径》，《教育理论与实践》2014年第7期。

李荣亮：《论黑格尔教育的目的和内容》，《长春工业大学学报》（社会科学版）2013年第3期。

李慎之：《修改宪法与公民教育》，《改革》1999年第4期。

李霄：《哲学教化与现代教育——康德、黑格尔与现象学派教化思想之比较》，《潍坊学院学报》2017年第5期。

刘霞：《黑格尔伦理学说中的教育思想》，《高等教育研究》2017年第10期。

柳谦：《教育与人的伦理本质——黑格尔〈法哲学原理〉教育思想探析》，《学术论坛》2007年第7期。

卢小青：《论黑格尔的"善"及其对现代教育体系的启示》，《教师教育论坛》2014年第7期。

罗久：《从启蒙的教化看黑格尔的康德批判》，《复旦学报（社会科学版）》2017年第6期。

缪建东：《论家庭伦理道德教育——黑格尔学说给我们的启示》，《内蒙古师大学报》（哲学社会科学版）1998年第4期。

任钟印：《〈巴黎手稿〉与新教育观的萌芽》，《湖北大学学报》（哲学社会科学版）1995 年第 6 期。

谈际尊：《伦理普遍性——试论黑格尔对教育本质的厘定》，《伦理学研究》2012 年第 1 期。

汪行福：《自由主义与现代性命运——从黑格尔到马克思》，《中共浙江省委党校学报》2004 年第 6 期。

王福生：《黑格尔承认理论的四副面孔》，《吉林大学社会科学学报》2007 年第 4 期。

王南湜、谢永康：《论实践作为哲学概念的理论意蕴》，《学术月刊》2005 年第 12 期。

王璞、石佳丽：《威廉·哈里斯的黑格尔主义教育思想研究》，《教育学报》2016 年第 3 期。

吴海燕、盛越：《黑格尔"承认理论"的一体两面：斗争与和解》，《通化师范学院学报》（人文社会科学版）2016 年第 2 期。

吴克峰：《论马克思主义与自由主义对人类基本价值的理解》，《理论学刊》2011 年第 12 期。

吴克峰：《论马克思主义与自由主义对人类基本价值的理解》，《理论学刊》2011 年第 12 期。

谢芳：《使人们合乎伦理的艺术——浅析黑格尔关于教育本质的论述》，《衡阳师范学院学报》2017 年第 2 期。

谢永康：《自由观念：从康德、黑格尔到马克思》，《学海》2009 年第 6 期。

辛慧丽：《马克思政治教育观的实践维度探析》，《学校党建与思想教育》2011 年第 2 期。

徐广宇：《教育何以能增进人的自由——黑格尔法哲学教育思想浅析》，《天津市教科院学报》2007 年第 5 期。

徐萍萍：《黑格尔伦理道德之辨及其当下德育启示》，《山东理工大学学报》（社会科学版）2010 年第 4 期。

徐小洲：《论黑格尔人的精神发展与教育观》，《浙江大学学报》（人文社会科学版）1999年第6期。

杨玲、谢保峰：《黑格尔法哲学理论体系中的任性概念及其对当代道德教育的启示》，《教育探索》2012年第12期。

张会军：《试论黑格尔市民社会理论及其对社会主义核心价值观教育的启示》，《经济与社会发展》2015年第3期。

张三元：《"个人"概念的演进及其时代精神——从"抽象的人"到"现实的个人"再到"公民社会人"》，《学术界》2013年第6期。

张轩：《论思想政治教育目标的层次性》，《思想政治教育研究》2009年第4期。

章忠民、王树人：《从黑格尔法哲学视角看当代市场经济条件下公民道德建设》，《伦理学研究》2017年第1期。

郑玉霞、孙文：《黑格尔与霍耐特承认理论之比较及其现代启示》，《青岛农业大学学报》2016年第4期。

周建秋：《简析黑格尔法哲学中的教育思想》，《绥化学院学报》2009年第4期。

三　学位论文

陈有英：《教育是使人们合乎伦理的一门艺术——黑格尔〈法哲学原理〉中教育伦理思想研究》，硕士学位论文，南京师范大学，2012年。

郭东辉：《通往自由的阶梯——黑格尔承认理论研究》，博士学位论文，中共中央党校，2017年。

马松红：《黑格尔教化思想研究》，硕士学位论文，吉林大学，2015年。

秦秋霞：《当代中国公民教育价值取向研究》，博士学位论文，华中师范大学，2013年。

唐晓燕：《作为关系的承认——黑格尔的"承认概念"探析》，硕士学位论文，上海师范大学，2013年。

王丹：《论黑格尔的教育理论》，硕士学位论文，华东师范大学，

2015年。

吴海燕：《黑格尔哲学中的承认理论研究》，博士学位论文，吉林大学，2011年。

杨淼：《黑格尔教化思想研究》，硕士学位论文，西北师范大学，2022年。

四 报刊文章

习近平：《在会见第一届全国文明家庭代表时的讲话》，《人民日报》2016年12月16日第2版。

习近平：《坚持中国特色社会主义教育发展道路 培养德智体美劳全面发展的社会主义建设者和接班人》，《人民日报》2018年9月11日第1版。

英文部分

Alan Patten, *Hegel's Idea of Freedom*, Oxford University Press, 1999.

Dudley Knowles, *Hegel and the Philosophy of Right*, Routledge, 2002.

Fredric Ludlow Luqueer, *Hegel as Educator*, New York: Macmillan Company, 1896.

H. S. Harris, *Hegel's Ladder II: The Odyssey of Spirit*, Hackett Publishing Company, 1997.

Jean Hyppolite, *Genesis and Structure of Hegel's Phenomenology of Spirit*, Northwestern University Press, 1974.

Robert Pippin, *Hegel's Practial Philosophy: Rational Agency as Ethical Life*, Cambridge University Press, 2008.

Robert R. Williams, *Hegel's Ethics of Recognition*, Berkeley & Los Angeles: University of California Press, 1997.

Sybol S. C Anderson, *Hegel's Theory of Recognition: From Oppression to Ethical

Liberal Modernity, Continuum International Publishing Group, 2009.

Thom brook, *Hegel's Political Philosophy: A Systematic Reading of the Philosophy of Right*, Edinburgh University Press, 2007.